Albert Newen

Analytische Philosophie
zur Einführung

W0236674

JUNIUS

Wissenschaftlicher Beirat
Michael Hagner, Zürich
Dieter Thomä, St. Gallen
Cornelia Vismann, Frankfurt a.M.

Junius Verlag GmbH
Stresemannstraße 375
22761 Hamburg
Im Internet: www.junius-verlag.de

© 2005 by Junius Verlag GmbH
Alle Rechte vorbehalten
Titelbild: Büro QART, Hamburg
Satz: Junius Verlag GmbH
Druck: Druckhaus Dresden
Printed in Germany 2005
ISBN 3-88506-611-4
1. Auflage Oktober 2005
(Zur Einführung; 311)

Bibliografische Information Der Deutschen Bibliothek
Die Deutsche Bibliothek verzeichnet diese Publikation in der
Deutschen Nationalbibliografie; detaillierte bibliografische Daten
sind im Internet über <http://dnb.ddb.de> abrufbar.

Inhalt

Anhang

Vorwort

Die Analytische Philosophie ist einerseits durch bestimmte inhaltliche Schwerpunkte zu einer Hauptströmung der Gegenwartsphilosophie geworden, andererseits erhebt sie den Anspruch, das methodische Rüstzeug für wissenschaftliches Philosophieren schlechthin bereitzustellen. Daher bietet das vorliegende Buch einen Überblick über das Selbstverständnis, die inhaltlichen und methodischen Grundlagen sowie die Entwicklung der Analytischen Philosophie. Es werden Darstellungen von Autoren, Disziplinen und neueren Strömungen miteinander verknüpft. Das Buch wurde so konzipiert, dass das, was nach meiner Einschätzung für das Studium der Analytischen Philosophie grundlegend ist, möglichst weitgehend berücksichtigt wurde. Die Wahl der einzelnen Themen bleibt selbstverständlich stark durch Vorlieben und Forschungsschwerpunkte geprägt. Dieses Buch knüpft an die vergriffene Einführung an, die ich gemeinsam mit Eike von Savigny 1996 verfasst hatte. Doch gibt es wesentliche Veränderungen in der Komposition. So habe ich die Kapitel 4 bis 7 vollständig neu verfasst, und die anderen Kapitel sind teils stark überarbeitet worden, so dass ein selbständiges neues Buch entstanden ist. Im *ersten Teil* des Buches werden die Begründer der Analytischen Philosophie Frege, Russell und Wittgenstein ausführlich vorgestellt. Im *zweiten Teil* werden einzelne wegweisende Autoren herausgegriffen, und anhand dieser Autoren wird jeweils eine für die Analytische Philosophie besonders charakteristische Disziplin vorgestellt. Dazu gehören die Erkenntnistheorie in Form des logischen Empirismus bei Carnap, die Metaethik bei Hare im Kontrast zu Moore, die politische Philosophie von Rawls, die methodische Klärung von Kernbegriffen der Philosophie bei Kripke und Putnam, nämlich Apriorität, Notwendigkeit und Regelfolgen, sowie schließlich eine kurze Darstellung der Probleme, die mit der Umweltabhängigkeit von Gedanken einhergehen. Den *dritten Teil* des Buches bilden drei systematische Problemdiskussionen zur Ontologie, zur Philosophie des Geistes und zur Sprachphilosophie, die jeweils das Zentrum von umfangreichen Debatten markieren. Auch wenn der Band so angelegt ist, dass er die zeitliche Entwicklung der Analytischen Philosophie widerspiegelt, so sind doch die einzelnen Kapitel so verfasst, dass sie unabhängig voneinander in wechselnder Reihenfolge gelesen werden können.

Ich habe mich bemüht, ein möglichst klares und charakteristisches Bild der Analytischen Philosophie zu zeichnen, welches auch für interessierte Laien und Studienanfänger gut lesbar ist. Daher habe ich darauf verzichtet, Disziplinen vorzustellen, für deren Präsentation umfangreiche logische Formalisierungen unerlässlich sind. Dazu gehören u.a. die Wissenschaftstheorie, die Handlungs- und Entscheidungstheorie sowie die Philosophische Logik. Bei den bibliographischen Angaben im Text habe ich den Autorennamen und den Titel angegeben, damit man sofort eine Vorstellung hat, um welchen Text es geht. Der bibliographische Nachweis ist jedoch auf meine Internetseite ausgelagert worden mit dem Vorteil, dass neben einer Bibliographie für den genauen Zitatnachweis auch noch eine regelmäßig aktualisierte ausführliche Bibliographie für eine umfassende Orientierung zur Verfügung steht:

http://www.uni-tuebingen.de/philosophie/newen/lehre.html

Als Lesehilfe wird im Anhang ein Glossar mit Fachbegriffen zur Verfügung gestellt, welches wesentlich durch die Mitarbeit von Herrn Horvath und Frau Mantel erstellt wurde. Für hilfreiche, kritische Anmerkungen zu Form und Inhalt möchte ich mich bei Vera Hoffmann, Joachim Horvath, Christian Löw, Susanne Mantel, Gottfried Vosgerau und Alexandra Zinck bedanken. Die Unterstützung durch meine Mitarbeiter und die kooperative Haltung des Junius Verlags haben dieses Buchprojekt erst möglich gemacht.

Tübingen, im Juli 2005
Albert Newen

Einleitung: Was ist Analytische Philosophie?

Diese Frage soll beantwortet werden, indem in einem ersten Schritt aus der Sachfrage eine Frage nach einem Begriff gemacht wird: Wie wird der Begriff »Analytische Philosophie« verwendet? Mit diesem Begriff wird eine einflussreiche philosophische Schule des 20. Jahrhunderts benannt. Ausgehend von klaren Anwendungsfällen des Begriffs möchte ich einen historischen und einen methodischen Kern der Analytischen Philosophie charakterisieren. Der Wechsel des Untersuchungsobjekts von Sachen zu Begriffen wird als *die sprachliche Wende* (*the linguistic turn*) bezeichnet.

Die Wurzeln der Analytischen Philosophie reichen weit bis ins 19. Jahrhundert zurück. Insbesondere gehört Bernhard Bolzano (1781-1848) wegen seiner klaren Sprache, der durchsichtigen Argumentation und der Transformation von Sach- in Begriffsfragen zu den Vorläufern der Analytischen Philosophie. Mit seinen Arbeiten hat er im Vergleich zu seinen Zeitgenossen einen neuen Stil des Philosophierens eingeführt. Dieser Stil des Philosophierens, der sich mit seinen Formulierungen eng an der Normalsprache orientiert, wurde im 20. Jahrhundert von George E. Moore und besonders von Ludwig Wittgenstein in seinen *Philosophischen Untersuchungen* (1952) weiterentwickelt. Die daraus entstehende Grundrichtung der Analytischen Philosophie wird »die Philosophie der normalen Sprache« genannt. Ein zweiter Meilenstein für die Entstehung der Analytischen Philosophie war Gottlob Freges *Begriffsschrift* (1870). Damit wurde die Logik erstmals seit der Antike (seit der aristotelischen Syllogistik) wesentlich weiterentwickelt. Die Entwicklung der modernen Logik war anfangs sehr eng an die Entwicklung der zweiten Grundrichtung der Analytischen Philosophie gekoppelt, nämlich der Philosophie der idealen Sprache. Für diese wurde die moderne Logik zum zentralen methodischen Arbeitsmittel. So ist es charakteristisch, dass bei Frege, Russell und dem *frühen* Wittgenstein, der den *Tractatus logico-philosophicus* (1918) verfasst hat, die Hauptwerke wesentlich von der Frage geleitet sind, was die Grundlagen der Mathematik sind. Indem sie diese erforschten, begannen sie zugleich mit systematischen Diskussionen zur Sprachphilosophie. Die Analytische Philosophie hatte in den 30er Jahren prominente Vertreter in Deutschland und Österreich, von denen sich viele im Wiener Kreis zusammenschlossen. Während der nationalsozialistischen Diktatur wanderten fast alle analytischen Philosophen vom europäischen Festland nach Großbritannien oder in die USA aus, so dass die Analytische Philosophie für einige Jahre eine rein angelsächsische Angelegenheit wurde. Doch schon bald nach dem Ende des Zweiten Weltkrieges begann sie wieder auf dem europäischen Festland Fuß zu fassen. Die bis heute weitverbreitete Redeweise von der angelsächsischen Analytischen Philosophie einerseits und der kontinentalen Philosophie andererseits war nur wenige Jahre zutreffend, wurde rasch irreführend und ist heute völlig unangemessen. Die Entwicklung der Analytischen Philosophie in Deutschland ist in den ersten Jahrzehnten der Bundesrepublik ganz wesentlich von Wolfgang Stegmüller und dem Münchener Institut für Logik und Wissenschaftstheorie geprägt worden. Mittlerweile gehören Veranstaltungen zur Analytischen Philosophie an allen Universitäten in Deutschland zur philosophischen Ausbildung. Seit ungefähr fünfzehn Jahren gibt es sowohl eine Gesellschaft für Analytische Philosophie (GAP) in Deutschland als auch eine Europäische Gesellschaft für Analytische Philosophie (ESAP).

Die Unterscheidung zwischen der Philosophie der normalen und der idealen Sprache ist ein brauchbares Mittel, um die Arbeiten zur Analytischen Philosophie vom Anfang des 20. Jahrhunderts bis etwa in die 60er Jahre methodisch zu charakterisieren. Autoren, die zur Philosophie der idealen Sprache gehören, zeichnen sich dadurch aus, dass sie mittels einer *logischen Analyse* der Normalsprache eine Idealsprache zu konstruieren suchen, in der sich alles ausdrücken lässt, was wir mit sinnvollen normalsprachlichen Sätzen ausdrücken, nur klarer, prägnanter und logisch eindeutig. Darüber, wie eine logische Analyse der Normalsprache genau auszusehen hat, gehen die Meinungen weit auseinander. Die Philosophie der idealen Sprache hat außerdem das methodische Mittel der *rationalen Rekonstruktion* entwickelt. In der Erkenntnistheorie versucht man die Fundamente einer Erkenntnis, in der Wissenschaftstheorie die Fundamente einer Wissenschaft so anzugeben, dass in der Beschreibung psychologische Aspekte, die das faktische Entstehen eines Phänomens beeinflussen, außen vor bleiben zugunsten von Faktoren, die für die logische Begründung eines Phänomens wesentlich sind. Die Philosophie der idealen Sprache wurde ausgehend von Frege, Russell und dem *frühen* Wittgenstein wesentlich von den Mitgliedern des Wiener Kreises weiterentwickelt, zu dessen Kern u.a. Moritz Schlick und Friedrich Waismann gehörten. Der Wiener Kreis hat Untersuchungen zur Entwicklung der Wissenschaften ins Zentrum seiner Philosophie gestellt. Karl Popper und Carl G. Hempel haben darauf aufbauend solide Fundamente für die Disziplin der Wissenschaftstheorie gelegt, während Rudolf Carnap und Hans Reichenbach vor allem die Sprachphilosophie und die Erkenntnistheorie weiterentwickelten.

Die Philosophie der normalen Sprache hat zwei charakteristische Methoden entwickelt, nämlich *Begriffsanalyse* und *Therapie*. In den *Philosophischen Untersuchungen* (PU) hat Wittgenstein die Auffassung entwickelt und praktiziert, dass ein Philosoph eine Frage wie eine Krankheit behandelt (PU 255). Die Krankheit ist die Verwirrung, die die Philosophie mit ihren unlösbaren Fragen stiftet. Die *Therapie* besteht darin, die Begriffe, die für das Entstehen des philosophischen Problems wesentlich sind, aus der metaphysischen Verwendung in ihren alltäglichen Gebrauch zurückzuführen und damit das Problem als Scheinproblem zu entlarven: »Die Philosophie ist ein Kampf gegen die Verhexung unseres Verstandes durch die Mittel unserer Sprache.« (PU 109)

Dieses Bild vom Philosophen als Therapeuten hat wahrscheinlich deshalb an Attraktivität eingebüßt, weil das Auflösen philosophischer Probleme oftmals nicht hinreichend begründet ist. Wenn ein Problem jedoch ohne Lösung stehen gelassen wird, führt dies bestenfalls zu einer Haltung des Nichtwissens; aber das philosophische Fragen begnügt sich dauerhaft meist nicht einmal mit der sokratischen Haltung des begründeten Nichtwissens. Die Philosophie der normalen Sprache hat auch eine konstruktive Methode entwickelt, nämlich die *Begriffsanalyse*. Diese hat sich sehr viel stärker durchgesetzt. Es handelt sich dabei um die Strategie, einen Begriff durch einen anderen Begriff informativ zu erläutern. Betrachten wir zunächst ein einfaches Alltagsbeispiel:

(i) Ein Großvater zu sein ist dasselbe, wie Vater eines Vaters oder Vater einer Mutter zu sein.

Es ist wesentlich, dass es sich bei diesen Sätzen um begriffliche und nicht um empirische Wahrheiten handelt. Der Satz »Ein Großvater zu sein ist dasselbe, wie ein verheirateter Mann zu sein, der älter als 50 Jahre ist« ist dagegen ein empirischer Satz, in dem charakteristische Merkmale von Großvätern festgehalten werden. Großväter sind in der Regel verheiratet und über 50 Jahre alt. Doch ist es keineswegs so, dass in der Regel ein verheirateter Mann über 50 ein Großvater ist. Selbst wenn es *faktisch* so wäre, dass alle Großväter dieser Welt verheiratete Männer über 50 wären und umgekehrt alle verheirateten Männer über 50 auch Großväter wären, so wäre dies nicht *notwendigerweise* so. Die Tatsache, dass es auch anders sein kann, zeigt, dass mit dem obigen Satz eine empirische und keine begriffliche Aussage gemacht wird. Doch wenn korrekte Begriffsanalysen nur begrifflich wahre Aussagen zulassen, so besteht der Verdacht, dass diese – entgegen der Anforderung – nicht informativ sein können. Wie das Beispiel (i) zeigt, entsteht eine begrifflich wahre Aussage zumindest dann, wenn der analysierte Begriff und seine Erläuterung bedeutungsgleich bzw. synonym sind. Es scheint jedoch gerade dann keine informative Analyse möglich. Damit steht die Analytische Philosophie vor dem Paradox der Analyse. Bei der folgenden Darstellung haben die Begriffsanalysen die allgemeine Form »X zu sein ist dasselbe, wie Y zu sein« (vgl. Künne, *George Edward Moore. Was ist Begriffsanalyse?*).

1. Prämisse: Wenn ›X‹ und ›Y‹ synonym sind, dann ist die Begriffsanalyse nicht informativ.
2. Prämisse: Wenn ›X‹ und ›Y‹ nicht synonym sind, dann ist die Begriffsanalyse inkorrekt.
Konklusion: Eine Begriffsanalyse kann nicht gleichzeitig korrekt und informativ sein.

Wenn man die Konklusion nicht akzeptiert, muss man zeigen, dass eine der Prämissen falsch ist, denn der Schluss ist richtig. Die Lösung des Paradoxes besteht darin, die zweite Prämisse des Arguments als falsch zurückzuweisen: Eine Begriffsanalyse kann korrekt sein, auch wenn die beiden Begriffe nicht synonym sind. Um dies zu zeigen, brauchen wir zunächst genauere Erläuterungen der Begriffe »Synonymie« und »korrekte Analyse«. Die Synonymie wird durch eine notwendige Bedingung erläutert: Wenn zwei Begriffe »F« und »G« *synonym* sind, dann kann jemand, der beispielsweise die Sätze »Politiker sind F« und »Politiker sind G« versteht, nicht zugleich den einen für falsch und den anderen für wahr halten. Betrachten wir als Beispiel die Begriffe *Bruder sein* und *männliches Geschwister sein.* Wenn jemand den Satz »Michael ist ein Bruder von Sylvia« für wahr hält, dann auch den Satz »Michael ist ein männliches Geschwister von Sylvia«. Die Bedingung für eine korrekte Analyse haben wir uns bereits vor Augen geführt: Eine Begriffsanalyse ist nur dann *korrekt*, wenn die Aussage »X zu sein ist dasselbe, wie Y zu sein« nicht bloß zufällig, sondern notwendigerweise wahr ist. Kommen wir nun zu einem Beispiel, welches der Bedingung einer korrekten Analyse genügt, ohne die notwendige Bedingung für Synonymie zu erfüllen. Die philosophische Analyse des Begriffs des Wissens sieht wie folgt aus, wobei der Buchstabe »p« für einen beliebigen Satz steht:

Eine Person *weiß* genau dann, dass p, wenn

1.) sie glaubt, dass p,

2.) sie gute Gründe hat zu glauben, dass p, und

3.) es der Fall ist, dass p.

Der Begriff des Wissens ist somit nur dann angebracht, wenn erstens jemand eine Überzeugung hat, zweitens sich seine Überzeugung auf gute Gründe stützt (und nicht beispielsweise auf eine Eingebung im Traum) und drittens die Überzeugung wahr ist. Wissen ist nach dieser Analyse gerechtfertigte, wahre Meinung. Die Aussage »Wissen zu haben ist dasselbe, wie eine gerechtfertigte, wahre Meinung zu haben« ist notwendig und nicht bloß zufällig wahr. Damit liegt eine korrekte Begriffsanalyse vor. Allerdings ist es durchaus möglich, dass jemand, der den Begriff des Wissens in der Alltagssprache gelernt hat, den Satz »Anna weiß, dass es regnet« für wahr und zugleich den Satz

»Anna hat den gerechtfertigten, wahren Glauben, dass es regnet« für falsch hält, weil er den von der Philosophie aufgedeckten Zusammenhang zwischen Wissen und gerechtfertigter, wahrer Meinung nicht kennt. Die Bedingung der Synonymie ist also nicht erfüllt. Damit wurde beispielhaft gezeigt, dass eine korrekte Analyse auch bei zwei Begriffen möglich ist, die nicht synonym sind, und dass somit die Begriffsanalysen gleichzeitig korrekt und informativ sein können.

Ein weiteres Beispiel ist die Analyse des Begriffs des Lügens: Im ersten Ansatz sagen die meisten Menschen, dass Lügen dasselbe ist, wie die Unwahrheit zu sagen. Natürlich lügt man nicht, wenn man bloß falsch informiert ist. Also lautet der zweite Versuch einer Analyse meistens: Lügen ist dasselbe, wie etwas zu behaupten, von dem man glaubt, es sei falsch. Doch auch damit trägt man unseren Intuitionen nicht Rechnung: Angenommen ich weiß, dass Sofie mich für einen notorischen Lügner hält, aber sie kann nur von mir die Information bekommen, welchen von zwei möglichen Wegen sie wählen soll. Rate ich ihr aufrichtig den richtigen Weg A, dann glaubt sie dennoch, ich hätte gelogen, und wählt den falschen Weg B. Wenn ich ihr die richtige Information A mitteilen möchte, so dass sie diese glaubt, dann muss ich B sagen, also etwas, von dem ich glaube, dass es falsch ist. Aber wir würden diesen Fall nicht als Lüge einstufen, weil ich die Absicht habe, dass Sofie die korrekte Information erhält. Lügen ist somit dasselbe, wie etwas zu behaupten, von dem man glaubt, es sei falsch, in der Absicht jemanden glauben zu machen, es sei wahr. Diese Begriffsanalyse ist korrekt, aber die beiden verwendeten Begriffe sind keineswegs synonym, weil erst vielfältige Überlegungen, die über normale Sprachkompetenz weit hinausgehen, diesen Zusammenhang aufdecken.

Diese Art von Begriffsanalyse ist in der Philosophie der normalen Sprache ausgiebig verwendet worden; z.B. hat Gilbert

Ryle in *The Concept of Mind* (1949) ein Begriffsnetz bzw. eine Geographie unserer mentalistischen Begriffe aufgedeckt. Seit den 60er Jahren breitete sich die Analytische Philosophie nicht nur im angelsächsischen Raum, sondern auch in Europa zunehmend aus. In den Disziplinen der Analytischen Philosophie entwickelten sich umfangreiche Diskussionen, denen man nicht mehr durch die methodische Unterscheidung von Philosophie der normalen und der idealen Sprache gerecht werden kann. So wie die Analytische Philosophie bis in die 70er Jahre des 20. Jahrhunderts durch eine sprachliche Wende (von den Sach- zu den Bedeutungsfragen) charakterisiert werden kann, so findet seitdem eine kognitive Wende statt: Viele Disziplinen der Analytischen Philosophie, insbesondere die Erkenntnistheorie, die Philosophie des Geistes und Teile der Sprachphilosophie, stehen in engem Zusammenhang mit der Kognitionswissenschaft. Diese junge Wissenschaft hat sich das Ziel gesetzt, die psychischen Fähigkeiten des Menschen zu erforschen, wobei Linguisten, Psychologen, Neurobiologen, Philosophen und Informatiker an denselben Leitfragen arbeiten. Neben der Wissenschaftstheorie, die schon seit Beginn des 20. Jahrhunderts besonders eng mit der Physik verknüpft ist, ist es für die neuesten Entwicklungen in der Analytischen Philosophie charakteristisch, dass sie sich allgemein für einen interdisziplinären Austausch öffnet, so dass man von einem Trend zu interdisziplinärer Philosophie sprechen kann: In allen Forschungsgebieten, sei es die Ethik mit der Entwicklung von Bioethik und medizinischer Ethik, sei es die Philosophie des Geistes mit engen Verbindungen zu Psychologie und Hirnforschung oder sei es die politische Philosophie mit einer engen Kopplung an Rechtswissenschaft und Soziologie, anerkennen immer mehr Philosophen, dass eine fruchtbare, systematische Theoriebildung ganz wesentlich auf die neuesten

Erkenntnisse in anderen Wissenschaften, insbesondere den empirischen Wissenschaften, angewiesen ist.

Die Frage, was Analytische Philosophie ist, ist bislang durch einige historische und methodische Anmerkungen beleuchtet worden. Diese Grundgedanken kann der Leser durch die Lektüre der vorgestellten Autoren, Disziplinen und neueren Strömungen zu einem fundierten Einblick erweitern. Wenn es mir mit diesem Buch gelingt, das Interesse für eine philosophische Hauptströmung zu wecken, die auf literarische Eigenwilligkeit und Eleganz zugunsten von gründlicher und durchsichtiger Argumentation verzichtet, so ist ein wesentliches Ziel dieser Einführung erreicht.

Teil I: Frege, Russell und Wittgenstein

Die Grundsteine der Analytischen Philosophie sind in Verbindung mit Fragen nach den Grundlagen der Mathematik gelegt worden. Frege, Russell und Wittgenstein hatten jeweils Mathematik (bzw. Naturwissenschaften) studiert und waren intensiv damit befasst, die moderne Logik zu entwickeln. Diese wurde das entscheidende neue Instrument für die Philosophie, und zwar (i) inhaltlich als Grundlagendisziplin für die Mathematik, (ii) bezüglich der Strukturen als Vorbild für die Sprachphilosophie und (iii) methodisch als Rahmen für korrektes Argumentieren. Insbesondere mit der Argumentationsweise sind neue methodische Standards gesetzt worden, die mittlerweile alle wissenschaftlichen Richtungen der Philosophie beeinflusst haben.

1. Gottlob Frege (1848-1925)

Freges Philosophie wird in zwei Teilen vorgestellt. Zunächst wird kurz seine Philosophie der Mathematik skizziert, dann seine darauf aufbauende Sprachphilosophie.

1.1 Die Verbindung von Mathematik und Sprachphilosophie in den »Grundlagen der Arithmetik«

Gemäß dem Titel der Schrift geht es um eine Untersuchung der Grundlagen der Arithmetik, und zwar insbesondere um den

Begriff der Zahl. Die Erforschung der Grundlagen darf nicht als die psychologische Frage nach den Ursprüngen für die Entdeckung der Zahl missverstanden werden, sondern muss als logische Frage nach den Bedingungen einer einwandfreien Definition des Begriffs der Zahl aufgefasst werden. Die Unterscheidung von Entdeckungs- und Begründungszusammenhang ist ein in den 30er Jahren von Karl Popper (*Logik der Forschung*) in die Wissenschaftstheorie eingeführter Standard, der in den *Grundlagen der Arithmetik* seine Wurzeln hat:

> »So hat man allgemein die Frage, wie wir zu dem Inhalte eines Urteils kommen, von der zu trennen, woher wir die Berechtigung für unsere Behauptung nehmen.« (GLA, 27)[1]

Philosophisch ausgedrückt ist die Leitfrage der Untersuchung eine Frage nach der analytischen oder synthetischen Natur der arithmetischen Wahrheiten. Diese von Kant eingeführte Unterscheidung erläutert Frege wie folgt: Ein Satz bzw. die Begründung eines Satzes ist analytisch, wenn bei dem Beweis des Satzes nur allgemeine logische Gesetze und Definitionen benötigt werden. Ein Beispiel für ein logisches Gesetz ist die Formel »p oder nicht p«, eine Anwendung des Gesetzes ist der Satz »Es regnet oder es regnet nicht«. Ein Beispiel für eine Definition ist der Satz »Junggesellen sind unverheiratete Männer«. Ein logisches Gesetz ist ohne Zuhilfenahme von sinnlicher Wahrnehmung zu begründen. Dasselbe wird auch von Definitionen gefordert, so dass der Verzicht auf sinnliche Wahrnehmung ein durchgängiges Merkmal bei der Begründung analytischer Sätze ist. Ein Satz bzw. die Begründung eines Satzes ist synthetisch, wenn bei dem Beweis des Satzes darüber hinaus Wahrheiten benötigt werden, die sich auf ein besonderes Wissensgebiet beziehen. Wahrheiten eines besonderen Wissensgebietes sind Satzinhalte, die letztlich nur abhängig von einer sinnlichen Wahrnehmung bewiesen werden können, z.B. der Satzinhalt, dass jetzt in Tübingen die Sonne scheint.

Die Leitfrage Freges ist nun, ob arithmetische Sätze wie »2 + 3 = 5« analytisch oder synthetisch sind. Da die arithmetischen Sätze vor allem den Begriff der Zahl voraussetzen, kann die Frage nur entschieden werden, indem geklärt wird, ob der Begriff der Zahl rein logisch definierbar ist oder nicht. Im ersten Fall wäre die Analytizität der Zahlformeln gezeigt und damit die Arithmetik als Teilgebiet der Logik ausgewiesen. Im zweiten Fall wären die Zahlformeln synthetischer Natur, und damit bekäme die Arithmetik denselben Status wie die Geometrie als ein Gebiet der Mathematik, dessen Grundlagen von den Bedingungen der Wahrnehmung abhängen. Frege argumentiert für die Analytizität der Zahlformeln, indem er eine Definition des Begriffs der Zahl entwickelt und diese in groben Zügen begründet. Da das Ergebnis durch Russells Kritik später ins Wanken gebracht wurde (vgl. Kap. 2.2), interessiert uns in diesem Fall mehr der Weg von Freges Denken als sein Ziel. Er hat drei Grundsätze eingeführt, die die Schnittstelle zwischen seiner Philosophie der Mathematik und seiner Sprachphilosophie markieren. Sie werden nun vorgestellt.

1.1.1 Die Trennung von Logik und Psychologie

Freges Antipsychologismus zeigt sich nicht nur in der Unterscheidung von Entdeckungs- und Begründungszusammenhang, sondern auch bei seiner Diskussion der Frage, ob die Zahl wie eine Geschmacksempfindung etwas Subjektives sei. Subjektive Empfindungen, wie alles Subjektive, fasst Frege mit dem Terminus *Vorstellungen* zusammen. Seine These lautet: »[...] die Zahl ist so wenig ein Gegenstand der Psychologie oder ein Ergebnis psychischer Vorgänge, wie es etwa die Nordsee ist.« (GLA, 56)

Als Beleg seiner These führt er zwei Argumente an. Mit einer Äußerung des Satzes »Die Nordsee ist 10 000 Quadratmeilen groß« behauptet man etwas ganz Objektives. Die Objektivität zeigt sich darin, dass der Inhalt dieses Satzes unabhängig von unserer subjektiven Auffassungsweise von »Nordsee« und »10 000« einen festen Wahrheitswert besitzt. Wenn der Inhalt des Satzes nach gewöhnlichem Verständnis wahr ist und wir etwas anderes unter »Nordsee« oder etwas anderes unter der Zahl »10 000« verstehen, so wird nicht derselbe Inhalt falsch, der vorher richtig war, sondern der Inhalt des Satzes verändert sich. Der neue Inhalt ist falsch, völlig unabhängig von der fortbestehenden Wahrheit des ersten Inhalts. In einer zweiten indirekten Argumentation weist Frege auf einige offenkundig absurde Konsequenzen eines psychologischen Verständnisses von Zahlen hin. Als Voraussetzung benutzt er, dass der Satz »Eine Vorstellung kann nicht zwei Menschen gemeinsam sein« ein analytischer Satz ist, d.h., wenn etwas zwei Menschen gemeinsam ist, dann ist es keine Vorstellung.[2] Wenn die Zahl etwas Subjektives, eine Vorstellung wäre, dann müssten in der Mathematik so viele Zweien unterschieden werden, wie es Menschen gibt, die zählen können; denn die Vorstellungen zweier Menschen sind per definitionem verschieden. Es wäre des Weiteren eine offene Frage, ob sich die Vorstellungen der Menschen (bei gleich bleibenden objektiven Bedingungen) so verändern könnten, dass plötzlich »2 + 2 = 5« richtig ist. Nicht zuletzt hinge die Frage, ob »10 000« ein leeres Zeichen ist oder nicht, allein davon ab, ob es jemanden gibt, der eine Vorstellung von der Zahl hat. Die aufgezeigten Konsequenzen sind offensichtlich unhaltbar, so dass damit die Position, die Zahl sei etwas Subjektives, ad absurdum geführt ist. Frege sieht nur die Alternative, dass die Zahl etwas Objektives ist – die Möglichkeit von Intersubjektivem, welches nicht objektiv ist, bleibt außen vor –, wenn es auch klar ist, dass eine Zahl im Gegensatz zu Tischen und Stühlen, aber auch im Gegensatz zum Zahlzeichen kein raumzeitliches Objekt ist. Daraus folgt nach Frege nur, dass nicht alles, was objektiv ist, raumzeitlich lokalisierbar sein muss. Neben dem Subjektiven, den Vorstellungen, die nicht raumzeitlich lokalisierbar sind, muss der Bereich des Objektiven als zweigeteilt betrachtet werden, nämlich in Objektives, welches raumzeitlich lokalisierbar ist, und solches, für das dies nicht gilt. Frege nennt Ersteres das objektiv Wirkliche und Letzteres das objektiv Nichtwirkliche. Eine Untersuchung des objektiv Nichtwirklichen gehört in den Bereich der Logik. Der erste Grundsatz, den Frege in den *Grundlagen der Arithmetik* formuliert, lautet:

>»Es ist das Psychologische von dem Logischen, das Subjektive von dem Objektiven scharf zu trennen.« (GLA, 23)

1.1.2 Das Satzzusammenhangprinzip

Der zweite Grundsatz der *Grundlagen der Arithmetik* lautet:

>»Nach der Bedeutung der Wörter muss im Satzzusammenhange, nicht in ihrer Vereinzelung gefragt werden;« (GLA, 23)

Auch dieses Prinzip ist Teil von Freges Antipsychologismus. Er kritisiert die zu seiner Zeit verbreitete und auf John Locke zurückreichende Position, dass die Bedeutung eines Wortes die mit dem Wort verbundenen inneren Bilder oder, allgemeiner, die Vorstellungen sind. Diese Auffassung ist falsch, weil wir z.B. keine Vorstellung von der Entfernung zwischen Erde und Sonne haben, sondern nur eine Regel, wie oft man einen Maßstab anlegen müsste. Trotzdem können wir die Richtigkeit unserer Angabe zweifelsfrei ausweisen. Da die Äußerung eines Satzes, mit der die richtige Entfernung zwischen Erde und Sonne behauptet wird, wahr ist, muss sie auch bedeutungsvoll sein, d.h., die Vorstellung eines Sprechers oder Hörers ist nicht die Bedeutung einer Äußerung.

1.1.3 Die Unterscheidung von Begriff und Gegenstand

Da die Bedeutung eines Zahlwortes nichts Subjektives ist, bleibt nur noch zu klären, unter welche Kategorie des Objektiven sie aus logischer Sicht gehört: Ist sie ein Gegenstand oder ein Begriff? Die Unterscheidung von Begriff und Gegenstand geht auf die mathematische Unterscheidung von Funktion und Argument zurück. In der Mathematik ist es üblich, den Zahlausdruck »3^2« in den Funktionsausdruck »$(\ )^2$« und den Argumentausdruck »3« zu zerlegen. Der Funktionsausdruck bezeichnet die Funktion des Quadrierens, und der Argumentausdruck bezeichnet ein Argument, nämlich die Zahl 3. Das wesentliche Merkmal eines Funktionsausdrucks ist seine Unvollständigkeit bzw. Ergänzungsbedürftigkeit, welche durch die Klammer in dem Ausdruck symbolisiert wird. Ein Funktionsausdruck bildet erst zusammen mit einem Argumentausdruck ein vollständiges Ganzes. Im Gegensatz dazu benötigt ein Argumentausdruck keine Ergänzung. Frege nennt deshalb einen Funktionsausdruck sowie die von ihm bezeichnete Funktion *ungesättigt* und einen Argumentausdruck sowie das von ihm bezeichnete Argument *gesättigt*. Betrachten wir nun kurz die mathematische Behauptung »$2^2 = 1$«, um dann deren Struktur auf natürlichsprachliche Behauptungen zu übertragen. Eine Möglichkeit, diesen Satz zu zerlegen, ist die folgende: Der Ausdruck »$2^2 = 1$« besteht aus dem Funktionsausdruck »$(\ )^2 = 1$« und dem Argumentausdruck »2«. Bei Einsetzung der Argumente -1, 0, 1 und 2 ergibt diese Funktion die folgenden Gleichungen:

$-1^2 = 1; 0^2 = 1; 1^2 = 1$ und $2^2 = 1$

Jeder durch die Einsetzung eines Arguments gewonnenen Gleichung wird ein Wahrheitswert zugeordnet. Die erste und die dritte Gleichung sind wahr, die zweite und die vierte falsch. Die

Werte solcher Funktionen, die aus der Zerlegung eines Behauptungssatzes hervorgehen, sind also die Wahrheitswerte »das Wahre« und »das Falsche«. Einen Funktionsausdruck eines Behauptungssatzes nennt Frege »Begriffswort« und einen Argumentausdruck, sofern er ein Einzelding bezeichnet, einen »Eigennamen«. Die Bedeutung eines Begriffswortes ist der bezeichnete Begriff. Da die Bedeutung eines Begriffswortes eine Funktion ist, die für jedes Argument als Wert einen Wahrheitswert liefert, kann Frege Begriffe auch genau so einführen:

> »[...] ein Begriff ist eine Funktion, deren Wert immer ein Wahrheitswert ist.« (Frege, *Funktion und Begriff*, S. 28)

Die Bedeutung eines Eigennamens ist der bezeichnete Gegenstand. Ein Eigenname ist ein Ausdruck, der ein Einzelding bezeichnet; dazu gehören gewöhnliche Namen oder Kennzeichnungen, die mit dem bestimmten Artikel oder dem Demonstrativpronomen beginnen. Damit erhalten wir eine Erläuterung des Begriffs »Gegenstand«:

> »Gegenstand ist alles, was nicht Funktion ist, dessen Ausdruck also keine leere Stelle mit sich führt.« (Frege, *Funktion und Begriff*, S. 30)

Frege bestimmt als Bedeutung eines Begriffswortes den bezeichneten Begriff und als Bedeutung eines Eigennamens den bezeichneten Gegenstand. Die Ausgangsfrage nach der Bedeutung von »Zahl« und den Zahlwörtern kann somit in eine Frage nach der Wortart umformuliert werden: Haben wir es mit einem Begriffswort oder mit einem Eigennamen zu tun? Das Wort »Zahl« bzw. »( ) ist eine Zahl« ist offensichtlich ein Begriffswort. Dagegen sind ein Zahlwort, z.B. »zwei«, sowie die Kennzeichnung »die Zahl 2« Eigennamen im Sinne Freges. Die Unterscheidung zwischen dem Begriffswort »Zahl« und den Zahlwörtern (z.B. »zwei«, »vier«), welche Eigennamen sind, beruht auf Freges drittem Grundsatz:

»Der Unterschied zwischen Begriff und Gegenstand ist im Auge zu behalten.« (GLA, 23)

1.1.4 Adjektivisch verwendete Zahlwörter als Begriffswörter zweiter Stufe

Die häufigste und wichtigste Verwendung von Zahlwörtern ist damit noch nicht erfasst, denn dies ist die adjektivische Verwendung wie in dem Beispiel »vier Pferde«, »drei Städte« etc. Ein gewöhnliches Adjektiv wie z.B. »edel« bezeichnet einen einstelligen Begriff, nämlich die Eigenschaft, edel zu sein. Ist das Zahlwort »zwei« in der Verwendung »zwei Häuser« ebenso ein gewöhnliches Adjektiv wie »edel« in der Verwendung »edle Pferde«? Mit einem gewöhnlichen Adjektiv, etwa »edel«, wird in der Verbindung mit einem Begriffswort, z.B. »Pferde«, den Gegenständen, die unter den Begriff fallen, eine Eigenschaft zugeschrieben. Mit diesem Beispiel wird Pferden die Eigenschaft zugeschrieben, edel zu sein. Möchte man dieses Zuschreiben durch eine veränderte Stellung der Worte deutlicher machen, so muss man das Adjektiv mit dem Verb »sein« verbinden und den dazugehörigen Begriff zum Subjekt machen. Aus »edle Pferde« wird auf diese Weise der Satz »Pferde sind edel«. Bei der Transformation darf das Wort »sein« aber nur in einer der drei Verwendungsweisen, die es aufweist, benutzt werden. »Sein« kann zum Ausdruck von Existenz verwendet werden, z.B. in »Gott ist« als Ausdrucksvariante für »Gott existiert«, aber auch zum Ausdruck von Identität, z.B. in »Samuel Clemens ist Mark Twain« als Kurzform für »Samuel Clemens ist identisch mit Mark Twain«. Die dritte, bei der erläuterten Transformation zulässige Verwendungsweise von »sein« ist die als Hilfsverb, weil nur in dieser Rolle die Verbindung mit einem Adjektiv das gewünschte Ergebnis zeigt, nämlich dass den Gegenständen, die unter einen dazugehörigen Begriff fallen, eine Eigenschaft zugeschrieben wird. Wenn das Wort »sein« als Hilfsverb gebraucht wird, spricht man auch von der Kopula »sein«. Bei dem Ausdruck »zwei Häuser« führt eine solche Transformation zu einem unsinnigen Satz, nämlich »Häuser sind zwei«. Sinnvoll ist dieser nur, wenn der Ausdruck »sein« nicht als Kopula aufgefasst wird, sondern als Ausdruck für Existenz. Das Ergebnis ist der Satz »Häuser gibt es zwei«. Mit diesem wird jedoch den unter den Begriff »Häuser« fallenden Gegenständen keine Eigenschaft zugeschrieben; denn selbst wenn der Satz wahr wäre, hätte ein Haus nicht die Eigenschaft zwei; wohl aber hätte ein Pferd die Eigenschaft, edel zu sein, wenn der Satz »Pferde sind edel« wahr wäre. In einem vorläufigen Resümee können wir festhalten, dass das Zahlwort »zwei« in der adjektivischen Verwendung »zwei Häuser« einerseits kein Eigenname ist, weil es als Adjektiv ungesättigt ist. Andererseits ist es auch kein gewöhnliches einstelliges Begriffswort, das den unter einen dazugehörigen Begriff fallenden Gegenständen eine Eigenschaft zuweist. Es bleibt also die Frage, welche Rolle ein adjektivisch verwendetes Zahlwort spielt.

Freges Antwort lautet: Es ist ein Begriffswort zweiter Stufe, d.h. ein Begriffswort, das etwas von einem dazugehörigen Begriff erster Stufe *aussagt* und nicht von den unter diesen Begriff fallenden Gegenständen. Als Bestätigung für diese These weist Frege u.a. auf den Sprachgebrauch hin. Man sagt »zehn Mann«, »drei Fass« und verwendet dabei die zum Zahlwort gehörenden Begriffswörter im Singular. Damit wird deutlich, dass das Zahlwort von dem Begriff ausgesagt wird. Von dem Begriff »Mann« wird ausgesagt, in zehn Exemplaren realisiert zu sein, usw. Wenn mit einem Adjektiv etwas von einem dazugehörigen *Begriff* erster Stufe ausgesagt wird, dann ist das Adjektiv ein Begriffswort zweiter Stufe. Wenn dagegen mit dem Adjektiv den *Gegenständen*, die unter den dazugehörigen Begriff erster Stufe fallen, eine Eigenschaft zugeschrieben wird, dann ist das Adjektiv ein Begriffswort erster Stufe. Die Erkenntnis, dass adjektivisch verwendete Zahlwörter Begriffswörter zweiter Stufe sind, ist die entscheidende Grundlage für Freges allgemeine Definition der Zahl in den *Grundlagen der Arithmetik*. Diese erlaubt ihm im Gegensatz zu den zu seiner Zeit vorliegenden Alternativvorschlägen u.a. eine problemlose Definition der Zahl Null:

> »0 ist die Anzahl, welche dem Begriffe ›sich selbst ungleich‹ zukommt.« (GLA, 107)

Den psychologistischen Theorien fiel es stets schwer anzugeben, welche Vorstellung für die Bedeutung des Zahlworts »Null« relevant sein soll. Frege kann dieses Problem vermeiden, denn der Witz seiner Definition besteht darin, dass sie mit Ausdrücken auskommt, die rein logisch geklärt werden können: Der Ausdruck »eine Anzahl sein, welche einem Begriff zukommt« wird durch die allgemeine Definition der Anzahl als rein logisches Begriffswort ausgewiesen. (GLA, 100 f.) Für das außerdem noch verwendete Begriffswort »sich selbst ungleich« gilt, dass rein logisch bewiesen werden kann, dass nichts unter den von ihm bezeichneten Begriff fällt.

Die Definition des Zahlworts »Null« erlaubt des Weiteren eine Bestimmung des Ausdrucks »Existenz«. Da die Bejahung der Existenz nichts anderes ist als die Verneinung der Null-Zahl, gehört der Begriff der Existenz derselben Stufe an wie die adjektivisch verwendete Null-Zahl, d.h., Existenz ist ein Begriff zweiter Stufe. Wenn Gegenständen, die unter einen Begriff fallen, Existenz zugeschrieben wird, dann ist die Anzahl, die dem Begriff zukommt, verschieden von der Anzahl, die dem Begriff »sich selbst ungleich« zukommt. Mit dieser Erläuterung zum Begriff der Existenz wird Kants Behauptung, dass »Sein« im

Sinne von Existenz kein reales Prädikat ist, durch eine Begriffs-
bestimmung konkretisiert.

Das Wort »vier« kann nicht nur als Begriffswort zweiter
Stufe, sondern auch als Eigenname für die Zahl vier verwendet
werden. Wie verhalten sich die beiden Verwendungsweisen zueinander? Für Frege ist die Verwendungsweise als Eigenname
eindeutig primär. Die adjektivische Verwendungsweise ist eine
abgeleitete, die sich auf die primäre zurückführen lässt. »Es gibt
vier edle Pferde« kann transformiert werden in »Die Zahl edler
Pferde ist identisch mit der Zahl vier.« Damit ist die adjektivische in eine nominale Redeweise über einen abstrakten Gegenstand überführt worden, was natürlich für alle adjektivischen
Zahlwörter möglich ist, so dass gilt: »Jede einzelne Zahl ist ein
selbständiger Gegenstand.« (GLA, 88) Dieses Verständnis von
Zahlen als abstrakte, rein logisch definierbare Gegenstände ist
die Grundlage für die These, dass die Arithmetik ein Teilgebiet
der Logik ist.

1.2   Freges Sprachphilosophie

Die Konzeption von Freges Sprachphilosophie wird im Folgenden ohne Rücksicht auf die zeitliche Entwicklung seiner Gedanken skizziert. Dabei kommt zunächst der späte Aufsatz *Der
Gedanke* aus dem Jahre 1918 in den Blick. In ihm wird deutlich,
dass es Frege vorrangig um eine Klärung der Wahrheit und
Falschheit von Gedanken geht. Die Analyse von Sätzen erweist
sich dabei als das beste Mittel, als *via regis*, für die Untersuchung von Gedanken, denn Gedanken werden am deutlichsten
in Sätzen zum Ausdruck gebracht. Freges Sprachphilosophie dient
heute noch vielen Autoren als Orientierung, weil er eine systematisch durchgeführte Theorie von Sinn und Bedeutung vorge-
legt hat.

1.2.1 Die Objektivität der Gedanken

Gedanken werden bei Frege als etwas eingeführt, bei dem überhaupt Wahrheit in Frage kommen kann, d.h., wenn etwas wahr oder falsch ist, so muss dies ein Gedanke sein. Da etwas, was wahr ist, nichts Subjektives sein kann, müssen Gedanken objektiv sein. Gedanken gehören gemäß Frege in den Bereich der Logik und nicht der Psychologie, denn es geht nicht um das subjektive Fürwahrhalten, sondern um das objektive Wahrsein. »Objektiv« wird ein Gedanke erstens genannt, weil derselbe Gedanke von vielen Menschen erfasst werden kann, und zweitens weil er nicht erschaffen, sondern nur entdeckt wird. Mit der Redewendung, dass Wissenschaftler mit der Entdeckung und nicht mit der Schaffung von wahren Gedanken beschäftigt sind, möchte Frege auf die zeitlose Gültigkeit wahrer Gedanken hinweisen. Der Satz des Pythagoras oder eine astronomische Wahrheit waren auch vor ihrer Entdeckung gültig. Sie können daher benutzt werden, um Ereignisse zu beschreiben, die stattgefunden haben, bevor die Gesetze selbst entdeckt wurden. Wegen ihrer zeitlosen Gültigkeit muss es die wahren Gedanken auch schon vor ihrer Entdeckung gegeben haben. Dasselbe gilt für falsche Gedanken aufgrund ihrer zeitlosen Ungültigkeit. Frege schreibt den Gedanken aufgrund dieser Eigenschaft eine eigene Form von Existenz zu: Sie sind objektiv-nichtwirklich und haben damit denselben Status wie Zahlen. Die spezifische Existenzform der Gedanken wird jedoch nur negativ charakterisiert. Indem die Gedanken als nichtwirklich bezeichnet werden, grenzt Frege sie von den raumzeitlichen Gegenständen der Außenwelt ab. »Nichtwirklichsein« heißt bei Frege »kein raumzeitlicher Gegenstand sein«. Mit der Eigenschaft, objektiv zu sein, werden die Gedanken von den subjektiven Vorstellungen abgegrenzt, d.h. sie sind im Gegensatz zu den Vorstellungen nicht nur einem Menschen, sondern allgemein zugänglich.

»So verstehe ich unter Objektivität eine Unabhängigkeit von unserem Empfinden, Anschauen und Vorstellen, von dem Entwerfen innerer Bilder aus den Erinnerungen früherer Empfindungen [...].« (GLA, 59)

Positiv abgegrenzt werden die Gedanken nur durch die Eigenschaft, einen Wahrheitswert (»wahr« oder »falsch«) zu haben, die sowohl den Gegenständen der Außenwelt als auch den Vorstellungen fehlt. Frege unterscheidet somit drei Arten von existierenden Sachen, nämlich Gegenstände der Außenwelt, Vorstellungen und Gedanken. Für jede von den dreien verfügen wir über einen eigenen Zugangsmodus: Wir *sehen* die Gegenstände der Außenwelt (oder nehmen sie auf andere Weise sinnlich wahr), wir *haben* unsere Vorstellungen und wir *fassen* die Gedanken.[3]

Merkmale	Gegenstände der Außenwelt	Gedanken	Vorstellungen
subj./objektiv	objektiv	objektiv	subjektiv
Raum u. Zeit	raumzeitlich	nicht raumzeitlich	nicht räumlich
Wahrheit	nicht wahrheitswertfähig	wahrheitswertfähig	nicht wahrheitswertfähig
Zugangsmodus	sehen/sinnlich wahrnehmen	fassen	haben

Der Gedanke ist wesentlich durch seine Wahrheitsfähigkeit bestimmt. Für den Ausdruck des Gedankens spielen daher auch nur jene Worte eine Rolle, die für den Wahrheitswert wichtig sind; dabei wird der Wahrheitswert eines Gedankens, der durch einen Satz ausgedrückt wird, nur unter wissenschaftlichen Gesichtspunkten bestimmt:

> »[...] die strenge Wissenschaft ist auf die Wahrheit gerichtet und nur auf die Wahrheit. Alle Bestandteile des Satzes also, auf die sich die behauptende Kraft nicht erstreckt, gehören nicht zur wissenschaftlichen Darstellung [...].« (Frege, *Der Gedanke*, S. 36.)

In dem Satz »Leider ist Alfred nicht gekommen« ist das Wort »leider« für den Wahrheitswert des ausgedrückten Gedankens, dass Alfred nicht gekommen ist, irrelevant. Mit dem Zusatz »leider« bringt der Sprecher nur sein Bedauern über das Nichtkommen von Alfred zum Ausdruck. Dieses ist Teil der Stimmung oder Beleuchtung, wie Frege es nennt, die in der wissenschaftlichen Untersuchung keine Beachtung verdient. Ebenso schätzt Frege den Unterschied zwischen den Worten »aber« und »und« als Teil der Beleuchtung und nicht des Gedankens ein; wie auch den Übergang von einer Aktiv- in eine Passiv-Konstruktion oder umgekehrt: Der Satz »Verena bekommt von Georg Blumen geschenkt« drückt denselben Gedanken aus wie der Satz »Georg schenkt Verena Blumen«. Derselbe Gedanke kann auch durch sprachlich noch stärker voneinander abweichende Sätze zum Ausdruck gebracht werden, z.B. durch Sätze, die unterschiedlichen Sprachen angehören wie »Die Erde ist kugelrund« und »The earth is as round as a ball«.

Dies sind für Frege deutliche Beispiele für Satzteile oder Transformationen, die den Gedanken nicht berühren, sondern nur die Aufgabe haben, dem Hörer das Fassen des Gedankens zu erleichtern und darüber hinaus noch Aspekte der Stimmung zu erfassen:

> »Was man Stimmung, Duft, Beleuchtung in einer Dichtung nennen kann, was durch Tonfall und Rhythmus gemalt wird, gehört nicht zum Gedanken.« (Frege, *Der Gedanke*, S. 37.)

1.2.2 Zerlegung und Komposition von Sätzen

Ein Satz kann genauso wie eine mathematische Angabe in Argument- und Funktionsausdruck bzw. bei einfachen Aussagen in Eigenname und Begriffswort zerlegt werden. Der Satz »Brutus tötete Caesar« kann in den Eigennamen »Brutus« und das Begriffswort »( ) tötete Caesar«, in den Eigennamen »Caesar« und das Begriffswort »Brutus tötete ( )« oder in die Eigennamen »Brutus« und »Caesar« sowie das zweistellige Begriffswort »( ) tötete ( )« zerlegt werden. Die Zerlegung eines Satzes ist abhängig von unserer Wahl des variablen, ersetzbaren Satzbestandteils und damit nicht eindeutig. Nachdem wir als Bedeutung eines Begriffswortes den bezeichneten Begriff und als Bedeutung eines Eigennamens den bezeichneten Gegenstand festgelegt haben, bleibt die Frage, was die Bedeutung eines ganzen Satzes ist. Dafür gibt es zwei Kandidaten, nämlich den vom Satz ausgedrückten Gedanken und den Wahrheitswert des Satzes. Die Entscheidung für einen der beiden Kandidaten fällt Frege auf der Basis von drei Prinzipien, die seiner Sprachphilosophie zugrunde liegen. Das erste ist das *Kompositionalitätsprinzip für Bedeutung*:

Die Bedeutung eines komplexen sprachlichen Ausdrucks ergibt sich aus den Bedeutungen seiner Bestandteile.

Dieses Prinzip wird vorausgesetzt, um die Satzbildungsmöglichkeiten in der Sprache zu erklären, nämlich die Möglichkeit, unendlich viele neue Sätze aus einem endlichen Vokabular zu bilden. Das zweite ist das *Substitutionsprinzip für Bedeutung*:

Wenn in einem komplexen sprachlichen Ausdruck ein Bestandteil durch einen bedeutungsgleichen ersetzt wird, so bleibt die Bedeutung des komplexen sprachlichen Ausdrucks erhalten.

Dies ist kein neues Prinzip, sondern nur eine Anwendung des Kompositionalitätsprinzips; denn da die Bedeutung eines Satzes durch die Bedeutungen der Satzbestandteile festgelegt wird und diese durch die Substitution eines bedeutungsgleichen Ausdrucks nicht verändert wird, so ist klar, dass die Bedeutung des Satzes erhalten bleiben muss. Das dritte Prinzip ist ein *Kriterium für Gedankenverschiedenheit*:

Zwei Sätze drücken verschiedene Gedanken G1 und G2 aus, wenn jemand zugleich G1 für wahr und G2 für falsch halten kann bzw. umgekehrt.

Wenn diese Prinzipien nicht verletzt werden sollen, dann muss die Bedeutung eines Satzes sein Wahrheitswert und nicht der durch ihn ausgedrückte Gedanke sein. Dies wird deutlich, wenn man unter der Annahme, dass die Bedeutung eines Satzes der ausgedrückte Gedanke ist, eine Substitution zweier bedeutungsgleicher Ausdrücke durchführt. Da »Mark Twain« und »Samuel Clemens« dieselbe Person bezeichnen, sind dies bedeutungsgleiche Eigennamen. Wenn wir in dem Satz »Mark Twain ist ein berühmter Schriftsteller« eine Substitution des Eigennamens vornehmen, so ergibt sich der Satz »Samuel Clemens ist ein berühmter Schriftsteller«. Gemäß dem Substitutionsprinzip müssen die beiden Sätze dieselbe Bedeutung haben. Aber sie drücken gemäß dem Kriterium für Gedankenverschiedenheit nicht denselben Gedanken aus, denn jemand könnte den Gedanken, dass Mark Twain ein berühmter Schriftsteller ist, für wahr und zugleich den Gedanken, dass Samuel Clemens ein berühmter Schriftsteller ist, für falsch halten; z.B. deshalb, weil er den bürgerlichen Namen des bekannten Autors Mark Twain noch nie gehört hat. Da die von den beiden Sätzen ausgedrückten Gedanken verschieden sind, die Bedeutung aber gemäß dem Substitutionsprinzip dieselbe ist, kann der Gedanke nicht die Bedeutung eines Satzes sein. Es bleibt also der Wahrheitswert als Kandidat für die Bedeutung eines Satzes. Dieser Kandidat bewährt sich mit Blick auf das obige Beispiel, denn die beiden Sätze haben denselben Wahrheitswert: Weil die Eigennamen denselben Gegenstand bzw. dieselbe Person bezeichnen, sind es dieselben Umstände, die die beiden Sätze wahr bzw. falsch machen.

1.2.3 Die Notwendigkeit von Sinn und Bedeutung

Freges primäres Interesse ist ein klares Darstellen wissenschaftlicher Gedanken. Aus diesem Grunde genügt es ihm nicht, bei Sätzen nur ihre Bedeutung, d.h. ihren Wahrheitswert zu unterscheiden, denn damit würden die Gedanken nur in zwei Klassen geteilt, die wahren und die falschen. Da die Wissenschaft jedoch den wahren Gedanken, dass die Erde eine Kugel ist, von dem ebenfalls wahren Gedanken, dass die Sonne ein großer Heliumkörper ist, unterscheiden können muss, ist es notwendig, neben der Bedeutung eine weitere Ebene einzuführen: den Sinn des Satzes. Mit dem Sinn eines Satzes soll der Inhalt des Satzes erfasst werden oder, in Freges Worten, der Gedanke. Der Sinn eines Satzes ist der durch ihn ausgedrückte Gedanke. Ein Satz hat somit als Sinn den ausgedrückten Gedanken und als Bedeutung seinen Wahrheitswert.

Für die Bestandteile des Satzes – wir beschränken uns nach wie vor auf einfache Behauptungssätze – ist ebenfalls eine Berücksichtigung von Sinn und Bedeutung erforderlich. Die Notwendigkeit wird ersichtlich, wenn wir informative und nichtinformative Identitätsaussagen einander gegenüberstellen. Eine Variante des klassischen Frege-Beispiels sind die folgenden Sätze:

(1) Der Morgenstern ist identisch mit dem Morgenstern.

(2) Der Abendstern ist identisch mit dem Morgenstern.

Da in Satz (2) im Vergleich zu Satz (1) nur ein Vorkommnis des Eigennamens »der Morgenstern« durch den bedeutungsgleichen Eigennamen »der Abendstern« ersetzt wurde, haben die beiden

Sätze gemäß dem Substitutionsprinzip dieselbe Bedeutung. Ihre Bedeutung ist der Wahrheitswert »das Wahre«, denn es ist der Fall, dass der Planet Venus in der Relation der Identität zu sich selbst steht. Bezüglich ihres Informationsgehaltes unterscheiden sie sich jedoch: Der Satz (1) ist uninformativ, der Satz (2) dagegen ist informativ. Daher drücken die beiden Sätze unterschiedliche Gedanken aus. Da der Unterschied der beiden Sätze jedoch allein durch die Substitution bedeutungsgleicher Eigennamen entstanden ist, muss die Ersetzung die Ursache für die Verschiedenheit der Gedanken sein. Die Eigennamen müssen also einen Beitrag zum Sinn des Satzes liefern, der über ihre Bedeutung hinausgeht, denn diese ist dieselbe. Die Eigennamen »der Morgenstern« und »der Abendstern« bezeichnen denselben Gegenstand, aber sie unterscheiden sich in der Art und Weise, wie sie den Gegenstand bezeichnen. Der Eigenname »der Morgenstern« bezeichnet die Venus als den Planeten, der am Morgen als letzter untergeht, während der Eigenname »der Abendstern« die Venus als den Planeten bezeichnet, der am Abend als erster aufgeht. Demgemäß erläutert Frege den Sinn eines Eigennamens allgemein als die Art des Gegebenseins eines Gegenstandes. Der Sinn eines Eigennamens kann durch eine entsprechende Kennzeichnung »der/die/das F« ausgedrückt werden, wobei F eine beliebige Eigenschaft ist. Betrachten wir ein anderes Beispiel: Wenn der Punkt z als Schnittpunkt der Geraden a, b und c festgelegt ist, so kann der Punkt z auf verschiedene Arten gegeben sein, z.B. als *der* Schnittpunkt der Geraden a und b, als *der* Schnittpunkt der Geraden a und c, als *der* Schnittpunkt der Geraden b und c.

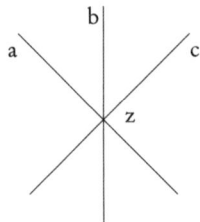

Indem Frege den Sinn eines Eigennamens als die Art des Gegebenseins des Gegenstandes festlegt, kann er erläutern, warum die Aussage (2) informativ ist; denn in dieser wird der Gedanke ausgedrückt, dass der Planet, der am Abendhimmel als erster erscheint, derselbe ist wie der Planet, der am Morgenhimmel als letztes verschwindet. Sinn und Bedeutung führt Frege nicht nur für Eigennamen und Sätze, sondern auch für Begriffsworte ein. Der Sinn des Begriffswortes »( ) eroberte Gallien« wird analog als die Art des Gegebenseins des von dem Begriffswort bezeichneten Begriffs bestimmt. Der Sinn des Begriffswortes wird bei Frege nicht näher erläutert. Klar ist allerdings, dass er so wie das Begriffswort selbst ungesättigt sein muss. Mit dem Sinn eines Ausdrucks ist auch seine Bedeutung festgelegt, denn mit der Art des Gegebenseins der Bedeutung ist auch die Bedeutung bestimmt; das Umgekehrte dagegen gilt nicht. In einer Übersicht wollen wir den gewöhnlichen Sinn und die gewöhnliche Bedeutung der verschiedenen Ausdrücke vor Augen führen, wobei das Merkmal »gewöhnlich« hervorhebt, dass es nur um einfache Behauptungssätze geht:

	Eigenname »a«	Begriffswort »f( )«	Satz »f(a)«
gewöhnliche Bedeutung	der von »a« bezeichnete Gegenstand G	der von »f( )« bezeichnete Begriff B	der Wahrheitswert von f(a) (wahr/falsch)
gewöhnlicher Sinn	die Art des Gegebenseins des Gegenstands G	die Art des Gegebenseins des Begriffs B	der Gedanke, dass f(a)

Für die Ebene des Sinnes gelten ebenso wie für die Ebene der Bedeutung analoge Prinzipien der Komposition und Substitution.

Kompositionalitätsprinzip für Sinn: Der Sinn eines komplexen sprachlichen Ausdrucks ergibt sich aus den Sinnen seiner Bestandteile.

Substitutionsprinzip für Sinn: Wenn in einem komplexen sprachlichen Ausdruck ein Bestandteil durch einen sinngleichen ersetzt wird, so bleibt der Sinn des komplexen sprachlichen Ausdrucks erhalten.

Bei der adäquaten Erfassung und Darstellung einer wissenschaftlichen Erkenntnis muss nicht nur der erfasste Gedanke, sondern auch sein Wahrheitswert ausgewiesen werden, denn eine wissenschaftliche Erkenntnis ist das Ergebnis eines Urteilens, welches nicht nur in dem Fassen eines Gedankens, sondern auch in dem Anerkennen der Wahrheit eines Gedankens besteht.

»Es kann uns also niemals auf die Bedeutung eines Satzes allein ankommen; aber auch der bloße Gedanke gibt keine Erkenntnis, sondern erst der Gedanke zusammen mit seiner Bedeutung, d.h. seinem Wahrheitswert. Urteilen kann als das

Fortschreiten von einem Gedanken zu seinem Wahrheitswert gefaßt werden.« (Frege, *Über Sinn und Bedeutung*, S. 50)

1.2.4 Sinn und Bedeutung in gerader und ungerader Rede

Die Theorie von Sinn und Bedeutung hat Frege nicht nur für einfache, sondern auch für komplexere Behauptungssätze ausgebaut. Als komplex werden dabei nicht besonders lange Behauptungssätze bezeichnet, sondern solche in besonderen Verwendungsweisen. Frege unterscheidet die gerade und die ungerade Rede als zwei spezielle Verwendungskontexte. Ein Satz wird in gerader Rede verwendet, wenn man ihn erwähnt und nicht gebraucht. Dies machen wir in der Schriftsprache durch Anführungszeichen kenntlich. Was ist die Bedeutung eines Satzes, der erwähnt und nicht gebraucht wird? Wenn die Bedeutung eines eingebetteten Satzes in Anführungszeichen wie in der gewöhnlichen Rede der Wahrheitswert des Satzes wäre, so müsste der eingebettete Satz gemäß Substitutionsprinzip durch einen beliebigen Satz mit demselben Wahrheitswert ersetzbar sein, ohne dass sich der Wahrheitswert des Gesamtsatzes ändern dürfte. Die Annahme wird jedoch durch das nachfolgende Beispiel als falsch erwiesen:

(1) »Die Erde ist rund« besteht aus vierzehn Buchstaben.

(2) »Der Mond ist kleiner als die Erde« besteht aus vierzehn Buchstaben.

Der Satz (2) geht aus dem Satz (1) durch die Substitution eines bedeutungsgleichen Ausdrucks hervor, denn die beiden erwähnten Sätze sind wahr. Trotzdem sind die Wahrheitswerte der Gesamtsätze verschieden, denn Satz (1) ist wahr, Satz (2) dagegen falsch. Da das Substitutionsprinzip verletzt wird, kann die Bedeutung eines erwähnten Satzes nicht sein Wahrheitswert sein. Prüfen wir nun, ob als Bedeutung eines erwähnten

Satzes der ausgedrückte Gedanke in Frage kommt. Dazu ersetzen wir den erwähnten Satz durch einen sinngleichen, der denselben Gedanken ausdrückt, z.B. »Die Erde ist kugelförmig«.

(3) »Die Erde ist kugelförmig« besteht aus vierzehn Buchstaben.

Da der Satz (3) aus dem Satz (1) durch eine Substitution sinngleicher Ausdrücke hervorgeht, müssten beide Sätze gemäß dem Substitutionsprinzip für Sinn denselben Sinn haben. Doch sie drücken nicht denselben Gedanken aus, denn sie haben nicht einmal denselben Wahrheitswert. Da Satz (1) wahr und Satz (3) falsch ist, erfüllen die von den beiden Sätzen ausgedrückten Gedanken auch das Kriterium für Gedankenverschiedenheit. Das Substitutionsprinzip ist somit verletzt, und die Annahme, die Bedeutung eines erwähnten Satzes sei der ausgedrückte Gedanke, muss aufgegeben werden.

Die Bedeutung eines erwähnten Satzes ist der in Anführungsstrichen stehende Satz selbst, denn dessen Buchstaben zählen wir, wenn wir den Wahrheitswert der Sätze (1) bis (3) ermitteln. Allgemein erhält man die Bedeutung eines erwähnten Ausdrucks, indem man die Anführungsstriche weglässt und nur den darin eingeschlossenen Ausdruck behält. Da die Sätze (1) und (2) nicht nur einen Wahrheitswert zugeordnet bekommen, sondern auch einen Gedanken ausdrücken, gilt für sie nicht nur das Kompositionalitätsprinzip für Bedeutung, sondern auch das für Sinn. Eine konsequent weitergeführte Theorie von Sinn und Bedeutung müsste deshalb für Eigennamen, Begriffwörter und Sätze in gerader Rede auch einen geraden Sinn angeben können. Da wir bei Frege dazu keine Ausführungen finden, beschränken wir uns bei der Tabelle auf die Angabe der geraden Bedeutung der Ausdrücke.

	Eigenname »a«	Begriffswort »f( )«	Satz »f(a)«
gerade Bedeutung	a	f( )	f(a)
gerader Sinn	– bei Frege nicht ausgeführt –		

Der zweite spezielle Kontext ist die ungerade oder indirekte Rede. Ein Behauptungssatz »p« wird in ungerader Rede verwendet, wenn er Teil eines Satzes ist, der die Form »A glaubt/wünscht/hofft ..., dass p« hat, wobei »A« eine Person bezeichnet. Ein Beispiel für einen Satz in ungerader Rede ist der dass-Satz in Satz (4).

(4) Kopernikus glaubt, dass die Erde rund ist.

In moderner Redeweise spricht man bei solchen Sätzen von Einstellungsberichten oder von Zuschreibungen propositionaler Einstellungen, weil mit diesem Satz der Person Kopernikus die Einstellung des Glaubens mit dem (propositionalen) Inhalt, dass die Erde rund ist, zugeschrieben wird. Als Einstellung werden die kognitiven Zustände bezeichnet, in denen sich eine Person befinden kann, sofern der Zustand durch einen Gedanken in indirekter Rede spezifiziert werden kann. Weitere Einstellungen sind die des Wünschens, Fürchtens, Hoffens, Bedauerns etc. Für einen Einstellungsbericht ist es charakteristisch, dass der dass-Satz einen vollständigen Behauptungssatz enthält wie in dem Beispiel den Satz »Die Erde ist rund«. In gewöhnlicher Rede ist seine Bedeutung das Wahre und sein Sinn der Gedanke, dass die Erde rund ist. Was ist die Bedeutung des Satzes in Einstellungsberichten? Hier wiederholen wir den bereits bekannten Test. Wenn die Bedeutung des dass-Satzes »dass die Erde rund ist« sein Wahrheitswert wäre, so dürften wir gemäß Substitutionsprinzip für Bedeutung diesen Satz durch einen beliebigen wahren Satz ersetzen, ohne dass sich der Wahrheitswert des Einstellungsberichtes ändern dürfte. Das ist jedoch nicht der Fall. Wenn der wahre dass-Satz in (4) durch den wahren dass-Satz »dass Energie gleich Masse mal Lichtgeschwindigkeit zum Quadrat ist« ersetzt wird, so ergibt sich der offensichtlich falsche Bericht (5), denn Kopernikus kannte die Einsteinsche Formel nicht und konnte ihren Gehalt deswegen auch nicht glauben.

(5) Kopernikus glaubt, dass Energie gleich Masse mal Lichtgeschwindigkeit zum Quadrat ist.

Die Bedeutung eines dass-Satzes in einem Einstellungsbericht ist somit nicht sein Wahrheitswert. Der zweite Kandidat für die Bedeutung eines dass-Satzes in Einstellungsberichten ist der Sinn des Satzes, d.h. der ausgedrückte Gedanke. Dieser bewährt sich mit Blick auf die Substitutionsprinzipien für Sinn und Bedeutung. Wenn die Bedeutung eines dass-Satzes in Einstellungsberichten der ausgedrückte Gedanke ist, so kann der dass-Satz »dass die Erde rund ist« durch einen sinngleichen dass-Satz, z.B. »dass die Erde kugelförmig ist«, ersetzt werden; da die beiden dass-Sätze in gewöhnlicher Rede denselben Gedanken ausdrücken, haben sie in dem Einstellungsbericht dieselbe Bedeutung. Dieser Austausch von sinngleichen dass-Sätzen in einem Einstellungsbericht ist eine Substitution bedeutungsgleicher Ausdrücke, so dass die Bedeutung des Gesamtsatzes, d.h. der Wahrheitswert des Einstellungsberichtes, unverändert bleiben müsste. Unsere Annahme kann durch die folgenden Beispielsätze bestätigt werden:

(4) Kopernikus glaubt, dass die Erde rund ist.

(6) Kopernikus glaubt, dass die Erde kugelförmig ist.

Die beiden dass-Sätze in (4) und (6) sind so gewählt, dass sie denselben Gedanken ausdrücken. Es kann gemäß dem Kriterium für Gedankenverschiedenheit nicht der Fall sein, dass Kopernikus den einen Gedanken für wahr und den anderen für falsch hält, d.h., Kopernikus muss stets beide von den dass-Sätzen ausgedrückte Gedanken glauben oder keinen von beiden. Das bedeutet aber für die Gesamtsätze in (4) und (6), dass sie stets beide wahr oder beide falsch sind. Somit verändert die Substitution sinngleicher Teilsätze den Wahrheitswert des Gesamtsatzes nicht. Das soll uns hier genügen, um Freges Prinzip einzuführen: Die Bedeutung eines dass-Satzes in Einstellungsberichten, d.h. die Bedeutung eines Satzes in ungerader Rede, ist der von dem Satz ausgedrückte Gedanke. Allgemein gilt: Die Bedeutung eines Ausdrucks in ungerader Rede ist der Sinn dieses Ausdrucks in gewöhnlicher Rede. (Frege, *Über Sinn und Bedeutung*, S. 43) Da wir den Sinn der Ausdrücke in gewöhnlicher Rede bereits kennen, können wir diesen als Bedeutung der Ausdrücke in ungerader Rede übernehmen.

Auch für die Ausdrücke in ungerader Rede muss neben der Bedeutung ein Sinn festgelegt werden, denn ein Einstellungsbericht drückt einen Gedanken aus, der sich aus dem Sinn der Teile, und damit auch dem Sinn des dass-Satzes, ergibt. Die ungerade Bedeutung des Satzes »f(a)« wurde bereits als der Gedanke, dass f(a), festgelegt. Der ungerade Sinn desselben Satzes ist der Sinn von »der Gedanke, dass f(a)«. (Frege, *Über Sinn und Bedeutung*, S. 51) Eine vollständige Theorie von Sinn und Bedeutung fordert wegen der Kompositionalität für Sinn auch eine Bestimmung des ungeraden Sinns für Eigennamen und Begriffswörter. Dazu finden wir bei Frege keine Ausführungen, so dass sich die folgende Tabelle für Sinn und Bedeutung in ungerader Rede ergibt:

	Eigenname »a«	Begriffswort »f( )«	Satz »f(a)«
ungerade Bedeutung = gewöhnlicher Sinn	die Art des Gegeb. des von »a« bezeichneten Gegenstands G	die Art des Gegeb. des von »f( )« bez. Begriffs B	der Gedanke, dass f(a)
ungerader Sinn			der Sinn von »der Gedanke, dass f(a)«

Mit der dargestellten systematischen Theorie ist es auch möglich, Sinn und Bedeutung im Falle von Mehrfachanwendungen von Anführungszeichen sowie bei verschachtelten Einstellungsberichten zu beschreiben, z.B. bei der Erwähnung eines erwähnten Satzes »»Die Erde ist rund.«« oder bei dem Einstellungsbericht über einen Einstellungsbericht »Thomas fürchtet, dass Lucia glaubt, dass Peter gelangweilt ist.« Da sowohl Anführungsstriche als auch Einstellungsberichte in der Sprache prinzipiell beliebig iterierbar sind, ergibt sich in Freges Theorie die Notwendigkeit einer unendlichen Hierarchie von Sinnen. Die Frage, ob dies harmlos ist oder für Freges Theorie ein Problem darstellt, wird in der Literatur nach wie vor diskutiert.

1.2.5 Der Sinn kontextabhängiger Ausdrücke

Ein wesentlicher Zug der Fregeschen Sprachphilosophie ist die Identifikation des Inhalts eines Satzes mit dem Inhalt eines Gedankens. Mit einem Satz wird ein Gedanke ausgedrückt. Gedanken besitzen u.a. die Merkmale, objektiv, wahrheitsfähig, vollständig und ewig zu sein. Die Merkmale »objektiv« und »wahrheitsfähig« haben wir bereits erläutert. Vollständig ist ein

Gedanke, weil er immer einen Wahrheitswert zugewiesen bekommen kann, d.h., er ist in Bezug auf die Zuordnung eines Wahrheitswertes nie unterbestimmt. Außerdem hat er die Eigenschaft, ewig zu sein, d.h., er hat stets denselben Wahrheitswert. Da ein Gedanke vollständig und ewig ist, kann er keine kontextabhängigen Elemente enthalten. Denn würde er solche enthalten, dann wäre sein Wahrheitswert erst zusammen mit einem Kontext festgelegt, und dieser könnte sich von Äußerungssituation zu Äußerungssituation verändern.

Bei Sätzen ist die Kontextabhängigkeit ein bekanntes Phänomen. Der Inhalt des Satzes (7) »Heute ist der 31.08.2005« ist erst zusammen mit einem Äußerungskontext vollständig. Wenn der Satz (7) am 31.08.2005 geäußert wird, dann ist sein Inhalt wahr, wird er an einem anderen Tag geäußert, dann ist sein Inhalt falsch. Da Sätze der natürlichen Sprache oft kontextabhängige Elemente enthalten, Gedanken wegen ihrer Vollständigkeit jedoch nie, ist es für Frege schwierig oder unter Wahrung aller seiner sprachphilosophischen Prinzipien sogar unmöglich, den Sinn von kontextabhängigen Ausdrücken zu bestimmen. Da sich bei Frege selbst dazu nur wenige Andeutungen finden, geht der Streit der Frege-Interpreten in dieser Frage über in eine systematische Suche nach einer guten Theorie der sprachlichen Bedeutung von kontextabhängigen Ausdrücken (vgl. Newen, *Kontext, Referenz und Bedeutung*; und Perry, *Reference and Reflexivity*).

1.3 Freges Wirkung

Obwohl Frege als einer der Begründer der modernen Logik und der analytischen Sprachphilosophie bezeichnet werden darf, wurde er von seinen Zeitgenossen, abgesehen von einigen Ausnahmen, kaum rezipiert und noch weniger geschätzt. Zu den Ausnahmen gehören allerdings die wichtigen Wegbereiter der Analytischen Philosophie Bertrand Russell, Ludwig Wittgenstein und Rudolf Carnap, der Vorlesungen bei Frege besuchte. Auch wenn ihre Werke von einer Auseinandersetzung mit Frege geprägt sind, so sind Freges Schriften selbst erst mit Beginn der 50er Jahre als eine originäre Quelle für eine systematische Sprachphilosophie erschlossen worden. Für die bis heute anhaltende Frege-Renaissance gibt es mehrere gute Gründe. Die formale Semantik hat in zweifacher Hinsicht in Frege ihren Vorläufer. Zum einen hat er mit seiner *Begriffsschrift* schon 1879 ein formales System geschaffen, dessen Mächtigkeit groß genug war, um das Projekt der Transformation von natürlichsprachlichen Sätzen in logische Formeln in Gang zu setzen. Zum anderen hat er dieses Projekt in seinen Aufsätzen ein gutes Stück vorangebracht. Wichtige Aspekte sind die der Mathematik entlehnte Zerlegung von Sätzen in Funktions- und Argumentausdrücke sowie die Theorie von Sinn und Bedeutung. Mit der Frage nach Sinn und Bedeutung von Einstellungsberichten hat Frege eine umfangreiche Diskussion in Gang gesetzt, die bis heute andauert.

In seiner *Begriffsschrift* stellt Frege den Behauptungssatz »Sokrates ist weise« wie folgt dar:

⊢ »Sokrates ist weise.«

Das dabei verwendete Zeichen nennt er Behauptungszeichen. Der waagerechte Strich ist der Inhaltsstrich. Er verbindet die rechts von ihm stehenden Zeichen zu einem Ganzen und verlangt, dass diese Zeichen insgesamt einen beurteilbaren Inhalt ausdrücken. Der senkrechte Strich ist der Urteilsstrich, welcher anzeigt, dass der Inhalt des Satzes mit behauptender Kraft geäußert wird. Somit ist das Zeichen zu lesen als »Die Behauptung mit dem Inhalt, dass Sokrates weise ist«. Mit dieser Trennung von Behauptung und Inhalt finden wir schon bei Frege einen Aspekt der modernen Sprechakttheorie, nämlich einen Vorläufer der Unterscheidung von illokutionärer Rolle und propositionalem Gehalt (vgl. S. 215). Nicht zuletzt gilt Frege deshalb als Klassiker der Analytischen Philosophie, weil sein knapper, klarer und argumentativer Stil vorbildhaft ist und in der Analytischen Philosophie zum Programm erhoben wurde.

2. Bertrand Russell (1872-1970)

Die Entwicklung von Russells Gedanken lässt sich grob in vier Phasen einteilen:

1890-1898: Auseinandersetzung mit der deutschen idealistischen Philosophie: Vor allem entwickelte er eine Kritik am erkenntnistheoretischen Idealismus und argumentierte für einen erkenntnistheoretischen Realismus.

1898-1913: Vom Realismus zur mathematischen Logik: Ausarbeitung einer philosophischen Logik, die in den *Principia Mathematica* ihren Niederschlag gefunden hat.

1905-1918: Von der mathematischen Logik zum logischen Atomismus: Russell entwickelt eine Erkenntnistheorie, eine Sprachphilosophie und eine Ontologie, die in seiner Philosophie des logischen Atomismus miteinander verknüpft sind.

1918-1948: Vom logischen Atomismus zum neutralen Monismus: Da seine spätere Bewusstseinstheorie wenig beachtet worden ist, wird sie im Folgenden vernachlässigt.

Russell hat es stets verstanden, seine systematischen Fragestellungen miteinander zu verbinden. Daher kann die Charakterisierung der Phasen nur als grobes Gerüst dienen, welches die nachfolgende Darstellung durchsichtig macht.

Zu Russells philosophischer Grundausbildung gehörte u.a. das Studium des erkenntnistheoretisch motivierten Idealismus von Berkeley und Kant. Das Ende der ersten Phase seines philosophischen Wirkens wird von seiner Abwendung vom Idealismus markiert. Er vollzog diesen Schritt im Jahre 1898 zusammen mit George E. Moore, von dem er zur Idealismuskritik angeregt wurde. Russells Idealismuskritik wendet sich insbesondere gegen die Argumentation bei Berkeley. Die These des Idealismus kann wie folgt formuliert werden: Alles, was existiert, ist in einem Bewusstsein. Russell rekonstruiert die wichtigsten Überlegungen Berkeleys zur Rechtfertigung dieser These in wenigen Schritten:

1. Das Einzige, dessen Existenz wir gewiss sind, das sind unsere Eindrücke als Wahrnehmende im Augenblick der Wahrnehmung.

Diese Prämisse wird mit Blick auf Sinnestäuschungen belegt: Wenn wir einen Stab sehen, der halb ins Wasser ragt, so sieht er geknickt aus, obwohl er es nicht ist. Derartige Sinnestäuschungen sind uns vertraut, aber sie sind der Grund für den prinzipiellen Zweifel, ob überhaupt etwas so ist, wie es aussieht. Diesen Zweifel beantwortet der Idealismus wie folgt: Es gibt etwas, das so ist, wie es aussieht, und das sind die Eindrücke des Wahrnehmenden im Augenblick der Wahrnehmung. Sie werden gewöhnlich Sinnesdaten genannt. Wenn wir diese Definition der Sinnesdaten in Prämisse 1 einsetzen, bekommen wir den Satz 2.

2. Das Einzige, dessen Existenz wir gewiss sind, das sind die Sinnesdaten.

Als Sinnesdaten berücksichtigt Russell zunächst nur Eindrücke, die einem Wahrnehmenden bewusst sind, so dass die Sinnesdaten stets in einem Bewusstsein sind. Diese Voraussetzung wird in der Prämisse 3 festgehalten:

3. Die Sinnesdaten sind in einem Bewusstsein.

Aus den Prämissen 2 und 3 folgt der Satz 4:

4. Das Einzige, dessen Existenz wir gewiss sind, das ist in einem Bewusstsein.

Um die zentrale These des Idealismus folgern zu können, müssen wir in einer letzten Prämisse einen engen Zusammenhang von sicherem Wissen (Gewissheit) und Existenz annehmen:

5. Etwas existiert genau dann, wenn wir dessen Existenz gewiss sind.

Die Sätze 4 und 5 erlauben als Folgerung die Generalthese des Idealismus:

6. Etwas existiert genau dann, wenn es in einem Bewusstsein ist.

Der Satz 6 ist äquivalent mit der zuerst vorgestellten Formulierung, dass alles, was existiert, in einem Bewusstsein ist.

Um die unliebsame Konsequenz zu vermeiden, dass etwas, was keinem Menschen bewusst ist, nicht existiert, ersann Berkeley eine gewagte Hilfshypothese: Alles, was existiert, ist im Bewusstsein Gottes, und damit ist Bedingung 6 erfüllt, ohne dass das Existierende vom Bewusstsein der Menschen abhinge. Es spricht allerdings gegen die Argumentation des Idealismus, dass eine derart spekulative These bemüht werden muss, um die fest verankerte Alltagsüberzeugung als wahr zu erweisen, welche besagt, dass die Existenz der Dinge nicht von unserem bewussten Erfassen oder sonst einem Wissen von diesen Dingen abhängt. Russells Kritik ist grundsätzlicher und richtet sich nicht nur gegen die spekulative Hilfshypothese, deren Notwendigkeit als eine *reductio ad absurdum* betrachtet werden kann bzw. anders formuliert: Eine Argumentation, die solch spekulative Hilfshypothesen benötigt, um einfache Wahrheiten zu bewahren, muss falsch sein.

Satz 2 ist eine Folgerung aus Satz 1 und der Definition des Begriffs »Sinnesdaten«. Ebenso sind Satz 4 und 6 logische Folgerungen. Daher ruht die Gültigkeit des Schlusses auf den Prämissen 1, 3 und 5. Eine Kritik am Idealismus muss mindestens eine der drei Prämissen als falsch erweisen. Russells Kritik richtet sich gegen eine Richtung des Bikonditionals »genau dann, wenn« in Satz 5. Zwar ist es wahr, dass etwas, wenn wir von ihm sicheres Wissen (Gewissheit) haben, dann auch existiert (denn Zweifel an der Existenz sind in diesem Fall unsinnig), aber die Umkehrung ist doch sehr fragwürdig: Warum soll etwas nur dann existieren, wenn jemand ein Bewusstsein bzw. sicheres Wissen davon hat? Felsbrocken und Planeten existieren auch dann, wenn sie niemand jemals wahrgenommen oder anderweitig ein Wissen über sie erworben hat. Russell übernimmt diesbezüglich Moores Haltung, der auf die tiefgreifende Verankerung der Alltagsüberzeugung hinweist, welche besagt, dass die Existenz von Dingen nicht von unseren Erfahrungen oder unserem Wissen über die Dinge abhängig ist. Russell analysiert darüber hinaus noch die Quelle des Irrtums bei der idealistischen Gegenthese: Die Idealisten haben es versäumt, eine Unterscheidung von Bewusstseinsakt und Bewusstseinsobjekt zu machen. Ihre These, dass die Existenz von x abhängig von einem Bewusstsein von x ist, ist richtig, wenn für x Bewusstseinsakte eingesetzt werden; sie ist jedoch falsch, wenn für x Bewusstseinsobjekte eingesetzt werden. Einen Akt des Erfassens gibt es tatsächlich nur, wenn jemand ein Bewusstsein von etwas hat, aber ein erfasstes Objekt existiert unabhängig vom Akt des bewussten Erfassens dieses Objekts (dabei wird vorausgesetzt, dass das erfasste Objekt nicht ein Bewusstseinsakt selbst ist).

Durch die Zurückweisung von Prämisse 5 ist die Folgerung auf Satz 6 bereits als ungültig erwiesen. Russell hat aber auch noch die Prämisse 1 kritisiert und damit den Idealismus gründlich in die Schranken gewiesen. Die Kritik an Satz 5 zeigt, dass etwas existieren kann, auch wenn niemand ein Bewusstsein davon hat. Die Kritik an Satz 1 läuft darauf hinaus zu zeigen, dass wenn wir sicheres Wissen von der Existenz von y haben, diese Gewissheit von der Existenz von y nicht den Schluss erlaubt, dass y ein Sinneseindruck ist. Das Argument muss somit zeigen, dass als Relata von sicherem Wissen nicht nur Sinneseindrücke, sondern auch andere Entitäten in Frage kommen. Die Relationsbezeichnung »Die Person x hat sicheres Wissen von y« kann auch dann zu einem wahren Satz werden, wenn für y etwas anderes als Bezeichnungen von Sinneseindrücken eingesetzt wird. Da Sinneseindrücke Dinge sind, ist es für das Argument hinreichend zu zeigen, dass die Relationsbezeichnung zu einer wahren Aussage werden kann, wenn für y die Bezeichnung einer Tatsache eingesetzt wird; wie das folgende Beispiel zeigt, kann es sich bei einer solchen Tatsache sogar um eine generelle Tatsache handeln. Eine Person x kann z.B. über sicheres Wissen von der Tatsache verfügen, die durch den folgenden Allsatz beschrieben wird:

> »Alle Zahlen ‹gemeint sind alle Paare von Zahlen›, die noch nie faktisch von einem Menschen miteinander multipliziert worden sind, haben ein Produkt, das größer als 1000 ist.« (Russell, *Philosophie. Die Entwicklung meines Denkens*, S. 104)

Die Aussage ist wahr, weil eine bestimmte Tatsache in der Welt der Fall ist, und bei diesem Beispiel kann eine Person x wissen, dass diese Tatsache der Fall ist; denn wir gehen davon aus, dass es eine Person x gibt, die weiß, dass alle Paare von Zahlen, deren Produkt kleiner als 1000 ist, sicher schon einmal von einem Menschen (z.B. von der Person x selbst) multipliziert wurden und dass unendlich viele Zahlenpaare für eine Multiplikation zur Verfügung stehen. Es gibt somit Zahlenpaare, die noch nie von einem Menschen multipliziert wurden, und deren Produkt ist größer als 1000. Wir können sogar Folgendes sagen: Wenn ein Zahlenpaar noch nie von einem Menschen multipliziert wurde, dann ist dessen Produkt größer als 1000. Genau das behauptet dieser Allsatz. Wir haben damit ein Beispiel, in dem ein sicheres Wissen von y vorliegt, ohne dass y ein Sinnesdatum ist; y ist nämlich nicht einmal ein Ding, sondern eine Tatsache. Diese umfassende Kritik am Idealismus bildete eine Rahmenbedingung für Russells weiteres Philosophieren: Eine Erkenntnistheorie sollte stets so konzipiert sein, dass sie eine idealistische Position vermeidet und eine realistische Position stützt.

2.2 Logik und Mathematik: Die Russellsche Antinomie

Russell war einer der wenigen Mathematiker, die mit Freges Projekt sympathisierten, die Mathematik als einen Zweig der Logik auszuweisen. Russell deckte zunächst einen versteckten Widerspruch in Freges Ausarbeitung der logischen Grundlagen der Mathematik auf. Dieser Widerspruch ist als die Russellsche Antinomie bekannt geworden. Als Frege von der Antinomie durch einen Brief von Russell erfuhr, war er tief bestürzt und ratlos, weil ein Fundament seines Lebenswerks erschüttert war. Russell selbst fand jedoch eine Lösung für die Antinomie, so dass er Freges Projekt weiterführen konnte. Nun aber zur Russellschen Antinomie: Zwei Grundbegriffe der Logik lauten »Individuum« und »Klasse«. Individuen sind z.B. (einzelne) Löwen. Sie sind die Elemente von Klassen. Alle Löwen sind die Elemente der Klasse der Löwen. Eine Voraussetzung für die logische Grundlegung der Mathematik ist die wiederholte Anwendbarkeit des Begriffs »Klasse«. Es muss z.B. möglich sein, die Klasse aller Klassen, deren Elemente Säugetiere sind, zu bilden. Die Elemente dieser Klasse sind selbst wiederum Klassen, z.B. die Klasse der Löwen, die Klasse der Wale, die Klasse der Hunde etc. Russell entdeckte nun einen Fall, in dem die Iteration des Begriffs »Klasse« zu einem Widerspruch führt, nämlich: die Klasse aller Klassen, die sich nicht selbst als Element enthalten. Ein Beispiel für eine Klasse, die sich nicht selbst als Element enthält, ist die Klasse der Löwen, denn die Elemente sind Löwen und die Klasse der Löwen ist kein Löwe. Wenn wir nun diese seltsame Klasse betrachten (die Klasse aller Klassen, die sich nicht selbst als Element enthält), so stellt sich die Frage, ob diese Klasse sich selbst als Element enthält oder nicht: Wenn man annimmt, dass sie sich nicht selbst enthält, dann erfüllt sie damit genau die Definition ihrer Elemente, d.h., sie gehört zu ihren Elementen und enthält damit doch sich selbst als Element. Aus der ersten Annahme folgt somit, dass die Annahme falsch ist. Wenn man im Gegenzug annimmt, dass diese kuriose Klasse sich selbst als Element enthält, dann muss sie, um Element ihrer selbst sein zu können, der Definition ihrer Elemente genügen, d.h., sie muss eine Klasse sein, die nicht Element von sich selbst ist. Bei der zweiten Annahme folgt wiederum, dass diese falsch ist. Anders formuliert: Die seltsame Klasse ist genau dann Element von sich selbst, wenn sie nicht Element von sich selbst ist. Dies ist offensichtlich ein Widerspruch.

Die Antinomie entsteht nur unter der Voraussetzung, dass die Frage sinnvoll ist, ob diese seltsame Klasse (die Klasse aller Klassen, die sich nicht selbst als Element enthält) Element ihrer selbst ist. Genau das bestreitet Russell mit folgender Argumentation: Eine Klasse von Löwen enthält als Elemente Individuen, nämlich Löwen. Da alle Elemente dieser Klasse Individuen sind, kann die Frage, ob die Klasse Element von sich selbst ist, nicht sinnvoll sein, denn offensichtlich ist eine Klasse kein Individuum, sondern eine Gesamtheit von Individuen. Genauso wie es einen prinzipiellen Unterschied zwischen Individuen und einer Klasse von Individuen gibt, besteht ein solcher zwischen Klassen von Löwen und einer Klasse aller Klassen von

Löwen. Auch diese beiden Entitäten stehen in der Relation Element – Gesamtheit zueinander. Das Prinzip, mit dem Russell das Auftreten von Antinomien verhindert, lautet: Keine Gesamtheit kann ein Element ihrer selbst sein, bzw. die Behauptung, dass eine Gesamtheit Element von sich selbst ist, ist sinnlos. Russell hat somit die von ihm selbst aufgedeckte Schwäche von Freges Programm beseitigt und vertritt wie dieser die These, dass die Mathematik eine Teildisziplin der Logik ist. Ein unanfechtbarer Nachweis, dass diese These stimmt, ist weder von Frege noch von Russell geliefert worden. Vielmehr dauert die Diskussion über den Status der Mathematik bis heute an. Russell hat seinen Beitrag zur Logik zusammen mit Whitehead entwickelt und dann in den *Principia Mathematica* veröffentlicht. In diesem Werk wurde ein Standard für die logische Analyse eingeführt, der etwa zwei Jahrzehnte als methodologischer Maßstab in der Philosophie der idealen Sprache dienen sollte.

2.3   Die Philosophie des logischen Atomismus

Nach dem Abschluss der *Principia Mathematica* wandte sich Russell wieder verstärkt erkenntnistheoretischen Fragen zu, die dann mit sprachphilosophischen und ontologischen Untersuchungen eng verbunden wurden. Eine Reihe von Arbeiten aus der Zeit von 1905-1918 mündete in eine systematische Theorie: die Philosophie des logischen Atomismus. Die Philosophie des logischen Atomismus verdankt ihre Bezeichnung der Annahme, dass eine logische Analyse der Normalsprache als Instrument betrachtet werden darf, um zu einer Idealsprache zu gelangen, wobei die einfachen Ausdrücke der Idealsprache logische Atome bezeichnen. Die logischen Atome sind die letzten unzerlegbaren Bestandteile einer logischen Analyse. In einer Idealsprache sind alle Mehrdeutigkeiten von Ausdrücken beseitigt, und die logische Struktur der Sätze liegt offen: Es ist klar erkennbar, ob eine Aussage eine Existenzaussage, eine Allaussage, eine negierte Aussage etc. ist. Russell beanspruchte, eine solche Idealsprache in den *Principia Mathematica* entwickelt zu haben. Die Grundpfeiler seiner Philosophie des logischen Atomismus bilden Prinzipien der Erkenntnistheorie, Sprachphilosophie und Ontologie.

2.3.1 Die Erkenntnistheorie

a) Arten des Wissens: Bekanntschaft und Beschreibung

Obwohl Russell sich vom Idealismus verabschiedet hat, bleibt er einem erkenntnistheoretischen Skeptizismus zugeneigt: Aufgrund des bekannten Phänomens der Sinnestäuschung unterscheidet Russell unser Wissen von einem braunen Farbeindruck, den wir gerade haben, und unser Wissen von der braunen Schachtel, die den Farbeindruck verursacht. Da wir nie vor Sinnestäuschungen gefeit sind, verfügen wir nur im ersten Fall über *unmittelbares Wissen*, denn es ist sinnlos zu fragen, ob der Farbeindruck, den wir haben, auch tatsächlich ein Braunton ist oder uns nur als solcher erscheint. Sinneseindrücke sind per definitionem so, wie sie uns erscheinen. Sie sind gerade die Erscheinung, die ein Subjekt hat, wenn es in einer Wahrnehmungsrelation zu einem Objekt steht. Solches unmittelbares Wissen nennt Russell Wissen durch Bekanntschaft oder einfach Bekanntschaft. Im zweiten Falle liegt ein durch Schlussfolgerungen *vermitteltes* Wissen vor, welches er Wissen durch Beschreibung nennt. Russell unterscheidet somit zwei grundlegende Arten von Wissen. Der Ausdruck »x hat Wissen von y« kann gemäß Russell auf zwei Weisen aufgefasst werden, nämlich entweder als »x hat Wissen von y *durch Bekanntschaft*« (bzw.

»x ist mit y bekannt«) oder als »x hat Wissen von y *durch Beschreibung*«.

Die Bekanntschaft eines Subjekts mit einem Gegenstand definiert Russell wie folgt:

> »Wir wollen von *Bekanntschaft* immer dann sprechen, wenn uns etwas unmittelbar, ohne Vermittlung durch Schlußfolgerung oder eine vorausgegangene Erkenntnis von Wahrheiten, bewußt ist.« (*Probleme der Philosophie* (*PdP*), 43)[4]

Russell unterscheidet verschiedene Arten von Bekanntschaft: die Bekanntschaft mittels gegenwärtiger sinnlicher Wahrnehmung, die Bekanntschaft (mit zuvor Wahrgenommenem) durch Erinnerung und die durch Introspektion. Neben diesen drei Arten von Bekanntschaft gibt es noch eine vierte Art von Bekanntschaft, nämlich die mit Eigenschaften, wie z.B. »rot sein«, und Relationen, wie z.B. »x befindet sich links neben y«. Da Eigenschaften und Relationen auch als Universalien bezeichnet werden, spricht Russell von der Bekanntschaft mit Universalien, welche er auch »Begreifen« nennt.

> »Das Bewußtwerden von Universalien nennt man ›*begreifen*‹, und ein Universale, das uns bewußt ist, nennen wir einen *Begriff*.« (*PdP*, 47)

Zu den Entitäten, mit denen wir bekannt sein können, gehören nicht nur Dinge, sondern auch Universalien (Eigenschaften, Relationen) und Tatsachen. (Russell, *Über die Natur der Bekanntschaft*, S. 130, 135.) Für die Bekanntschaftsrelation ist es somit nicht wesentlich, zu welcher Art von Entität ein Subjekt in Relation steht, sondern dass es sich bei der Relation um eine *unmittelbare* handelt. Wissen durch Bekanntschaft ist Wissen, das auf bestimmte Weise fundiert ist: Es stützt sich nicht auf Schlussfolgerungen oder Wissen von Wahrheiten (d.h. propositionales Wissen). Wissen durch Beschreibung ist in Abgrenzung dazu gerade ein Wissen, das sich wesentlich auf propositionales

Wissen stützt, d.h. auf Schlussfolgerungen (die Kenntnis von logischen Schlussformen ist eine Art von propositionalem Wissen) oder auf anderes propositionales Wissen. Wenn eine Person x weiß, dass die Erde rund ist, so stützt sich dieses Wissen beispielsweise auf Schlussfolgerungen, die auf der Basis von vielfältigem Wissen durch Bekanntschaft gezogen wurden, oder auf propositionales Wissen anderer Personen (z.B. das Wissen ist aus zuverlässiger Quelle mitgeteilt worden) oder auf propositionales Wissen (z.B. auf das Wissen, dass jemand die Welt umsegelt hat) in Verbindung mit Schlussfolgerungen. Das Wissen, dass die Erde rund ist, ist ein typisches Beispiel für ein Wissen durch Beschreibung, weil eine Person x nicht in einer unmittelbaren Relation zu der Tatsache, dass die Erde rund ist, stehen kann. Allgemein bestimmt Russell das Wissen durch Beschreibung wie folgt:

> »Die Erkenntnis von Dingen durch *Beschreibung* hingegen involviert immer [...] ein Wissen von Wahrheiten als Grund und Ursprung eben dieser Erkenntnis.« (*PdP*, 43)

b) Besonderheiten von Russells Theorie des Wissens

Gemäß unserem Alltagsverständnis sind es gerade die gewöhnlichen Dinge wie z.B. Tische, Stühle, Schachteln etc., die wir unmittelbar wahrnehmen und von denen wir ein sicheres Wissen haben. Dieses Alltagsverständnis steht in krassem Gegensatz zu Russells Erkenntnistheorie. Die Alltagsgegenstände sind uns gemäß Russell nicht unmittelbar zugänglich, d.h., sie sind uns nicht bekannt. Ein brauner Stuhl beispielsweise wird nicht unmittelbar wahrgenommen, sondern aufgrund des unmittelbaren Wahrnehmens von braunen Farbflecken konstruiert bzw. erschlossen. Unser Wissen von den Alltagsgegenständen ist ein Wissen durch Beschreibung und nicht eines durch

Bekanntschaft. Unser Wissen von einem Tisch beispielsweise gehört zur Erkenntnis durch Beschreibung; es ruht auf unserer Wahrnehmung von Sinnesdaten, welche die Erscheinung des Tisches ausmachen. Die Sinnesdaten sind uns bekannt und somit unbezweifelbar gegeben. Der Tisch kann mit Hilfe der Sinnesdaten beschrieben werden als: »*der* physikalische Gegenstand, der *diese* Sinnesdaten verursacht« (*PdP*, 44). Die involvierten Wahrheiten, über die wir verfügen müssen, sind solche, die die uns bekannten Sinnesdaten mit dem beschriebenen Objekt in Verbindung bringen, z.B. das folgende Prinzip: »Solche Sinnesdaten werden von einem physikalischen Objekt verursacht.« (*PdP*, 44) Da es keinen Bewusstseinszustand gibt, in dem wir den Tisch unmittelbar wahrnehmen, sind wir mit dem Tisch nicht bekannt. Wir haben ein Wissen von dem Tisch mittels der Beschreibung, welche Bezug nimmt auf die Sinnesdaten, aus denen der Tisch konstruiert werden kann.

> »Wir kennen eine Beschreibung, und wir wissen, daß es nur einen Gegenstand gibt, auf den diese Beschreibung zutrifft, obwohl uns dieser Gegenstand nicht unmittelbar bekannt ist. In solchen Fällen sagen wir, daß unsere Kenntnis des Gegenstands Kenntnis durch Beschreibung ist.« (*PdP*, 44)

Um von den Sinneseindrücken, die wir haben, zu einem *Wissen von der Außenwelt* zu gelangen, müssen wir uns stets auf das propositionale Wissen stützen, dass diese Sinneseindrücke von einem bestimmten physikalischen Objekt verursacht werden. Da das Wissen, welches die erforderliche Brücke zwischen Sinneseindrücken und Außenwelt herstellt, natürlich durch den Skeptizismus angreifbar ist, ist unser Wissen über die Außenwelt entgegen unserer Intuition nie sicheres Wissen.

Im Gegensatz zum Idealismus hält Russell jedoch daran fest, dass neben dem Wissen durch Bekanntschaft auch Wissen durch Beschreibung sicheres Wissen sein *kann*, nämlich dann, wenn es vollständig auf die Bekanntschaftsrelation zurückgeführt werden kann. Es handelt sich beispielsweise um das Wissen einer Tatsache, welche vollständig mit Hilfe von Universalien (Eigenschaften, Relationen) darstellbar ist, mit denen eine Person durch die Relation des Begreifens bekannt ist, z.B.: Eine sprachkompetente Person hat sicheres Wissen davon, dass ein Junggeselle zu sein dasselbe ist, wie ein unverheirateter Mann zu sein. Aufgrund der Sprachkompetenz ist die Person mit den Eigenschaften, ein Junggeselle zu sein und ein unverheirateter Mann zu sein, bekannt. Zudem ist sie mit der Relation der Identität bekannt und weiß aufgrund von Sprachkompetenz, dass es sich bei den beiden Eigenschaften um dieselben handelt. Somit zeigt das Beispiel, dass auch ein Wissen durch Beschreibung sicheres Wissen sein kann.

Wissen durch Bekanntschaft und Wissen durch Beschreibung sind einander komplementär ergänzende Wissensarten, wobei Russell das Prinzip vertritt, dass die Bekanntschaftsrelation das Fundament, die primäre Quelle unseres Wissens über die Welt ist.

> »Unser gesamtes Wissen – die Erkenntnis von Dingen ebenso wie die von Wahrheiten – hat die ›Bekanntschaft‹ zur Grundlage.« (*PdP*, 44)

Eine derart prominente Stellung der Bekanntschaftsrelation für unser Wissen ist nicht unproblematisch: Da wir unter anderem mit Sinneseindrücken bekannt sind und diese gewöhnlich für subjektiv gehalten werden, stellt sich für Russell die Frage, wie es möglich ist, dass wir über nichtsubjektives Wissen verfügen. Russells Antwort zu diesem Problem ist ein Teil seiner Ontologie (vgl. 2.3.3).

2.3.2 Die Sprachphilosophie

a) Die Prinzipien der Semantik

Eine Grundfrage der Semantik lautet: Was ist die Bedeutung eines sprachlichen Zeichens, und wie wird sie festgelegt? In diesem Abschnitt beschäftigt uns Russells Antwort auf die Frage, was die Bedeutung von Ausdrücken ist. Russells Semantik stützt sich auf eine Reihe von Prinzipien. Davon ist eines das Kompositionalitätsprinzip, welches wir bei Frege schon kennen gelernt haben und welches die Bedeutung eines komplexen sprachlichen Ausdrucks auf die Bedeutung seiner Bestandteile zurückführt.

Das Kompositionalitätsprinzip: Die Bedeutung eines komplexen sprachlichen Ausdrucks ergibt sich aus den Bedeutungen seiner Bestandteile und der Art ihrer Verbindung.

Bei den einfachen Ausdrücken unterscheidet Russell zwei Arten der Bedeutungsfestlegung: Entweder kann die Bedeutung eines einfachen Ausdrucks unabhängig von dessen Vorkommen in einem Satz festgelegt werden oder nicht. Im Fall der Abhängigkeit der Bedeutung von dem Vorkommen in einem Satz spricht man auch von synkategorematischen, im anderen Fall von kategorematischen Ausdrücken. Für kategorematische Ausdrücke gilt bei Russell das folgende Prinzip:

Das relationale Prinzip der Bedeutung: Die Bedeutung eines kategorematischen Ausdrucks ist die von dem Ausdruck bezeichnete Entität (der Gegenstand, die Eigenschaft oder Ähnliches).

Im Gegensatz zu Frege erschöpft sich für Russell die Bedeutung einfacher Ausdrücke in dem, was sie bezeichnen. Eine darüber hinausgehende Ebene der sprachlichen Bedeutung, die analog zu Freges Ebene des Sinns wäre, gibt es in Russells Theorie nicht.

Die Bedeutung synkategorematischer Ausdrücke kann nur im Hinblick auf ihr Vorkommen im Satz angegeben werden. Ein Beispiel für einfache, synkategorematische Ausdrücke sind die logischen Ausdrücke wie »und«, »oder« usw. Ihre Bedeutung anzugeben heißt die Bedeutung von Sätzen anzugeben, in denen sie vorkommen. Bei logischen Zeichen tut man dies seit Beginn der modernen Logik durch Wahrheitstafeln, die die Wahrheitsbedingungen für Sätze, die mit logischen Zeichen verbunden sind, auf die Wahrheitsbedingungen der einzelnen Sätze allein zurückführen; z.B. sieht die Wahrheitswerttafel für zwei Sätze »p«, »q«, die mit dem logischen Zeichen »und« (&) verbunden sind, wie folgt aus:

p	q	p & q
W	W	W
W	F	F
F	W	F
F	F	F

Dies besagt, dass der Satz »p & q« genau dann wahr ist, wenn sowohl der Satz »p« als auch der Satz »q« wahr sind. Durch diese allgemeine Erläuterung der Wahrheitsbedingung von Sätzen, die mit »und« verbunden sind, ist die Bedeutung des Zeichens »und« vollständig festgelegt. Allgemein können wir für synkategorematische Ausdrücke festhalten, dass sie eine Untersuchung der Bedeutung der Satzschemata, in denen sie vorkommen, erfordern, wobei die Bedeutung so angegeben wird, dass der zu erläuternde Ausdruck keine Verwendung mehr findet.

Das kontextuelle Prinzip der Bedeutung: Die Bedeutung eines synkategorematischen Ausdrucks kann dadurch angegeben werden, dass man die Bedeutung für die Satzschemata, in denen er vorkommt, angibt.

b) Die Verbindung von Semantik und Erkenntnistheorie

Der zweite Teil der sprachphilosophischen Grundfrage lautet: Wie wird die Bedeutung eines sprachlichen Zeichens festgelegt? Um diese Frage für kategorematische Ausdrücke zu beantworten, hat Russell seine semantischen und seine erkenntnistheoretischen Prinzipien miteinander verknüpft. Damit eine Bedeutungsfestlegung für komplexe Ausdrücke möglich ist, muss eine Bedeutungsfestlegung von einfachen kategorematischen Ausdrücken vorausgesetzt werden. Die Bedeutung eines kategorematischen Ausdrucks wird gemäß Russell dadurch festgelegt, dass wir in einer Bekanntschaftsrelation mit der Bedeutung dieses Ausdrucks, d.h. mit der bezeichneten Entität, stehen.

»Die Wörter, die wir gebrauchen, müssen *irgendeine* Bedeutung haben, wenn wir sinnvoll reden und nicht bloß Geräusche machen wollen; und die Bedeutung, die wir unseren Wörtern beilegen, muß etwas sein, das uns bekannt ist.« (PdP, 53)

Mit dieser Theorie der Bedeutungsfestlegung trägt Russell seinen erkenntnistheoretischen Prinzipien Rechnung. Da wir als kompetente Sprecher wissen, was die Bedeutung von Sätzen und einfachen Ausdrücken ist, und dieses Wissen letztlich auf Bekanntschaft zurückzuführen ist, muss das Wissen von der Bedeutung der einfachen Ausdrücke in der Bekanntschaft mit den bezeichneten Entitäten bestehen, d.h. gemäß der Erkenntnistheorie, dass eine Bekanntschaftsrelation das Subjekt mit den Bedeutungen der einfachen Ausdrücke verbindet. Es ist ein nahe liegender Zug, diese epistemisch grundlegende Relation nicht nur heranzuziehen, um zu erklären, wie ein Sprecher Kenntnis von der Bedeutung sprachlicher Ausdrücke haben kann, sondern zugleich, um zu erklären, wie die Bedeutung sprachlicher Ausdrücke festgelegt wird. Genau das tut Russell, indem er behauptet, dass die Bedeutung eines kategorematischen Ausdrucks durch die Bekanntschaft mit der bezeichneten Entität festgelegt wird. Weil die Bedeutung kategorematischer Ausdrücke grundlegend für die Bedeutung der anderen Ausdrücke ist, ist die Bekanntschaftsrelation die primäre Art der Bedeutungsfestlegung, welche für das Verstehen von Sätzen vorausgesetzt werden muss. Entsprechend verdeutlichen wir *Russells Prinzip von Bedeutung und Bekanntschaft*:

> Wenn wir einen Satz verstehen können, dann müssen die atomaren Aussagen, welche das Ergebnis der logischen Analyse des Satzes sind, aus Ausdrücken bestehen, deren Bedeutungen (d.h. deren bezeichnete Entitäten) uns bekannt sind.

c) Die logische Analyse

Die Methode der logischen Analyse dient nicht nur dazu, die in der Normalsprache ausgedrückten Gedanken präziser darzustellen, sondern sie soll ein spezifisches Ergebnis haben: nämlich die einfachsten Sätze, die das Merkmal haben, nicht weiter in Sätze analysierbar zu sein. Diese Sätze nennt Russell »atomare Aussagen«. Unter der logischen Analyse versteht Russell dasselbe Vorgehen wie Wittgenstein im *Tractatus logico-philosophicus*. Bei Wittgenstein finden wir als spätere Erläuterung zu dieser Methode das folgende anschauliche Beispiel eines ersten Analyseschritts: Der Satz »Der Besen steht in der Ecke« kann in die Sätze »Der Stiel steht in der Ecke«, »Die Bürste steht in der Ecke« und »Die Bürste ist am Stiel befestigt« analysiert werden. (Wittgenstein, *Philosophische Untersuchungen*, § 60). Zu dieser Art von Analyse gehört bei Russell und Wittgenstein die Überzeugung, dass sie an ein Ende kommt, d.h., dass sie zu atomaren Aussagen führt. Wenn man mit Hilfe der logischen Analyse von normalsprachlichen Sätzen bis zu atomaren Aussagen vorgedrungen ist, dann hat man eine logisch korrekte Symbolik des ursprünglichen Satzes gefunden. Die logische Analyse eines normalsprachlichen Satzes ist eine Transformation in eine logisch korrekte Notation, welche erst dann abgeschlossen ist, wenn sich keine einfacheren Beschreibungen mehr finden lassen, die dieselbe Tatsache darstellen wie der normalsprachliche Satz.

d) Die logischen Eigennamen

Als Bedeutung der kategorematischen Ausdrücke unserer Sprache kommt nur etwas in Betracht, mit dem wir bekannt sind. Bedeutungen von Eigenschafts- und Relationswörtern sind Eigenschaften und Relationen, mit denen wir im Augenblick der Äußerung bekannt sind. Als weitere Klasse von Bekanntem sind noch die Sinnesdaten zu berücksichtigen. Hier ist es schwieriger auszumachen, welches die Ausdrücke sind, die sie bezeichnen. Normalerweise werden Gegenstände von Eigennamen bezeichnet. Doch gewöhnliche Eigennamen wie z.B. »Richard von Weizsäcker« bezeichnen keine Sinnesdaten, sondern einen komplexen Gegenstand, nämlich die Person mit diesem Namen. Deren Existenz erschließen wir aus dem Erfassen einer bestimmten Menge von Sinnesdaten. Die Ausdrücke, mit denen wir die Sinnesdaten bezeichnen können, sind die Demonstrativpronomen »dies«, »jenes« etc. Dabei setzt Russell voraus, dass ein Demonstrativpronomen so verwendet werden kann, dass damit ein Objekt, welches dem Sprecher im Augenblick der Äußerung bekannt ist, bezeichnet werden kann.

»Die einzigen Wörter, die wir im logischen Sinne als Namen verwenden, sind Wörter wie ›dies‹ und ›das‹. Man kann das Wort ›dies‹ als Name verwenden, der für ein Individuum steht, mit dem man im Augenblick bekannt ist.« (Russell, *Philosophie des logischen Atomismus*, S. 200)

Wenn das Demonstrativpronomen »dies« in dem Satz »Dies ist weiß« von dem Sprecher verwendet wird, um ein Sinnesdatum, z.B. einen Farbfleck, zu bezeichnen, dann hat das Konsequenzen, die es Russell sehr schwer machen, unsere funktionierende sprachliche Verständigung zu erklären. Der Hörer kann in einem solchen Falle die Bedeutung nicht erfassen, denn Sinnesdaten sind bezüglich des Erfassens personenbezogen. Ein Sinnesdatum, welches der Sprecher zur Zeit T an der Position P erfasst, kann niemals von jemand anderem erfasst werden, weil niemand außer ihm zur Zeit T die Position P einnehmen kann. Der Hörer kann das bezeichnete Sinnesdatum nicht wahrnehmen, sondern bestenfalls ein anderes, ähnliches Sinnesdatum, oder aus der Wahrnehmung mehrerer anderer Sinnesdaten ein Objekt, z.B. ein Stück Kreide, konstruieren, wobei es ungeklärt bleibt, wieso der Hörer dasselbe komplexe Objekt in der Äußerungssituation konstruieren soll wie der Sprecher. Wir haben das folgende Dilemma: Wenn der Ausdruck »dies« verwendet wird, um ein Stück Kreide zu bezeichnen, dann wird er nicht mehr als logischer Eigenname verwendet; denn wir stehen zu einem Stück Kreide nicht in der Bekanntschaftsrelation, sondern haben von ihm nur Wissen durch Beschreibung. Wenn der Ausdruck als logischer Eigenname verwendet wird, z.B. wenn er ein Sinnesdatum bezeichnet, mit dem der Sprecher bekannt ist, dann hat der Hörer prinzipiell keine Möglichkeit zu erfassen, wovon der Sprecher mit der Verwendung des Ausdrucks redet, weil der Hörer nicht mit demselben Sinnesdatum bekannt sein kann. Im ersten Fall ist die Relation des Bezeichnens noch nicht auf die Bekanntschaftsrelation zurückgeführt und damit gemäß Russells Prinzip von Bedeutung und Bekanntschaft noch unerklärt. Im zweiten Fall ist die funktionierende Kommunikation ein Rätsel.

e) Die Theorie der Kennzeichnungen

In Russells Erkenntnistheorie werden zwei Arten des Wissens von Gegenständen unterschieden: Wissen mittels Bekanntschaft versus Wissen mittels Beschreibung. Abhängig von der Art des Wissens von einem Gegenstand verwenden wir unterschiedliche Gegenstandsbezeichnungen; Dinge, die uns bekannt sind, bezeichnen wir mit Prädikaten (Eigenschafts- oder Relationsausdrücken) oder mit logischen Eigennamen (z.B. »dies«). Dinge, von denen wir mittels einer Beschreibung ein Wissen haben, bezeichnen wir mit diesen Beschreibungen bzw. Kennzeichnungen, welche die Form »der/die/das F« haben (wobei »F« ein gewöhnliches Prädikat in passender grammatischer Form ist). Da die Bedeutung der Prädikate und der logischen Eigennamen schon erklärt wurde, bleibt die Frage: Was ist die Bedeutung einer Kennzeichnung? Da wir mit einem Objekt, welches uns durch eine Kennzeichnung gegeben ist, nicht bekannt sein müssen, ist die nahe liegende Annahme nicht vertretbar, dass die Bedeutung einer Kennzeichnung, z.B. »der Kanzler der Bundesrepublik im Jahre 2004« das von ihr eindeutig herausgefilterte Objekt, nämlich Gerhard Schröder, ist. Diese Annahme ist unverträglich mit dem Prinzip, dass die Bekanntschaftsrelation die alleinige bedeutungskonstitutive Relation ist, weil wir von Personen und Alltagsgegenständen nur ein Wissen durch Beschreibung haben. Da Russell an dem Prinzip festhalten möchte, dass die Bedeutung der Ausdrücke allein durch die Bekanntschaftsrelation festgelegt wird, stellt sich die Frage nach der Bedeutung der Kennzeichnungen wie folgt: Gibt es eine logische Analyse der Kennzeichnungen, welche sie auf Ausdrücke zurückzuführen vermag, deren Bedeutungen uns bekannt sind? Zudem kann die Bedeutung einer Kennzeichnung deshalb nicht mit dem von ihr bezeichneten Objekt identifiziert werden, weil eine Kennzeichnung in einem Satz auch dann bedeutungsvoll verwendet werden kann, wenn sie kein Objekt bezeichnet. Russell schlägt eine Analyse vor, die auch dieser Tatsache Rechnung trägt.

Kennzeichnungen sind gemäß Russell synkategorematische Ausdrücke. Ihre Bedeutung ist nicht ein bezeichnetes Objekt, sondern ein Aspekt der Bedeutung der Sätze, in denen sie vorkommen:

> »Nach der Auffassung, die ich vertrete, ist es für eine Kennzeichnung wesentlich, Teil eines Satzes zu sein, ohne wie die meisten einzelnen Wörter für sich irgendeinen Sinn oder eine Bedeutung zu haben.« (Russell, *Über das Kennzeichnen*, S. 15)

Wenn die Kennzeichnung »der G« in dem Satz »*Der G ist ein F*« enthalten ist (F und G seien gewöhnliche Prädikate), so lässt sich dieser Satz wie folgt logisch analysieren: »Eine und nur eine Entität ist ein G und diese ist ein F«. Nehmen wir als Beispiel den Satz (A) »Der gegenwärtige König von Frankreich ist kahlköpfig«, so lautet der Satz in analysierter Form (A1) »Eine und nur eine Entität ist gegenwärtig ein König von Frankreich und diese ist kahlköpfig.« Hinter der Redeweise »eine und nur eine Entität« verbirgt sich eine Existenzbehauptung und eine Eindeutigkeitsforderung, die für den vollständig analysierten Satz folgende umständliche Formulierung nötig macht: (A2) »Es gibt ein x, so dass x gegenwärtig ein König von Frankreich ist und dass für alle y, für die gilt, dass y gegenwärtig ein König von Frankreich ist, gilt, dass y identisch ist mit x, und x ist kahlköpfig.« Der erste Teilsatz von A2 enthält die Existenzbehauptung, der zweite Teilsatz die Eindeutigkeitsforderung und der dritte Teilsatz die eigentliche prädikative Aussage. Die Existenz- und Eindeutigkeitsforderung soll durch die umgangssprachliche Wendung »eine und nur eine Entität« eingefangen werden. In der analysierten Form A1 ist zu sehen, dass der Ausdruck »gegenwärtig ein König von Frankreich« nicht mehr als Kennzeichnung auftritt. Das grammatische Subjekt des Satzes ist der Ausdruck »eine und nur eine Entität«, und das Prädikat ist der Ausdruck »ist gegenwärtig ein König von Frankreich«. Die Worte, die in der ursprünglichen Kennzeichnung verwendet wurden, treten zwar bis auf den bestimmten Artikel wieder auf, jedoch nur als Teil eines Prädikats. Dasselbe gilt auch für die ausführliche Analyse A2. Die Bedeutung eines Prädikats erweist sich als unproblematisch, denn sie lässt sich gemäß Russell stets auf die Bekanntschaft mit Universalien, d.h. Eigenschaften oder Relationen, zurückführen. Der entscheidende Zug der logischen Analyse eines Satzes, der eine Kennzeichnung enthält, ist somit das Verschwinden der Kennzeichnung zugunsten von Prädikaten und logischen Zeichen, deren Bedeutung bereits erklärt wurde.

»Der Ausdruck [eine Kennzeichnung, A.N.] für sich hat keinen Sinn, weil er in jeder Aussage, in der er vorkommt, nach ihrer vollständigen Analyse nicht mehr enthalten, sondern aufgelöst ist.« (Russell, *Über das Kennzeichnen*, S. 16)

Insbesondere sind gemäß dieser Analyse Kennzeichnungen als Teile von Sätzen auch dann bedeutungsvoll, wenn sie kein Objekt bezeichnen. Obwohl es gegenwärtig keinen König von Frankreich gibt, hat der Satz »Der gegenwärtige König von Frankreich ist kahlköpfig« eine Bedeutung. Wir können ihn verstehen, wenn wir mit den Bedeutungen der Prädikate *gegenwärtig ein König von Frankreich zu sein* und *kahlköpfig zu sein* bekannt sind. Wegen der Tatsache, dass es gegenwärtig keinen König von Frankreich gibt, ist der Satz nicht ohne Bedeutung, sondern lediglich falsch.

Gewöhnliche Eigennamen wie »Sokrates«, »Cicero« usw. betrachtet Russell als verdeckte Kennzeichnungen, d.h., in ihrer logischen Struktur werden sie wie Kennzeichnungen behandelt. Nach der Analyse der Kennzeichnung (bzw. des gewöhnlichen Eigennamens) enthält der Satz nur noch logische Zeichen und Prädikate. Da weder logische Zeichen noch Prädikate die These von der alleinigen bedeutungskonstitutiven Rolle der Bekanntschaftsrelation in Frage stellen, ist ein Ergebnis der vorgestellten Analyse, dass diese These auch für Kennzeichnungen und damit aus Russells Perspektive allgemein gilt.

»Wenn uns etwas vorliegt, womit wir keine unmittelbare Bekanntschaft, sondern wovon wir nur eine Definition mit Kennzeichnungen haben, dann enthalten die Aussagen, die dieses Ding mittels einer Kennzeichnung einführen, es nicht wirklich als Bestandteil, sondern statt dessen die Bestandteile, die durch die verschiedenen Wörter der Kennzeichnung ausgedrückt werden. Also sind in jeder Aussage, die wir erfassen können (d.h. nicht nur in denen, über deren Wahrheit oder Falschheit wir entscheiden, sondern in allen, über die wir nachdenken können), alle Bestandteile tatsächlich Entitäten, mit denen wir unmittelbare Bekanntschaft haben.« (Russell, *Über das Kennzeichnen*, S. 21/22)

Berühmt geworden ist Russells Analyse von Kennzeichnungen allerdings nicht wegen der Integration in seine eigenwillige Erkenntnistheorie, sondern wegen ihrer Fruchtbarkeit in der modernen Sprachphilosophie und Ontologie.

2.3.3 Ontologie

a) Ontologische Sparsamkeit

Es ist die Aufgabe der philosophischen Teildisziplin Ontologie, eine begründete Antwort auf die Frage bereitzustellen, was es gibt. Dabei wird nicht eine Aufzählung von allem Existierenden erwartet – eine solche wäre philosophisch uninteressant –, sondern eine Angabe der Arten von Entitäten, z.B. Dinge, Eigenschaften etc., die als »Bausteine der Welt« vorausgesetzt werden müssen. Zu den Bausteinen der Welt gehören nach klassischem Verständnis nur die Arten von Entitäten, die nötig sind, um aus ihren Elementen die ganze Welt konstruieren zu können, wobei ein Baustein zugleich der Bedingung genügen muss, dass er selbst nicht aus anderen Bausteinen konstruierbar ist. Die letzte Bedingung geht in einer anderen Form auf den Philosophen des Mittelalters Wilhelm von Ockham zurück und ist als das Ockhamsche Rasiermesserprinzip bekannt geworden: »Entia non sunt multiplicanda sine necessitate« besagt, dass die Entitäten nicht ohne Notwendigkeit vermehrt werden sollen, d.h., es sollen keine unnötigen Existenzannahmen gemacht werden. Entbehrliche Entitäten gehören nicht zu den Bausteinen der Welt. Man spricht deshalb bei diesem Prinzip auch von ontologischer Sparsamkeit. Es lassen sich zwei Gründe für die Entbehrlichkeit einer Art von Entität als Baustein unterscheiden. Eine Art von Entitäten ist zum einen genau dann *konstruktiv entbehrlich*, wenn sie vollständig mit Hilfe von anderen Arten von Entitäten konstruierbar ist. Wenn die Welt ein Haus wäre, das nur aus 1000 Ziegelsteinen, 50 Holzbalken und Mörtel bestünde, so wären die Bausteine der Welt Ziegelsteine, Holzbalken und Mörtel. Es wäre überflüssig, einzelne Ziegelsteine zu unterscheiden, da sie alle die gleiche Funktion erfüllen können; genauso überflüssig wäre es, Wände, Decken etc. als Bausteine anzunehmen, denn diese sind vollständig aus Ziegelsteinen, Holzbalken und Mörtel konstruiert. Eine Art von Entität ist dagegen *theoretisch entbehrlich*, wenn ihre Existenz innerhalb einer Erklärung eines Phänomens vorausgesetzt wird, während es eine fundiertere alternative Erklärung gibt, die ohne die Annahme auskommt, dass es die fragliche Entität gibt. Ein Beispiel soll dies veranschaulichen. Vor der Entdeckung von Sauerstoff im Jahre 1777 wurde das Phänomen der Verbrennung mittels der Phlogistontheorie erklärt. Gemäß dieser Theorie enthält jeder brennbare Körper das Element Phlogiston, welches eine für jeden Verbrennungsvorgang spezifische Substanz ist. Der Verbrennungsprozess besteht wesentlich darin, dass Phlogiston freigesetzt wird. Ist das Phlogiston in den Objekten, die verbrannt werden, vollständig freigesetzt, so erlischt das Feuer. Für diese eng an die Alltagsüberzeugung angelehnte Theorie ist es eine Voraussetzung, dass es das Element Phlogiston gibt. Mit der Entdeckung des Sauerstoffs konnte jedoch eine alternative Erklärung gefunden werden, nämlich dass Verbrennungen Oxidationsprozesse sind, d.h. chemische Reaktionen mit dem Element Sauerstoff, welches sich nicht in den zu verbrennenden Objekten, sondern in der Luft befindet. Mit der Entdeckung des Sauerstoffs und der damit einhergehenden neuen, bis heute akzeptierten Theorie für Verbrennungsprozesse wurde die Annahme, dass es Phlogiston gibt, theoretisch entbehrlich.

Russell hat ebenso wie Frege für die Teildisziplin Ontologie den »linguistic turn« vollzogen. Die klassische Frage, was es gibt, lässt sich nur mit Hilfe von sprachphilosophischen Mitteln beantworten. Dazu wird die Frage, welches das Existierende in der Welt ist, zunächst in eine Frage nach Ausdrücken transformiert; sie lautet: Welches ist das Minimalvokabular für eine vollständige Beschreibung der Welt? Auch zur Beantwortung dieser Frage ist nicht eine Aufzählung von Ausdrücken, sondern die Angabe von logisch verschiedenen Typen von Ausdrücken erwünscht. Zu dem Minimalvokabular gehören diejenigen Klassen von Ausdrücken, die eine Variante unserer Erläuterung von Ockhams Rasiermesserprinzip erfüllen: Jeder Ausdruck einer solchen Klasse bezeichnet etwas, das sich nicht mit Hilfe anderer Ausdrücke einer Klasse des Minimalvokabulars beschreiben lässt, und es handelt sich bei den Klassen von Ausdrücken des Minimalvokabulars um das Vokabular der fundiertesten Theorie. Erfüllt eine Klasse von Ausdrücken diese Bedingung nicht, so ist sie für das Minimalvokabular entbehrlich. Das Reduzieren des Minimalvokabulars ist durch das Bestreben motiviert, möglichst wenige Fehlerquellen zuzulassen und möglichst allgemeine Charakterisierungen zu gewinnen.

b) Der Zusammenhang von Sprache und Wirklichkeit

Für eine atomare Aussage gilt ein Prinzip, das auch in Wittgensteins Bildtheorie grundlegend ist: Eine atomare Aussage hat dieselbe Struktur wie die Tatsache, die sie beschreibt. Russell formuliert das *Prinzip der Strukturanalogie von Sprache und Welt* wie folgt:

> »[...] daß in einer logisch korrekten Symbolik eine fundamentale Übereinstimmung zwischen der Struktur einer Tatsache und ihres Symbols herrscht und daß die Komplexität eines Symbols mit der symbolisierten Tatsache sehr genau übereinstimmt.« (Russell, *Philosophie des logischen Atomismus*, S. 196)

Durch dieses Prinzip wird es möglich, mittels einer logischen Analyse der Sprache Erkenntnisse über die Struktur der Welt zu gewinnen. Den Arten von Ausdrücken, die in einer logischen Symbolik benötigt werden, entsprechen Arten von Entitäten, die sie bezeichnen: z.B. die Eigennamen »a«, »b«, ... bezeichnen Dinge, die Eigenschaftsausdrücke »F«, »G«, ... bezeichnen Eigenschaften, die Relationsausdrücke »R2«, »Q2«, ... bezeichnen Beziehungen, welche zwischen zwei oder mehr Dingen bestehen können. Wir benötigen eine dreistellige Relation, um das Phänomen der Eifersucht zu beschreiben: A ist eifersüchtig auf B wegen C. Allgemein können wir sagen, dass ein n-stelliger Relationsausdruck »Rn«, »Qn«, ... eine n-stellige Beziehung bezeichnet. Mit Hilfe dieser Ausdrücke lassen sich atomare Aussagen der folgenden Art bilden, wobei es zur Definition von atomaren Aussagen gehört, dass sie keine logischen Zeichen (und, oder, nicht etc.) enthalten. Der Satz »F(a)« beschreibt die Tatsache, dass das Ding a die Eigenschaft F besitzt, der Satz »a R2 b« beschreibt die Tatsache, dass die Dinge a und b in der Relation R2 zueinander stehen usw. Das Prinzip der Strukturanalogie zwischen Sprache und Welt ist das Argument für den *linguistic turn* in der Ontologie des logischen Atomismus. Dieses Prinzip ermöglicht es, die »Bausteine der Welt« anzugeben, indem man durch die logische Analyse der normalsprachlichen Sätze das Minimalvokabular für eine vollständige Weltbeschreibung ermittelt.

c) Der Logische Atomismus als Ontologie der Tatsachen

Russell hatte sich mit seiner Ontologie in einem ersten Schritt von der seit der Antike vorherrschenden Ding-Eigenschaft- bzw. Substanz-Attribut-Metaphysik verabschiedet, indem er deren Grundlage, dass alle Sätze in analysierter Form Subjekt-Prädikat-Sätze sind, als irriges Vorurteil erwies. Beispielhaft hat er gezeigt, dass sich bestimmte Sätze nicht ohne zweistellige Relationen darstellen lassen. Damit wurde die Ding-Eigenschaft-Metaphysik zu einer Ding-Eigenschaft-Relationen-Metaphysik erweitert. Trotz der Ergänzung haben diese »Grundbausteine der Welt« eines gemeinsam: Die entsprechenden sprachlichen Ausdrücke sind bislang allesamt selbständige, bezeichnende Ausdrücke, die es erst in einer spezifischen Verbindung erlauben, etwas zu beschreiben. Da Beschreibungen erst mit Sätzen möglich sind, müssen zusätzlich noch die wahren, atomaren Aussagen zu dem Minimalvokabular gerechnet werden, denn erst sie ermöglichen eine vollständige Weltbeschreibung. Demgemäß gehören die von den wahren, atomaren Aussagen beschriebenen atomaren Tatsachen zu den Grundbausteinen der Welt. Durch die Integration von Beschreibungen in das Minimalvokabular wird die Ontologie zu einer Ontologie der Tatsachen. Der Wechsel von einer Ding-Eigenschaft-Ontologie zu einer Ontologie der Tatsachen markiert einen wichtigen Wendepunkt in der Ontologie.

Wie im Rahmen der Darstellung bereits sichtbar wurde, sind Erkenntnistheorie, Sprachphilosophie und Ontologie bei Russell stark miteinander verzahnt. Der daraus resultierenden Theorie hat er den Namen »Philosophie des logischen Atomismus« gegeben: Ihre Grundpfeiler sind die epistemische Theorie der Bekanntschaft, die sprachphilosophische Theorie der logischen Analyse und die These der ontologischen Sparsamkeit. Erkenntnistheorie und Sprachphilosophie sind durch das Prinzip miteinander verbunden, dass die Bedeutung kategorematischer Ausdrücke durch die Bekanntschaftsrelation festgelegt und erfasst wird. Sprachphilosophie und Ontologie sind durch das Prinzip der strukturellen Analogie zwischen Sprache und Welt verknüpft. Schließlich stehen auch Erkenntnistheorie und Ontologie in engem Zusammenhang, der allerdings unplausible Konsequenzen hat, wie im Folgenden dargelegt wird.

d) Die Sinnesdaten als Materie

Russells Prinzip von Bedeutung und Bekanntschaft besagt im Wesentlichen, dass wir mit den Bedeutungen von kategorematischen Ausdrücken bekannt sein müssen. Das Prinzip der logischen Analyse legt fest, dass dies insbesondere für die Ausdrücke gilt, aus denen die atomaren Sätze bestehen. Zu diesen Ausdrücken gehören unter anderem die logischen Eigennamen

»dies«, »jenes« usw., welche gemäß Russells Erkenntnistheorie Sinnesdaten bezeichnen. Da Ausdrücke für Sinnesdaten zum Minimalvokabular für eine vollständige Beschreibung der Welt gehören, gehören somit die Sinnesdaten zu den Bausteinen der Welt. Wenn Sinnesdaten zu den Bausteinen der Welt gehören, so liegt die Vermutung nahe, dass der Idealismus, den Russell gerade des Hauses verwiesen hat, zur Hintertür wieder hereingeschlichen kommt. Kann die Welt etwas anderes als eine »subjektive Welt« sein, wenn sie aus Sinnesdaten aufgebaut ist?

Da Russell dezidierter Realist ist und gleichzeitig an der These festhalten möchte, dass die Sinnesdaten zu den Bausteinen der Welt gehören, muss er vertreten, dass Sinnesdaten materielle Entitäten sind. Genau diese Konsequenz nimmt er in Kauf und versucht, sie durch eine spekulative Theorie der Sinnesdaten zu verteidigen. Er begründet die Materialität der Sinnesdaten damit, dass diese einen objektiven Charakter haben, wenn man bestimmte Faktoren konstant hält: Wenn der Gegenstand, die Position des Gegenstandes, die Position des Wahrnehmenden mit normal funktionierenden Sinnesorganen, das Medium der Wahrnehmung und Ähnliches feststehen, dann ist das Sinnesdatum festgelegt. Wenn sich einer der Faktoren ändert, dann ändert sich auch das Sinnesdatum. Selbst wenn die Annahme stimmt, dass diese oder ähnliche Faktoren den Sinneseindruck eines Wahrnehmenden festlegen, so ist das – contra Russell – kein Argument für die Materialität der Sinnesdaten, sondern nur für einen gewissen Grad von Intersubjektivität. Außerdem, so argumentiert Russell, haben wir zwar oberflächlich den Eindruck, dass Sinnesdaten etwas rein Privates sind; doch das liegt nur daran, dass die Welt kontingenterweise so beschaffen ist, dass zwei Personen nicht gleichzeitig dieselbe Wahrnehmungsposition einnehmen können. Russell liefert auch damit nur ein Argument für einen intersubjektiven Zug der Sinnesdaten, nicht aber für deren

Materialität. Daher markiert die These von der Materialität der Sinnesdaten die größte Schwachstelle seiner Philosophie des logischen Atomismus. Sie hat ihre Berechtigung fast ausschließlich als ad-hoc-Lösung, um den drohenden Verlust einer realistischen Position zu verhindern.

2.4   Russells Wirkung

Russell hat mit seiner Arbeitsweise eine Richtung für die Methodologie in der Analytischen Philosophie vorgegeben: »Der wichtigste Teil besteht nach meiner Meinung in der Kritik und Klärung von Begriffen, die leicht als fundamental betrachtet und unkritisch hingenommen werden können.« Die Methode der logischen Analyse und die Philosophie des Logischen Atomismus wurde insbesondere von Carnap aufgegriffen und weiterentwickelt. Wenn man von den erkenntnistheoretischen Annahmen absieht, so kann beides als Fundament von Analytischer Ontologie und Wissenschaftstheorie bezeichnet werden. Den größten Einfluss hat mit großem Abstand Russells Theorie der Kennzeichnungen. Sie ist bis heute eine der wenigen Standardanalysen von Kennzeichnungen und wird in modifizierter Form auch in der neuesten Literatur der Semantik fruchtbar verwendet (z.B. Steven Neale, *Descriptions*, 1991). Russell war zeit seines Lebens politisch aktiv, aber in besonderem Maße seit Beginn der 50er Jahre. Er engagierte sich als kritischer Intellektueller, dessen Stimme seit der Nobelpreisverleihung im Jahre 1950 in der Öffentlichkeit zunehmend Gewicht bekam, für den Frieden in der Welt. In Rundfunkvorträgen und Schriften wies er auf die Folgen der oberirdischen Atombombenversuche hin, er forderte eine nukleare Abrüstung der Großmächte und brachte u.a. die Kriegsverbrechen der USA in Vietnam ins Bewusstsein der Öffentlichkeit. Seine praktische politische Arbeit fundierte er in der Gründung der »Bertrand Russell peace organisation«. Wenn auch die Wirkung seiner politischen Arbeit schwer abzuschätzen ist, so ist doch klar, dass er sich in den letzten Jahrzehnten seines Lebens als wichtiges Sprachrohr intellektueller Kritik Gehör verschaffte.

3. Ludwig Wittgenstein (1889-1951)

Wittgensteins Früh- und Spätwerk sind so verschieden, dass sie als paradigmatische Schriften für zwei unterschiedliche Ansätze in der sprachanalytischen Philosophie gelten. Der 1918 fertig gestellte *Tractatus logico-philosophicus* (TLP) gehört wie die Sprachphilosophie Freges und Russells zu der Philosophie der idealen Sprache, während die posthum 1953 veröffentlichten *Philosophischen Untersuchungen* den Anfang der Philosophie der normalen Sprache markieren. Die erste Strömung versucht, mit Hilfe der logischen Analyse der Normalsprache eine Idealsprache zu konstruieren, in der sich alles ausdrücken lässt, was wir mit sinnvollen normalsprachlichen Sätzen sagen möchten, nur klarer und logisch eindeutig. Die zweite Strömung betrachtet unseren Gebrauch von normalsprachlichen Sätzen als Ausgangsbasis für eine Sprachphilosophie: Unsere Normalsprache braucht nicht durch eine Idealsprache korrigiert, modifiziert oder ergänzt zu werden. Während in der ersten Strömung die Konstruktion einer idealen Sprache unverzichtbar ist, um eine Theorie der sprachlichen Bedeutung zu entwerfen, stützt sich die zweite Strömung für denselben Zweck hauptsächlich auf Untersuchungen der Verwendungsweise normalsprachlicher Sätze in unterschiedlichen Äußerungskontexten. Eine weitergehende Charakterisierung der beiden Strömungen ergibt sich durch die Gegenüberstellung der beiden Theorien in dem Früh- und dem Spätwerk.

3.1 Der »Tractatus logico-philosophicus« (TLP)

Der *Tractatus* ist ein Werk, bei dem der Einfluss der Logik schon in der Präsentation sichtbar wird. Alle Sätze sind einer Nummer zugeordnet, und zu einer Nummer gehört oft nur ein Satz oder stets nur wenige Sätze. Der *Tractatus* besteht aus sieben durchnummerierten »Hauptsätzen«, denen jeweils eine Vielzahl von Erläuterungen folgen. Die Nummern der Erläuterungen drücken die Gewichtung der Sätze sowie die Zuordnung zu den Haupt- und Obersätzen aus; z.B. gehört der Satz TLP 4.211 zu den Erläuterungen des »Hauptsatzes« 4 und ist insbesondere eine Erläuterung zum Satz TLP 4.21. Trotz der äußerlich klaren Gliederung ist der *Tractatus* ein schwer zugängliches Werk. Das liegt daran, dass Wittgenstein viele Thesen vorträgt, ohne sie ausreichend zu erläutern und mit Argumenten zu stützen. Da es schwer ist, ein konsistentes Gesamtbild des *Tractatus* zu entwerfen, ist die Interpretation des Frühwerks bis heute sehr umstritten. Somit ist auch die folgende knappe Darstellung der Grundzüge des *Tractatus* interpretatorisch gefärbt. An einigen wichtigen Stellen werde ich allerdings auf die Interpretationsalternativen hinweisen.

3.1.1 Zur Ontologie des »Tractatus«

In den ersten Sätzen des *Tractatus* wird deutlich, dass Wittgenstein wie Russell eine Ding-Eigenschaft-Ontologie ablehnt und stattdessen eine Ontologie der Tatsachen propagiert.

TLP 1 Die Welt ist alles, was der Fall ist.

TLP 1.1 Die Welt ist die Gesamtheit der Tatsachen, und nicht der Dinge.

Die Welt ist die Gesamtheit der Tatsachen, wobei komplexe Tatsachen in einfache Tatsachen zerlegt werden können. Einfache Tatsachen nennt Wittgenstein »bestehende Sachverhalte« (TLP 2). Die Welt ist somit die Gesamtheit der bestehenden Sachverhalte. Ein Sachverhalt ist eine Verbindung von Gegenständen (TLP 2.01). Die Gegenstände sind einfach (TLP 2.02) und unveränderlich (TLP 2.027), d.h., es sind stets dieselben Gegenstände, aus denen die Welt aufgebaut ist, wie sehr sie sich auch verändern mag. Die Welt W_1 und die Welt W_2, wie verschieden sie auch sein mögen, haben die Menge der Gegenstände gemeinsam, aus denen sie aufgebaut sind. Deshalb bezeichnet Wittgenstein die Gegenstände als die Substanz der Welt (TLP 2.021), welche unabhängig von dem, was der Fall ist, besteht (TLP 2.024). Diese Besonderheit der Gegenstände können wir auch wie folgt ausdrücken: Für Gegenstände stellt sich die Frage des Bestehens und Nichtbestehens nicht. Anders verhält es sich bei den Verbindungen von Gegenständen, den Sachverhalten. Sie können in der Welt W_1 bestehen und in einer Welt W_2 nicht bestehen. Wenn ein Sachverhalt besteht, wird er als einfache Tatsache bezeichnet. Mehrere Sachverhalte zusammengenommen bilden eine Sachlage. Für eine Sachlage gibt es wiederum die Möglichkeit des Bestehens und Nichtbestehens. Wenn eine Sachlage besteht, so nennt Wittgenstein sie eine komplexe Tatsache oder auch nur Tatsache.

Die wirkliche Welt können wir in komplexe Tatsachen zerlegen und diese wiederum in einfache Tatsachen bzw. bestehende Sachverhalte. In der Ontologie des *Tractatus* gehören somit zu den »Bausteinen der Welt«, d.h. zu den Arten von Entitäten, aus denen die wirkliche Welt aufgebaut ist, nur die bestehenden Sachverhalte und die Gegenstände; denn sie sind die unveränderlichen Elemente der Sachverhalte. Komplexe Tatsachen gehören nicht dazu, weil sie sich aus den einfachen Tatsachen konstruieren lassen und daher im Sinne der ontologischen Sparsamkeit (vgl. 2.3.3a) nicht eigens aufgeführt zu werden brauchen. Nichtbestehende Sachlagen und nichtbestehende Sachverhalte gehören nicht zu den grundlegenden Bausteinen; denn die Ontologie soll nur die existierenden Entitäten ausweisen, und die wirkliche Welt kann vollständig aus den Gegenständen und den bestehenden Sachverhalten konstruiert werden.

Die möglichen Welten charakterisieren wir mit Hilfe von Sachlagen und damit letztlich mit Hilfe von Sachverhalten, unabhängig davon, ob sie bestehen oder nicht. Da alle möglichen Welten aus denselben Gegenständen bestehen, sind sie durch die Möglichkeiten, wie die Gegenstände miteinander verbunden sein können, begrenzt. Da eine Verbindung von Gegenständen bereits als Sachverhalt eingeführt wurde und Sachverhalte völlig unabhängig voneinander sein sollen (TLP 2.061 f.), kann eine mögliche Welt dadurch charakterisiert werden, dass man für jeden Sachverhalt angibt, ob er besteht oder nicht. Die auf den Verbindungsmöglichkeiten der Gegenstände beruhende feste Menge von möglichen Sachverhalten ist auch die Basis für die Unterscheidung bzw. Identifizierung von Welten: Zwei Welten W_1 und W_2 sind genau dann verschieden, wenn für mindestens einen Sachverhalt gilt, dass er in W_1 besteht und in W_2 nicht besteht oder umgekehrt.

3.1.2 Der parallele Aufbau von Sprache und Welt

Die Sprache wird als die Gesamtheit der Sätze aufgefasst. Die umgangssprachlichen Sätze sind komplexe Sätze, die durch eine logische Analyse auf einfache Sätze, sog. Elementarsätze, zurückgeführt werden können. Elementarsätze sind ihrerseits Verkettungen von Namen (TLP 4.22), wobei Namen als die einfachsten, nicht weiter durch andere Zeichen definierbaren Urzeichen charakterisiert werden (TLP 3.26). Mit der Äußerung eines komplexen Satzes wird eine Sachlage beschrieben und behauptet, dass sie besteht. Mit der Äußerung eines Elementarsatzes wird ein Sachverhalt beschrieben und behauptet, dass er besteht. Namen stehen in einer Vertretungsrelation zu Gegenständen. Wittgenstein verwendet die Begriffe »Sinn« und »Bedeutung« anders als Frege. Er spricht bei Namen nur von »Bedeutung« und bei Sätzen nur von »Sinn«. Die Bedeutung eines Namens ist der von ihm vertretene bzw. bezeichnete Gegenstand (TLP 3.203). Der Sinn eines Satzes ist die von dem Satz dargestellte Sachlage bzw. der dargestellte Sachverhalt (TLP 4.031). Den parallelen Aufbau zwischen Sprache und Welt können wir im Überblick so darstellen:

Sprache	Das mit Sätzen Dargestellte	Wirklichkeit
komplexe Sätze	Sachlagen	komplexe Tatsachen
Elementarsätze	Sachverhalte	einfache Tatsachen
Namen		Gegenstände

3.1.3 Die Abbildtheorie

Die Funktion eines Satzes besteht darin, dass wir mit ihm etwas mitteilen können (TLP 4.027). Diese Funktion kann ein Satz nur erfüllen, insofern er ein logisches Bild der Wirklichkeit ist (TLP 4.03). Ein Satz kann also nur deshalb eine Sachlage oder einen Sachverhalt darstellen, weil er ein logisches Bild der Wirklichkeit ist. Damit ist die These der Bildtheorie des *Tractatus* genannt. Sie wird im Folgenden ausführlicher betrachtet, weil die Bildtheorie zugleich der Kern der Sprachphilosophie im *Tractatus* ist.

Der Grundgedanke des *Tractatus* lautet: Der Satz ist das logische Bild der Tatsachen. Diese These ist in den beiden »Hauptsätzen« 3 und 4 enthalten:

TLP 3 Das logische Bild der Tatsachen ist der Gedanke.

TLP 4 Der Gedanke ist der sinnvolle Satz.

Im *Tractatus* wird behauptet, dass ein enger Zusammenhang zwischen Satz und Gedanke besteht. Hier übernimmt Wittgenstein Freges Auffassung, dass der Satz einen Gedanken ausdrückt (TLP 3.1) und dass der Gehalt eines Satzes mit dem Gehalt eines Gedankens identifiziert werden darf. Wenn auch in TLP 3 nur behauptet wird, dass der Gedanke ein logisches Bild der Tatsachen ist, so gilt das aufgrund des engen Zusammenhangs von Satz und Gedanke auch für den Satz.

Mit der Grundidee der logischen Abbildung sind einige Prämissen verbunden, die nachfolgend zusammengestellt werden:

(1) Wenn ein Bild die Wirklichkeit abbildet, dann hat es die Form der Wirklichkeit als Form der Abbildung. (TLP 2.17)

(2) Die Form der Wirklichkeit ist die logische Form. (TLP 2.18)

Aus (1) und (2) folgt:

(3) Wenn ein Bild die Wirklichkeit abbildet, dann hat es die logische Form als Form der Abbildung.

(4) Ist die Form der Abbildung die logische Form, so ist das Bild ein logisches Bild. (TLP 2.181)

Aus (3) und (4) folgt:

(5) Wenn ein Bild die Wirklichkeit abbildet, so ist das Bild ein logisches Bild.

(6) Der Satz ist ein Bild, das die Wirklichkeit abbildet. (TLP 4.01)

Aus (5) und (6) folgt:

(7) Der Satz ist ein logisches Bild der Wirklichkeit. (TLP 4.03)

Da Prämisse (4) nur eine sprachliche Konvention ist, ruht der Gedanke der Schlussfolgerung in (7) auf drei Prämissen. An erster Stelle ist die allgemeine Bildtheorie zu nennen. Sie stellt die Bedingungen auf, die erfüllt sein müssen, damit etwas die Wirklichkeit abbilden kann. Im *Tractatus* wird nicht nur der im Satz 1 festgehaltene Zusammenhang aufgestellt, sondern auch die Implikation in umgekehrter Richtung (TLP 2.171). Somit gilt sogar die folgende Äquivalenz: Etwas ist genau dann ein Bild der Wirklichkeit, wenn es deren Form als Form der Abbildung besitzt. Als Zweites liegt dem Konzept die Überzeugung zugrunde, dass die logische Form die Form der Wirklichkeit ist (Satz 2). Als dritte Prämisse kommt hinzu, dass Sätze die Wirklichkeit abzubilden vermögen (Satz 6). Sie müssen eine wirklichkeitsadäquate Form besitzen, nämlich die logische Form. Die logische Form ist Sätzen und Tatsachen gemeinsam. Die Logik ist somit das verknüpfende Band zwischen Sprache und Welt. Die drei Prämissen sind thesenhaft vertretene Voraussetzungen der Bildtheorie, die nicht weiter argumentativ gestützt werden.

b) Erläuterung der »logischen Abbildung«

Die Bildtheorie im *Tractatus* umfasst nicht nur die Beziehung zwischen Sprache und Welt, sondern zwischen allen Medien der Abbildung und der Welt. Auch räumliche Bilder, farbige Bilder etc. sind Bilder der Welt. Die Bildtheorie verlangt, dass die Gegenstände der Welt durch die Elemente des Bildes vertreten werden (TLP 2.13). Mit einem Bild wird dargestellt, dass sich die Gegenstände der Welt so zueinander verhalten wie die Elemente des Bildes (TLP 2.15). Damit die Struktur der Wirklichkeit auch im Bild wiedergegeben werden kann, muss eine Bedingung erfüllt sein: Bild und Welt müssen dieselbe logische Form haben (TLP 2.17). Die nachfolgende Erläuterung der Bildtheorie orientiert sich an der Interpretation von Erik Stenius. Angenommen, ein Ausschnitt der Welt lässt sich umgangssprachlich wie folgt beschreiben:

Fritz ist der Vater von Erna und Johannes. Johannes ist der Vater von Ingrid. Außerdem sind Fritz und Ingrid berühmt.

Die so beschriebene komplexe Tatsache kann nur dann abgebildet werden, wenn es zu jedem Element der Wirklichkeit ein entsprechendes Bildelement gibt. So wie die Wirklichkeit aus vier Personen, einer Eigenschaft (berühmt-sein) und einer zweistelligen Relation (Vater-sein-von) besteht, so benötigt jedes Bild der beschriebenen Tatsache als Elemente vier Personenbezeichnungen, eine Eigenschafts- und eine Relationsbezeichnung. Ein Bild der Tatsache könnte somit wie folgt aussehen:

Personenbezeichnungen: a, b, c, d

Eigenschaftsbezeichnung:

Relationsbezeichnung:

Bild (i)

Mit der Erläuterung der im Bild verwendeten Zeichen werden alle Bildelemente genau einmal aufgeführt. Damit erfasst man die logische Form des Bildes. Wenn man entsprechend die Elemente der Wirklichkeit nur einmal aufführt, dann ergibt sich die logische Form der Wirklichkeit:

Personen: Fritz, Erna, Johannes, Ingrid
Eigenschaft: berühmt-sein
Relation: Vater-sein-von

Die Forderung, dass Bild und Wirklichkeit dieselbe logische Form haben (TLP 2.2), besagt somit, dass die Anzahl und die Arten von Elementen in Bild und Wirklichkeit einander eineindeutig zugeordnet werden können. Bild und Abgebildetes müssen dieselbe logische Mannigfaltigkeit haben (TLP 4.04). Diese Bedingung muss erfüllt sein, damit eine Anordnung von Elementen eine Tatsache abbilden kann. Damit ist noch nicht sichergestellt, dass das Bild ein wahres Bild ist. Das nachfolgende Bild (ii) hat dieselbe logische Form wie Bild (i), aber es ist im Gegensatz zu (i) falsch, weil die Welt nicht so ist, wie es durch (ii) dargestellt wird:

Personenbezeichnungen: a, b, c, d

Eigenschaftsbezeichnung:

Relationsbezeichnung:

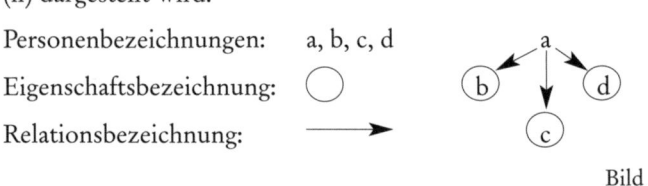

Bild (ii)

Ein Bild ist wahr, wenn die Welt so ist, wie das Bild es darstellt, andernfalls ist es falsch (TLP 2.222). Die Erläuterung der logischen Abbildung möchte ich mit einem Beispiel abschließen, welches kein Bild der obigen Tatsache ist, weil es eine andere logische Form hat.

Personenbezeichnungen: a, b, c

Relationsbezeichnung:

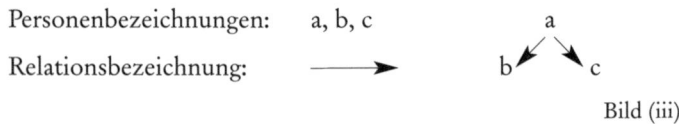

Bild (iii)

Die logische Form dieser Anordnung ist verschieden von der logischen Form der oben beschriebenen Tatsache, weil es nur drei Personenbezeichnungen gibt und keine Eigenschaftsbezeichnung. Diese Zeichenanordnung ist überhaupt kein Bild der beschriebenen Tatsache, nicht einmal ein falsches.

3.1.4 Der Zusammenhang von Satz und Wirklichkeit

Damit ein normalsprachlicher Satz die Wirklichkeit abbilden kann, müssen beide dieselbe logische Form im gerade erläuterten Sinn haben, d.h., jedes Element eines normalsprachlichen Satzes muss genau ein Element der Wirklichkeit vertreten. Obwohl der normalsprachliche Satz den Gedanken klar ausdrückt, tut er dies so, dass seine logische Form nicht unmittelbar zu erkennen ist. Sie wird erst durch die logische Analyse deutlich sichtbar.

a) Die logische Analyse

Die logische Analyse ist ein Prinzip, mit dem ein Satz in eine logische Verknüpfung von mehreren einfachen Sätzen transformiert wird, wobei der ursprüngliche Satz und der analysierte Satz denselben Gedanken ausdrücken. Der Unterschied zwischen beiden Sätzen besteht nur darin, dass die logische Form des Gedankens in einem vollständig analysierten Satz unmittelbar zu erkennen ist. Wittgenstein charakterisiert die logische Analyse wie folgt:

> TLP 2.0201 Jede Aussage über Komplexe läßt sich in eine Aussage über deren Bestandteile und in diejenigen Sätze zerlegen, welche die Komplexe vollständig beschreiben.

Ein Beispiel für einen Schritt im Prozess der logischen Analyse finden wir allerdings erst in einem kritischen Rückblick in den *Philosophischen Untersuchungen* (vgl. PU 60). Dort wird der Ausgangssatz S1 »Der Besen steht in der Ecke« analysiert in S2 »(S3) Der Stiel steht in der Ecke und (S4) die Bürste steht in der Ecke und (S5) der Stiel ist an der Bürste befestigt.« Der Satz S2 besteht aus drei vollständigen Sätzen, die mit dem logischen Zeichen »und« verbunden sind. In analoger Weise muss die logische Analyse für die drei Teilsätze S3, S4 und S5 weitergeführt werden. Das Ergebnis der logischen Analyse ist eine vollständige Rückführung des umgangssprachlichen Satzes auf eine Reihe von Elementarsätzen, die durch logische Zeichen (»und«, »oder«, »nicht« etc.) in einer syntaktisch erlaubten Weise miteinander verbunden sind. Von der Definition der Elementarsätze hängt es ab, wann die logische Analyse beendet ist.

b) Elementarsätze und Namen

Elementarsätze sind die einfachsten Sätze. Sie sind dadurch definiert, dass sie syntaktisch einfach sind, keine logischen Zeichen (vor allem keine Verneinung) enthalten und wechselseitig unabhängig sind. Wittgenstein bezeichnet die Ausdrücke in einem Elementarsatz als Namen (TLP 4.22). Dazu gehören nicht nur Gegenstandsbezeichnungen, sondern auch Eigenschafts- und n-stellige Relationsbezeichnungen. Da logische Zeichen nicht vorkommen dürfen, können die syntaktisch einfachen Formen der Elementarsätze wie folgt aussehen (TLP 4.24): $f(a)$, $g(a,b)$, ... $z(a_1, a_2, ..., a_n)$ ..., wobei f eine einstellige, g eine zweistellige und z eine n-stellige Relationsbezeichnung ist und a, b sowie a_1, a_2, ..., a_n Gegenstandsbezeichnungen sind.[5] Das weitere Merkmal der Elementarsätze ist ihre wechselseitige Unabhängigkeit:

TLP 4.211 Ein Zeichen des Elementarsatzes ist es, daß kein Elementarsatz mit ihm in Widerspruch stehen kann.

Da mit einem Elementarsatz das Bestehen eines Sachverhalts behauptet wird, gilt das Unabhängigkeitspostulat auch für Sachverhalte (TLP 2.061 f.). Wenn wir einen Blick zurück auf unser Beispiel werfen, so sehen wir, dass die Teilsätze S3, S4 und S5 zwar die Form eines Elementarsatzes haben, aber nicht die Forderung der wechselseitigen Unabhängigkeit erfüllen. Zu dem Satz S3 »Der Stiel steht in der Ecke (des Zimmers)« lässt sich durch Substitution eines Ausdrucks mit derselben Komplexität ein Satz S6 angeben, der genauso wie S3 ein Elementarsatz sein müsste: S6 »Der Stiel steht in der Mitte (des Zimmers).« Die Sätze S3 und S6 können aber nicht zugleich wahr sein, d.h. sie sind voneinander abhängig. Daraus folgt, dass beide Sätze noch keine Elementarsätze sind und die logische Analyse weitergeführt werden muss, und zwar so lange, bis alle Teilsätze des logisch analysierten Satzes das Unabhängigkeitspostulat erfüllen.

Namen werden im *Tractatus* als die einfachen Zeichen in vollständig analysierten Sätzen, d.h. in Elementarsätzen, eingeführt (TLP 3.2-3.202). Sie sind nichtdefinierbare Urzeichen, wobei eine Definition als die Erläuterung eines Zeichens durch andere Zeichen verstanden wird. Namen haben Bedeutung, aber nicht aufgrund einer Zuordnung von einem Zeichen zu anderen Zeichen, sondern weil sie Gegenstände vertreten. Die Bedeutung eines Namens ist der von ihm bezeichnete Gegenstand. Die Gegenstände sind die einfachen Elemente der Wirklichkeit. Da Namen die einfachsten sprachlichen Zeichen sind, kann ein Satz einen Ausschnitt der Wirklichkeit genau dann abbilden, wenn die Namen, die in der vollständig analysierten Form des Satzes vorkommen, eineindeutig den Gegenständen zugeordnet werden, aus denen der Ausschnitt der Wirklichkeit besteht. Damit ist garantiert, dass der Satz und der Ausschnitt der Wirklichkeit dieselbe logische Form besitzen. Die Vertretungsrelation zwischen Namen und Gegenständen ist die einzige unmittelbare Verbindung zwischen Sprache und Wirklichkeit. Sie eröffnet die Möglichkeit, mit einem Satz über die Welt zu reden.

TLP 4.0312 Die Möglichkeit des Satzes beruht auf dem Prinzip der Vertretung von Gegenständen durch Zeichen.

Die Verbindung zwischen Namen und Gegenständen ist das Fundament der logischen Abbildung der Wirklichkeit in der

Sprache. Die Zuordnung besteht allerdings nicht unabhängig von der Ebene der Elementarsätze und Sachverhalte. Dies wird durch das Satzzusammenhangsprinzip deutlich:

TLP 3.3 Nur der Satz hat Sinn; nur im Zusammenhang des Satzes hat ein Name Bedeutung.

Es gilt somit eine wechselseitige Abhängigkeit: Ein Satz hat genau dann Sinn, wenn die Namen, aus denen er besteht, Bedeutung haben.

Die Zuordnung von Namen und Gegenständen einerseits und von Elementarsätzen und Sachverhalten andererseits wird auch als Projektion bezeichnet. Der sprachliche Ausdruck eines Satzes wird dadurch zu einem sinnvollen Satz, dass eine Projektion auf die Wirklichkeit erfolgt. Die dabei verwendete Projektionsmethode ist das Denken des Satz-Sinnes (TLP 3.11). Das Fassen eines Gedankens in Verbindung mit der Verwendung eines Satzzeichens ist somit verantwortlich dafür, dass ein Satzzeichen benutzt werden kann, um die Wirklichkeit darzustellen. Wie bei Frege bleibt auch im *Tractatus* der Grundbegriff des Fassens eines Gedankens bzw. des Denkens eines Satz-Sinnes ohne weitere Erläuterung.

c) Die Rolle der logischen Zeichen

Wir haben gesehen, dass ein logisch analysierter Satz nur mehr aus Elementarsätzen besteht, die mit logischen Zeichen verbunden sind. Da der Sinn von Elementarsätzen mit Hilfe der Vertretungsrelation zwischen Namen und Gegenständen erläutert wurde, ist nur noch offen, welchen Beitrag die logischen Zeichen zum Sinn des Satzes leisten. Wittgenstein hat es zum Prinzip erhoben, dass die logischen Zeichen, die auch als logische Konstanten bezeichnet werden, ihre Rolle in der Sprache nicht einer Vertretungsrelation verdanken:

TLP 4.0312 [...] Mein Grundgedanke ist, daß die »logischen Konstanten« nicht vertreten. Daß sich die *Logik* der Tatsachen nicht vertreten läßt.

Die Rolle der logischen Zeichen »und«, »oder«, »nicht« etc. wird im *Tractatus* wie auch bei Russell (vgl. 2.3.2a) durch Wahrheitswerttabellen angegeben. Diese Operatoren bilden aus einem oder mehreren Sätzen wieder einen neuen Satz, dessen Wahrheitswert durch die Wahrheitswerte der Ausgangssätze festgelegt ist. Für den satzbildenden Operator »nicht« ($\neg$) gilt: Wenn ein Satz p wahr ist, dann ist der Satz »$\neg$p« falsch und umgekehrt. Ein Satz, der aus der Verknüpfung zweier Sätze mit dem satzbildenden Operator »und« hervorgeht, ist nur dann wahr, wenn die beiden Teilsätze wahr sind, ansonsten ist er falsch. Die satzbildenden Operatoren werden auch als Wahrheitsfunktionen bezeichnet, deren Argumente die Wahrheitswerte der Teilsätze sind und deren Resultat der Wahrheitswert des Gesamtsatzes ist. Da ein normalsprachlicher Satz mittels logischer Analyse auf Elementarsätze zurückgeführt wird, die mit satzbildenden Operatoren verknüpft sind, gibt es einen besonders engen Zusammenhang von normalsprachlichen Sätzen und Elementarsätzen:

TLP 5 Der Satz ist eine Wahrheitsfunktion der Elementarsätze.

Der Wahrheitswert des Gesamtsatzes ist durch die Wahrheitswerte der Teilsätze festgelegt, und zwar in Abhängigkeit von der Rolle der logischen Operatoren, die die Teilsätze verbinden. Die Erkenntnis, dass die verschiedenen Rollen der satzbildenden Operatoren von einem einzigen, verschachtelt anwendbaren Operator übernommen werden können, nutzte Wittgenstein für eine elegante Darstellung des Zusammenhangs von normalsprachlichen Sätzen und Elementarsätzen. Den umfassenden Operator bezeichnet er als N-Operator. Dieser kann auf eine beliebige, aber endliche Liste von Elementarsätzen angewendet werden. Ein Satz, der aus der Anwendung des N-Operators auf eine endliche Liste von Elementarsätzen hervorgeht, ist genau dann wahr, wenn keiner der Teilsätze wahr ist, z.B. »N(p, q, r)« ist dasselbe wie »¬p & ¬q & ¬r«. Wegen der umfassenden Darstellungsmöglichkeiten mit dem N-Operator lässt sich mit seiner Hilfe jeder Satz als (einfache oder mehrfache) N-Operation von Elementarsätzen konstruieren. Wittgenstein nennt diese Konstruktionseigenschaft der Sätze die allgemeine Form des Satzes (TLP 6 f.).

3.1.5 Einfache Gegenstände und die Bestimmtheit des Satz-Sinnes

Der Sinn normalsprachlicher Sätze ist gemäß *Tractatus* durch zwei Aspekte festgelegt: erstens durch die wahrheitsfunktionale Verknüpfung der Elementarsätze, die sich durch die logische Analyse des Satzes ergeben, und zweitens durch die Vertretungsrelation zwischen den Namen, die in diesen Elementarsätzen vorkommen, und den Gegenständen. Die von den Namen bezeichneten Gegenstände müssen einfach und beständig sein, d.h., sie sind für alle möglichen Welten dieselben. Die Begründung der Existenz der Gegenstände erfolgt durch ein modales Argument, welches voraussetzt, dass die Bildtheorie richtig ist:

(1) Wenn die Welt nicht aus Gegenständen gebildet wäre, dann würde der Sinn eines Satzes davon abhängen, ob ein anderer Satz wahr ist. (TLP 2.0211)

(2) Wenn ein Satz nur dann Sinn hat, wenn ein anderer Satz wahr ist, dann können wir uns mit Sätzen keine Bilder von der Welt machen. (TLP 2.0212)

(3) Wir machen uns Bilder der Welt.

(4) Die Welt ist aus Gegenständen gebildet.

Die Prämisse 1 zeigt, dass Wittgenstein im *Tractatus* nur zwei Möglichkeiten vor Augen hatte, wie der Sinn eines Satzes festgelegt werden kann; entweder durch eine Vertretungsrelation zwischen Namen und Gegenständen oder dadurch, dass die Wahrheit anderer Sätze vorausgesetzt wird. Die zweite Möglichkeit weist er durch einen indirekten Beweis zurück. In Prämisse 2 geht er von der Annahme aus, dass der Sinn eines Satzes von der Wahrheit eines anderen Satzes abhängt. Wenn diese Annahme richtig wäre, so würde mit dem Verstehen eines Satz-Sinnes stets das Wissen verbunden sein, dass ein bestimmter Satz wahr ist. Ein Satz sagt nur insofern etwas aus, als er ein Bild der Wirklichkeit ist (TLP 4.03). Für ein Bild ist es charakteristisch, dass wir es verstehen, d.h. seinen Sinn erfassen können, ohne zu wissen, ob andere Bilder oder auch Teile des Bildes wahre Darstellungen sind. Daher folgt aus der Annahme, der Satz-Sinn hänge von der Wahrheit eines anderen Satzes, dass es unmöglich ist, sich mit Sätzen Bilder von der Welt zu machen. Gemäß Prämisse 3 ist es jedoch unzweifelhaft, dass wir genau das tun. Daher muss es einfache Elemente der Wirklichkeit, d.h. Gegenstände geben, und die Vertretungsrelation zwischen Namen und Gegenständen ist wesentlich dafür verantwortlich, dass ein Satz Sinn hat.

Die Existenz von Gegenständen ist nicht nur eine notwendige Bedingung dafür, dass ein Satz einen Sinn hat, sondern zugleich die Garantie dafür, dass er einen *bestimmten* Sinn hat. Es ist ein Merkmal des logisch analysierten Satzes, dass darin kein Ausdruck vorkommt, der einen Komplex, d.h. eine Konfiguration von Gegenständen bezeichnet. Damit kann der Fall nicht eintreten, dass ein einfacher Ausdruck eine Konfiguration von Gegenständen bezeichnet, die in der wirklichen Welt besteht, aber nicht notwendig in allen möglichen Welten bestehen muss. In einem solchen Fall würde der einfache Ausdruck nur in der wirklichen und in einigen, aber nicht in allen möglichen Welten etwas bezeichnen, nämlich genau dann, wenn die Konfiguration der Gegenstände als bestehend angenommen würde und sonst nicht. Der einfache Ausdruck hätte also nur in einigen möglichen Welten Bedeutung. Für die möglichen Welten, in denen der einfache Ausdruck keine Bedeutung hätte, wäre es unbestimmt, ob sie den Satz, in dem der Ausdruck vorkommt, wahr oder falsch machen würden. Diese Unbestimmtheit der Wahrheitsbedingungen des Satzes ist im *Tractatus* dasselbe wie die Unbestimmtheit des Satz-Sinnes. Die eindeutige und vollständige Analyse eines Satzes, deren Ende durch das Erreichen einfacher Zeichen in Elementarsätzen und damit letztlich durch die Existenz von Gegenständen garantiert wird, ist der Grund für die Bestimmtheit des Satz-Sinnes.

TLP 3.23 Die Forderung der Möglichkeit der einfachen Zeichen ist die Forderung der Bestimmtheit des Sinnes.

Die Frage, von welcher Art die einfachen Gegenstände sind, bleibt im *Tractatus* offen und ist in der Literatur bis heute umstritten. Beispielhaft seien einige stark voneinander abweichende Interpretationen genannt. Gemäß einigen realistischen Interpretationen sind die Gegenstände physikalisch einfache Teilchen (z.B. James Griffin), gemäß einigen phänomenalistischen Interpretationen sind sie Punkte im Gesichtsfeld (z.B. J. und M. Hintikka), und gemäß einigen sprachpragmatischen Interpretationen sind sie Exemplifizierungen von nicht weiter zurückführbaren Eigenschaften (H. Ishiguro) oder Alltagsgegenstände, insofern sie alles das sind, was von den Ausdrücken eines normalsprachlichen Satzes bezeichnet wird (z.B. Peter Carruthers). Trotz der Verschiedenheit haben die Interpreten eine gemeinsame Überzeugung: Sie glauben, dass im *Tractatus* ein konsistenter Rahmen für eine nachträglich vorzunehmende Bestimmung der Gegenstände geliefert wurde. Das ist jedoch nicht der Fall. Im *Tractatus* werden widersprüchliche Prinzipien aufgestellt, von denen eines aufgegeben werden muss, damit eine Bestimmung der Gegenstandsebene vorgenommen werden kann. Es handelt sich dabei um die folgenden drei Prinzipien (vgl. Newen, *Interpretation und Rekonstruktion der Ontologie in Wittgensteins »Tractatus«*):

(i) Elementarsätze haben die Form »Fa«, »Rab«, ... In einem Elementarsatz werden Gegenständen *externe* Eigenschaften zugeschrieben, d.h., in dem Elementarsatz »Fa« wird einem Gegenstand a die externe Eigenschaft F zugeschrieben.

(ii) Externe und interne Eigenschaften verhalten sich zueinander wie Dimensionswerte und die dazugehörige Dimension, z.B. wie Längenangaben und die Dimension der Länge oder wie Farbtöne und die Dimension der Farbe.

(iii) Elementarsätze sind logisch unabhängig, d.h., ihre Wahrheitswerte hängen nicht voneinander ab.

Wenn in dem Elementarsatz »Fa« dem Gegenstand a die externe Eigenschaft F zugeschrieben wird (gemäß i) und diese Eigenschaft ein Wert einer Dimension ist (gemäß ii), dann gibt es einen Elementarsatz »Ga«, dessen Wahrheitswert von dem des Satzes »Fa« abhängt. Dabei bezeichnet »G« einen anderen Wert derselben Dimension, zu der »F« gehört, wobei die Dimensionswerte nicht zugleich auf ein Objekt zutreffen können; z.B. wenn der Satz »Dieser Punkt a ist rot« wahr ist, dann kann der Satz »Dieser Punkt a ist blau« nicht wahr sein. Aus den Prinzipien (i) und (ii) folgt, dass Elementarsätze nicht logisch unabhängig voneinander sind. Wittgenstein selbst bemerkte 1929, als er seine Philosophie weiterzuentwickeln begann, dieses Problem und verzichtete in dem Aufsatz *Some Remarks on Logical Form* auf das Unabhängigkeitspostulat für Elementarsätze und Sachverhalte.

3.1.6 Die Unterscheidung von »Sagen« und »Zeigen«

Die Funktion der Sprache bleibt im *Tractatus* auf die Beschreibung von kontingenten Sachverhalten beschränkt. Alle normalsprachlichen Sätze, die nicht diese Funktion haben, werden daher als sinnlos oder unsinnig ausgegrenzt. Ein normalsprachlicher Satz, der einen kontingenten Sachverhalt beschreibt, ist genau dann sinnvoll, wenn alle Namen, die in der analysierten Form des Satzes vorkommen, Gegenstände bezeichnen. Wittgenstein unterscheidet demgegenüber zwei Klassen von nichtsinnvollen Sätzen. Eine erste Klasse von Sätzen bilden die Sätze der Logik, z.B. p v ¬p. Die wahren Sätze der Logik sind Tautologien, d.h. sie werden von allen möglichen Welten wahr gemacht. Sie sagen somit nichts aus, sie beschreiben nichts. Denselben Status haben ihre Verneinungen, die Kontradiktionen, z.B. 5(p v ¬p), denn diese sind für alle möglichen Welten falsch. Solche Sätze sind jedoch nicht völlig nutzlos, denn man kann an ihnen sehr gut ihre logische Struktur erkennen. Dass der Satz »p v ¬p« eine Tautologie ist, wird nicht mit dem Satz behauptet, sondern es zeigt sich. Genauso zeigt sich in der logisch analysierten Form eines beliebigen Satzes, ob er eine Tautologie, eine Kontradiktion oder ein sinnvoller Satz ist. Der Satz zeigt die logische Form (TLP 4.121). Tautologien und Kontradiktionen nennt Wittgenstein *sinnlose* Sätze. Eine zweite Klasse von Sätzen bezeichnet er als *unsinnige* Sätze. Sie sind weder sinnvoll noch sinnlos. Sie zeichnen sich dadurch aus, dass sie einerseits gemäß ihrer logischen Struktur weder Tautologien noch Kontradiktionen sind und dass sie andererseits in der logisch analysierten Form mindestens einen Ausdruck enthalten, der nichts bezeichnet. Wittgenstein unterscheidet zwei Arten von nichtbezeichnenden Ausdrücken, nämlich formale Begriffe und Wertbegriffe. Wenn ein Satz einen formalen Begriff, z.B.

»Gegenstand«, »Funktion«, »Zahl« etc. enthält, so wird das, was ein solcher Satz sagen möchte, bei einer korrekten Zeichenverwendung *gezeigt*. Wenn man sagen möchte, dass zwei Elementarsätze demselben Gegenstand unterschiedliche Eigenschaften zuschreiben, so entstehen unsinnige Scheinsätze, weil darin die formalen Begriffe »Gegenstand« und »Eigenschaft« vorkommen müssen. In einer idealen Sprache *zeigt* sich dies durch die korrekte Verwendung von einfachen Zeichen, z.B. durch die Satzzeichen »F(a)« und »G(a)«. Dass von demselben Gegenstand die Rede ist, *zeigt* sich durch die Verwendung derselben Gegenstandsbezeichnung »a«, und dass von verschiedenen Eigenschaften die Rede ist, *zeigt* sich durch die Verwendung unterschiedlicher Eigenschaftsbezeichnungen, nämlich »F« und »G«. Neben den formalen Begriffen sind es Wertbegriffe, aufgrund derer ein Satz unsinnig ist. Wertbegriffe sind solche Ausdrücke, die in ethischen, ästhetischen und religiösen Aussagen vorkommen und die dafür verantwortlich sind, dass der Satz keine Beschreibung ist, sondern eine Bewertung vornehmen möchte. Da Werte nicht kontingent sind und sinnvolle Sätze nur kontingente Sachverhalte zu beschreiben vermögen, können wir Bewertungen nicht in sinnvollen Sätzen zum Ausdruck bringen (TLP 6.41). Mit unsinnigen Sätzen rennen wir gegen die Grenzen der Sprache an. In ihnen zeigt sich die Grenze der Sprache; es zeigt sich, dass es ein von vornherein zum Scheitern verurteilter Versuch ist, ethische, ästhetische oder religiöse Aussagen machen zu wollen. Da alles, was sich in den verschiedenen nichtsinnvollen Sätzen (Kontradiktionen, Tautologien, Sätze mit formalen Begriffen oder Wertbegriffen) *zeigt*, gemäß dem *Tractatus* nicht gesagt werden kann (TLP 4.1212) und die Wissenschaft sich nur mit sinnvollen Äußerungen beschäftigt, kann die Wissenschaft prinzipiell zu den Anliegen, die in der Normalsprache mit solchen Sätzen vorgetragen werden, nichts sagen.

Dies kommt in dem Schluss-Satz der Abhandlung zum Ausdruck.

TLP 7 Wovon man nicht sprechen kann, darüber muß man schweigen.

Wittgenstein war der Meinung, dass er alles, was eine Philosophie prinzipiell sagen kann, die ihre Grenzen kennt und anerkennt, im *Tractatus* gesagt hat. Deshalb zog er sich mit dem Abschluss dieses Werkes zunächst aus der Beschäftigung mit der Philosophie zurück und versuchte sich u.a. als Dorfschullehrer in Niederösterreich.

3.2 Die »Philosophischen Untersuchungen«

Erst 1929 kehrte Wittgenstein nach Cambridge zurück und nahm die Beschäftigung mit philosophischen Fragen wieder auf. Wittgensteins Spätphilosophie ist das Ergebnis einer langen und intensiven Beschäftigung mit Fragen nach der Bedeutung von Zeichen, nach dem Status von Regeln und der Rolle des Meinens (bzw. Denkens). Erst 1946 waren die *Philosophischen Untersuchungen* im Wesentlichen fertig gestellt, wobei sie erst 1953, zwei Jahre nach seinem Tod, veröffentlicht wurden. In der Zeit des Verfassens des TLP war er der Auffassung, dass er als Logiker die Fragen, wie ein Beispiel für einen Elementarsatz bzw. für einen Namen aussieht und was ein Gegenstand ist, zurückstellen kann. 1929 bewegten ihn nun diese Fragen, weil er einsah, dass sie nicht völlig losgelöst von Fragen nach der logischen Struktur der Sätze sind. Sätze über Punkte im Gesichtsfeld einerseits und Sätze über physikalische Teilchen andererseits sind potentielle Kandidaten für Elementarsätze. Im *Tractatus* werden sie jedoch nicht als Elementarsätze betrachtet, weil sie das Unabhängigkeitspostulat für Elementarsätze nicht erfüllen. Dies diskutiert Wittgenstein ausführlich am Beispiel von Farbaussagen in dem Aufsatz *Some Remarks on Logical Form* aus dem Jahre 1929. Farbaussagen sind Sätze wie z.B. (i) »Dieser Punkt a im Gesichtsfeld ist (zum Zeitpunkt t_1) blau.« Wenn der Satz (i) wahr ist, muss der Satz (ii) »Dieser Punkt a im Gesichtsfeld ist (zum Zeitpunkt t_1) rot« falsch sein. Die Sätze (i) und (ii) können nicht zugleich wahr sein, d.h., sie sind nicht logisch unabhängig. Im *Tractatus* war dies noch Anlass klarzustellen, dass es sich noch nicht um Elementarsätze handeln kann. Nun erkennt Wittgenstein in der logischen Abhängigkeit dieser Sätze eine Grundstruktur, die durch weitere logische Analyse nicht verschwindet. Er anerkennt, dass sich die tatsächlichen Phänomene (die Tatsachen) nicht darstellen lassen, ohne dass Zahlen oder andere Gradangaben in den Elementarsätzen verwendet werden. Damit musste das Unabhängigkeitspostulat für Elementarsätze, ein Grundpfeiler der Frühphilosophie, aufgegeben werden. Indem er anerkennt, dass Ausschlussbeziehungen wie »Was blau ist, ist nicht rot« eine grundlegende Rolle für die logische Struktur von Sätzen spielen, akzeptiert Wittgenstein, dass die Bedeutung von Sätzen nicht allein durch die Vertretungsrelation von Namen gewährleistet werden kann. Zusätzlich sind Regeln wichtig, die die Ausschlussbeziehungen für bestimmte Arten von Elementarsätzen beschreiben. Dies ist die erste wesentliche Modifikation der Abbildtheorie der Bedeutung. Eine klare Abkehr vollzieht er dann mit der weiteren Untersuchung von Sprachregeln, wobei ihm das Schachspiel als Analogie dient: So wie beim Schachspiel die Bedeutung einer Figur durch die mit der Figur verbundenen Spielregeln festgelegt wird, so ist die Bedeutung eines sprachlichen Zeichens durch die Regeln der Grammatik (die Regeln der Syntax) festgelegt. Durch diese Überlegungen Anfang der 30er Jahre wird die Bildtheorie völlig aufgegeben, ohne dass schon die Gebrauchstheorie der Bedeutung aus den PU entwickelt wäre. Dieses Zwischenstadium zeichnet sich dadurch aus, dass Wittgenstein behauptet, dass die Bedeutung von Zeichen durch die syntaktischen Regeln eines Sprachsystems festgelegt wird, ohne die Frage zu beantworten, wie die syntaktischen Regeln eines Sprachsystems ihrerseits verbindlich festgelegt werden können. In den PU vertritt er dann die These, dass Regeln erst durch die Gepflogenheiten in einer Gemeinschaft festgelegt werden, und entwickelt damit die Gebrauchstheorie der Bedeutung, der gemäß die Bedeutung von sprachlichen Zeichen durch ihren Gebrauch, durch die Gepflogenheiten der Sprachbenutzer, festgelegt wird. Jedes sprachliche Zeichen gehört damit nicht nur in einen durch grammatische Regeln erlaubten Zusammenhang, sondern darüber hinaus in einen Verwendungszusammenhang. Beides zusammengenommen, also alle Zusammenhänge, die die Bedeutung eines Zeichens bestimmen, nennt Wittgenstein die mit einem Zeichen verbundenen *Sprachspiele*.

3.2.1 *Sprachspiel und Bedeutung*

PU 7 Ich werde auch das Ganze: der Sprache und der Tätigkeiten, mit denen sie verwoben ist, das »Sprachspiel« nennen.

Während in der Frühphilosophie die einzige Form sinnvoller Sätze Beschreibungen von Tatsachen sind, legt Wittgenstein größten Wert darauf, dass das Beschreiben nur eine unter zahllosen sinnvollen Verwendungsmöglichkeiten sprachlicher Zeichen ist, wobei sie von den Logikern völlig zu Unrecht als eine herausragende Form betrachtet wird. Zu den Sprachspielen gehören z.B.

PU 23 Befehlen, und nach Befehlen handeln – Beschreiben eines Gegenstands nach dem Ansehen, oder nach Messungen – Herstellen eines Gegenstands nach einer Beschreibung

(Zeichnung) – Berichten eines Hergangs – Über den Hergang Vermutungen anstellen – Eine Hypothese aufstellen und prüfen – [...] Eine Geschichte erfinden; und lesen – Theater spielen – Reigen singen – Rätsel raten – Einen Witz machen; erzählen – [...] Bitten, Danken, Fluchen, Grüßen, Beten.

Als Sprachspiel betrachtet Wittgenstein somit alle Tätigkeiten, bei deren Ausführung wir unter anderem sprachliche Zeichen verwenden. Auf diese Verbindung von Sprache und Handeln legt Wittgenstein großen Wert: Zum einen wird erst durch die Einbettung der sprachlichen Zeichen in Handlungsgefüge verständlich, warum Zeichen eine Bedeutung haben, und zum anderen wird durch diese Sichtweise betont, dass Sprechen (bzw. das Verwenden von Sprache) nur eine unter den typischen menschlichen Tätigkeitsweisen ist. Sprechen ist nur eine *Lebensform*:

PU 25 Befehlen, fragen, erzählen, plauschen gehören zu unserer Naturgeschichte so wie gehen, essen, trinken, spielen.

Wenn die Sprache bzw. die Bedeutung der sprachlichen Zeichen wesentlich durch ihre Verwendung in Sprachspielen festgelegt wird, so scheint es notwendig, den Begriff »Sprachspiel« selbst zu klären. Gemäß Wittgenstein lässt sich jedoch dieser Ausdruck nicht definieren, sondern er kann nur anhand von Beispielen erläutert werden:

PU 65 Statt etwas anzugeben, was allem, was wir Sprache nennen, gemeinsam ist, sage ich, es ist diesen Erscheinungen gar nicht Eines gemeinsam, weswegen wir für alle das gleiche Wort verwenden, – sondern sie sind miteinander in vielen verschiedenen Weisen verwandt.

Sprachspiele zeichnen sich nicht dadurch aus, dass es ein Merkmal (außer der Eigenschaft, Sprachspiel genannt zu werden) gäbe, das allen Sprachspielen zukäme. Vielmehr lässt sich für jedes potentielle Wesensmerkmal immer ein Sprachspiel finden, das es nicht besitzt, obwohl es klarerweise zur Klasse der Sprachspiele gehört. Wenn es auch kein durchgängiges Wesensmerkmal für eine Klasse von Objekten gibt, die unter einen Begriff fallen, so gibt es doch ein verknüpfendes Band, die *Familienähnlichkeit* (PU 67): So wie die Ähnlichkeiten zwischen den Mitgliedern einer Familie jeweils aufgrund von verschiedenen Merkmalen bestehen, so auch die Ähnlichkeiten von Sprachspielen untereinander. Wenn A und B einander ähnlich sind (aufgrund von Gesichtszügen) und B und C einander ähnlich sind (aufgrund von Temperament), dann müssen A und C einander noch nicht zwangsläufig ähnlich sein. Es gibt aber eine Reihe, ein durchgängiges Band, einen Faden von Ähnlichkeiten, der alle Familienmitglieder bzw. alle Sprachspiele (allgemeiner: alle Objekte, die unter einen Begriff fallen) zu verknüpfen erlaubt:

> PU 67 Und die Stärke des Fadens liegt nicht darin, daß irgend eine Faser durch seine ganze Länge läuft, sondern darin, daß viele Fasern einander übergreifen.

Zu einem Sprachspiel gehören ganz wesentlich gesellschaftliche Rahmenbedingungen, die sich nicht im Sprechen erschöpfen, wie z.B. Autoritätsverhältnisse, Verpflichtungen und Verantwortungsverhältnisse. So lässt sich bei genauerer Betrachtung das Sprachspiel des Befehlens wie folgt in soziale Rahmenbedingungen einbetten:

> Wenn Person x gegenüber Person y Autorität bezüglich der Handlung z hat und x nun y befiehlt, z zu tun, dann ist y verpflichtet, z zu tun, und x trägt für die Folgen von z die Verantwortung.

Es sind nicht einfach die grammatischen Regeln für einen sprachlichen Ausdruck, sondern die Gepflogenheiten im Umgang mit dem Ausdruck, die Verhaltensweisen einer Sprachgemeinschaft, die ein Sprachspiel ausmachen.

3.2.2 Regeln und Gepflogenheiten

Im Zentrum der Wittgensteinschen Spätphilosophie stehen der Begriff der Regel und der des Regelfolgens. Schon in der Übergangsperiode in den 30er Jahren hat Wittgenstein anhand des Schachbeispiels die Rolle von Regeln für die Bedeutung von sprachlichen Zeichen entwickelt. So ist Ende 1930 die folgende Äußerung Wittgensteins protokolliert:

»Ich kann nicht sagen: Das ist ein Bauer und für diese Figur gelten die und die Spielregeln. Sondern die Spielregeln bestimmen erst diese Figur: Der Bauer ist die Summe der Regeln, nach welchen er bewegt wird (auch das Feld ist eine Figur), so wie in der Sprache die Regeln der Syntax das Logische im Wort bestimmen.« (*Wittgenstein und der Wiener Kreis*, Werkausgabe Band 3, S. 134, Protokoll vom 30.12.1930)

In den 30er Jahren vertrat Wittgenstein demgemäß die These, dass die Bedeutung eines sprachlichen Zeichens durch die grammatischen Regeln einer Sprache festgelegt ist. In den PU beschäftigt ihn dann die Frage, wie eine grammatische Regel (oder allgemein eine Regel) eine bestimmte Handlungsweise, nämlich das Handeln gemäß der Regel, festlegen kann:

> PU 198 Aber wie kann mich eine Regel lehren, was ich an dieser Stelle zu tun habe? Was immer ich tue, ist doch durch irgendeine Deutung mit der Regel vereinbar.

Wittgenstein versteht hier unter Regel einen Regelausdruck, ein Symbol für eine Regel und erläutert die Problematik am Beispiel eines Wegweisers. Wenn wir einen Wegweiser als Ausdruck einer Regel, als Zeichen für eine Regel auffassen, so kann dieser auf verschiedene Weisen gedeutet werden, z.B. in der gewöhnlichen Weise wie folgt: »Wenn Sie das auf dem Wegweiser angegebene Ziel erreichen wollen, dann können sie es am besten in Pfeilrichtung erreichen.« Aber auch eine andere Deutung ist möglich: »Wenn Sie das auf dem Wegweiser angegebene Ziel erreichen wollen, dann können sie es am besten entgegen der Pfeilrichtung erreichen.« Die Festlegung der Deutung kann nun ihrerseits nicht durch Deutungsregeln erfolgen, denn ansonsten würde für diese Deutungsregeln wiederum die Frage auftreten, wie deren Deutung festgelegt wird, d.h., es entstünde ein infiniter Regress.

PU 198 Die Deutungen allein bestimmen die Bedeutung nicht.

Es muss somit ein Fundament für die Festlegung der Deutung einer Regel geben, ein Fundament für das Regelfolgen, und dies besteht gemäß Wittgenstein in den Gepflogenheiten einer Gemeinschaft.

PU 198 [...] ich habe auch noch angedeutet, daß sich Einer nur insofern nach einem Wegweiser richtet, als es einen ständigen Gebrauch, eine *Gepflogenheit* gibt.

PU 199 Einer Regel folgen, eine Mitteilung machen, einen Befehl geben, eine Schachpartie spielen sind Gepflogenheiten (Gebräuche, Institutionen).

Um einer Regel zu folgen, braucht man sich nicht explizit die Regel, nach der man sich verhalten soll, vor Augen zu führen. Vielmehr ist regelfolgendes Verhalten dadurch gekennzeichnet, dass es erlernbar ist, z.B. durch Abrichten, und, wenn es erlernt ist, selbstverständlich ist (PU 238). Einer Regel zu folgen ist, einer Gepflogenheit gemäß zu handeln, und dies setzt keinerlei Begründungen oder Überlegungen voraus, sondern schlicht und einfach die Kompetenz, auf eine erlernte, übliche und selbstverständliche Weise zu handeln. Gepflogenheiten sind nicht deshalb gültig, weil sie festgesetzt oder vereinbart wären, sondern weil sich üblicherweise fast alle daran gebunden fühlen. Ist dies nicht der Fall, so gibt es keine Gepflogenheiten und damit keine Basis für die Handlungsweise gemäß einer Regel. Dies gilt auch für Regeln, die die Bedeutung eines sprachlichen Zeichens festlegen. Positiv gewendet besagt dies, dass der selbstverständliche, allgemein übliche Umgang mit Ausdrücken die Bedeutung der Ausdrücke festlegt. Dies bringt die bekannte Formel »Die Bedeutung eines Zeichens ist sein Gebrauch« auf den Punkt.

3.2.3 Die Unmöglichkeit einer Privatsprache

Einer Regel folgen ist eine Institution, eine Praxis, die begrifflich voraussetzt, dass es eine Gemeinschaft, also eine Vielzahl von Personen gibt, nicht nur eine einzelne Person. Eine bestimmte Handlungsweise kann nur als regelfolgendes Verhalten aufgefasst werden, wenn der Handelnde als Teil einer Gemeinschaft betrachtet wird, in der diese Handlungsweise üblich und selbstverständlich ist. So ist es unmöglich, dass ein einzelner Mensch nur einmal einer Regel gefolgt wäre (PU 199). Auch ist es begrifflich ausgeschlossen, dass jemand privat, d.h. in Gedanken und nur für sich, ein Regelsystem aufbaut und diesen Regeln folgt, denn es fehlt dann an einer Kontroll- und Sanktionsinstanz:

> PU 202 Darum ist ›der Regel folgen‹ eine Praxis. Und der Regel zu folgen *glauben*, ist nicht: der Regel folgen. Und darum kann man nicht der Regel ›privatim‹ folgen, weil sonst der Regel zu folgen glauben dasselbe wäre, wie der Regel folgen.

Diese Unmöglichkeit erläutert Wittgenstein auch insbesondere im Fall der Empfindungssprache, d.h. im Falle von Ausdrücken für unsere Empfindungen, z.B. Schmerzäußerungen (»Ich habe Zahnschmerzen«), Farbempfindungsäußerungen (»Ich habe eine Rotempfindung«). In der auf den britischen Empirismus zurückreichenden Tradition (z.B. bei John Locke) ist die Bedeutung meiner sprachlichen Schmerzäußerung (»Ich habe Zahnschmerzen«) meine Empfindung, also mein Zahnschmerz. Da jedoch nur ich diese Empfindung habe, bleibt es im Rahmen dieses Modells unverständlich, wie andere Personen die Bedeutung meiner Äußerung verstehen können, denn sie haben meinen Zahnschmerz nicht. Hier scheint die nahe liegende Entgegnung zu sein, dass sie doch ähnliche Schmerzen erlebt haben und kennen. Doch dies wirft das Problem auf, dass ich nur Empfindungsausdrücke von Empfindungen verstehen könnte, die ich selbst erfahren habe. Selbst wenn man diese Folgerung als unproblematisch ansieht, so ist doch das dahinter stehende Modell der Privatsprache unannehmbar: Eine Privatsprache ist eine Sprache, die Ausdrücke enthält, deren Bedeutung ich dadurch festlege, dass ich sie in Gedanken als Ausdrücke für eine bestimmte Empfindung einführe. Dass eine Privatsprache unmöglich ist, zeigt Wittgenstein am Beispiel des Ausdrucks »Käfer«. Angenommen jeder hätte eine Schachtel und darin wäre etwas, das wir »Käfer« nennen. Es könne jedoch niemand in die Schachtel des anderen schauen und jeder wisse nur vom Anblick *seines* Käfers, was ein Käfer ist. Der Ausdruck kann in einer solchen Sprachgemeinschaft eine klare Verwendungsweise haben, selbst wenn jeder einen anderen Käfer in seiner Schachtel hat, ja sogar wenn die Schachteln alle leer wären.

PU 293 Da könnte es ja sein, daß Jeder ein anderes Ding in seiner Schachtel hätte. Ja, man könnte sich vorstellen, daß sich ein solches Ding fortwährend veränderte. [...] Das Ding in der Schachtel gehört überhaupt nicht zum Sprachspiel; auch nicht einmal als ein *Etwas*; denn die Schachtel könnte auch leer sein.

Diese Überlegung zeigt, dass die Bedeutung eines sprachlichen Ausdrucks, mit dem wir über eine Empfindung sprechen, nicht dadurch festgelegt wird, dass wir die Empfindung haben und in einem bestimmten Augenblick für die Empfindung diesen Ausdruck einführen. Nicht meine Absicht, meine Empfindung zu bezeichnen, legt die Bedeutung des Empfindungsausdrucks fest, sondern vielmehr die Verwendungsweise des Ausdrucks, die Praxis in einer Sprachgemeinschaft. Obwohl Ausdrücke für Empfindungen sehr gute Kandidaten zur Untermauerung der Möglichkeit einer Privatsprache sind, können selbst sie das Modell nicht stützen. Die Sprecherabsichten und die Tatsache, dass der Sprecher das Subjekt seiner Empfindungen ist, sind Aspekte des menschlichen Geistes, jedoch sind sie gemäß Wittgenstein nicht erforderlich, um die Bedeutung sprachlicher Ausdrücke festzulegen.

3.2.4 Das Meinen und andere mentale Begriffe

Wittgenstein vertritt nicht nur die These, dass Sprecherabsichten, das Meinen und andere mentale Phänomene für die Festlegung der Bedeutung sprachlicher Zeichen irrelevant sind, sondern dass die Begriffe für mentale Phänomene in der Tradition völlig falsch aufgefasst wurden, so dass wir auch ein falsches Verständnis dieser Phänomene haben. Was zeichnet es aus, dass jemand dies und nicht jenes meint? Gemäß der neuzeitlichen Tradition ist dies ein innerer Sinn, ein »Nach-Innen-Blicken«, das es mir erlaubt zu sehen, introspektiv zu erfassen, was ich mit einer Äußerung meine.

> PU 666 Denke, du habest Schmerzen und zugleich hörst du, wie nebenan Klavier gestimmt wird. Du sagst: »Es wird bald aufhören.« Es ist doch wohl ein Unterschied, ob du den Schmerz meinst, oder das Klavierstimmen! – Freilich; aber worin besteht dieser Unterschied?

Das Meinen der Schmerzen kann nicht darin bestehen, dass man seinen inneren Blick auf seine Schmerzen richtet, denn jemand kann mit der Äußerung auch seine Schmerzen meinen, wenn er diese nur simuliert (PU 667). Meinen ist ein komplexes Sprachspiel, zu dem viele Elemente, Ensemblestücke gehören, die zusammen ein Muster bilden. Zu den Elementen des Musters gehören z.B. die charakteristischen Äußerungen »Ich meine dies und nicht jenes« sowie das Vorrecht des Sprechers, das bereits Gesagte durch Meinensäußerungen zu konkretisieren oder zu korrigieren. Dieses Vorrecht, seine eigenen Äußerungen zu interpretieren, ist der Grund dafür, dass das, was ich meine, zum einen nicht den Status von Wissen hat und zum anderen auch nicht bezweifelt werden kann (PU 679). Meinen ist keine innere geistige Tätigkeit (PU 693), sondern ein Muster, zu dem Äußerungen wie »Ich habe gemeint« und »Ich meine« als charakteristische Ensemblestücke gehören (von Savigny, *Wittgensteins Philosophische Untersuchungen*); ihre übliche Rolle beruht auf dem Vorrecht des Sprechers, seine Äußerungen zu deuten. Damit wird das Meinen als eine Disposition betrachtet, als eine aufgrund von Konventionen etablierte Fähigkeit und Neigung, sich auf eine bestimmte Weise zu verhalten. Wittgenstein betrachtet jedoch nicht nur das Meinen so, sondern alle mentalen Phänomene, so z.B. auch das Denken. Denken ist dann keine geistige Tätigkeit, sondern kann als inneres Sprechen betrachtet werden (PU 342-349), welches jedoch nichts anderes als die Verwendung der öffentlichen Sprache ist, die wir als Sprachspiele betrachten sollten:

> PU 654 Unser Fehler ist, dort nach einer Erklärung zu suchen, wo wir die Tatsachen als »Urphänomene« sehen sollten. D.h., wo wir sagen sollten: *dieses Sprachspiel wird gespielt.*

3.2.5 Philosophische Methodologie

Wittgensteins philosophische Methode ist auch in der Spätphilosophie die *Sprachanalyse*, wobei er allerdings dort etwas ganz anderes darunter versteht als im *Tractatus*. Sprache analysieren heißt, das Sprachspiel offen legen, die Verbindung der Begriffe übersichtlich darstellen und so die philosophischen Probleme, die durch die falsche Auffassung von Sprache und Bedeutung entstanden sind, zum Verschwinden zu bringen:

> PU 109 Die Philosophie ist ein Kampf gegen die Verhexung unsres Verstandes durch die Mittel unserer Sprache.
>
> PU 116 *Wir* führen die Wörter von ihrer metaphysischen, wieder auf ihre alltägliche Verwendung zurück.

Anders als im *Tractatus* wird in den PU jedoch nicht eine einzige, logisch korrekte Methode vorgegeben, sondern eine Vielzahl von Möglichkeiten offen gelassen, um an philosophische Probleme heranzugehen, wobei jedoch alle zu dem Ziel führen sollen, durch einen therapeutischen Umgang vertraute Phänomene in neuem Licht zu sehen und so die Probleme aufzulösen. Somit kann die Philosophie auch keine neuen Entdeckungen machen, sondern nur falsche Auffassungen korrigieren.

> PU 126 ›Philosophie‹ könnte man auch das nennen, was vor allen neuen Entdeckungen und Erfindungen möglich ist.
>
> PU 133 Es gibt nicht *eine* Methode der Philosophie, wohl aber gibt es Methoden, gleichsam verschiedene Therapien.

3.3 Wittgensteins Wirkung

Den größten Einfluss hatte der *Tractatus* auf den Wiener Kreis, zu dem u. a. Moritz Schlick, Friedrich Waismann, Rudolf Carnap, Otto Neurath und Hans Reichenbach gehörten. Diese Gruppe von Wissenschaftlern trat 1929 mit der Programmschrift

Wissenschaftliche Weltanschauung an die Öffentlichkeit. Sie begründete in den 30er Jahren die Philosophie des logischen Empirismus. Von Wittgensteins *Tractatus* übernahm diese Gruppe die Überzeugung, dass alle sinnvollen Sätze naturwissenschaftliche Sätze sind. Einerseits wurde damit »Metaphysik« (bei Aristoteles die Bezeichnung für den wichtigsten Zweig der Philosophie) zu einem Schimpfwort für schlechte Philosophie, andererseits entwickelte sich ein besonderes Interesse an einer ökonomischen Darstellung der naturwissenschaftlichen Theorien; denn sie bilden den Rahmen für alle naturwissenschaftlichen Sätze. Aus dem Bestreben einer ökonomischen Darstellung der naturwissenschaftlichen Theorien sowie ihrer Veränderungen entwickelte sich die Wissenschaftstheorie.

Weiterhin kann die Sprachphilosophie im *Tractatus* als ein wichtiger Beitrag zur Entwicklung der Wahrheitsbedingungen-Semantik und der Theorie der möglichen Welten eingeordnet werden. Ein Satz wird im *Tractatus* als Ausdruck seiner Wahrheitsbedingungen aufgefasst (TLP 4.431), d.h., der Sinn eines Satzes kann durch dessen Wahrheitsbedingungen vollständig angegeben werden. Außerdem kann der Satz-Sinn durch die Menge der möglichen Welten charakterisiert werden, die den Satz wahr machen. Eine mögliche Welt wird dabei als eine Menge von Sachverhalten aufgefasst, die in dieser Welt bestehen. Mit dieser Konzeption ist die Sprachphilosophie im *Tractatus* ein klarer Fall einer Wahrheitsbedingungen-Semantik und ein Vorläufer der Mögliche-Welten-Semantik, die insbesondere in den 60er Jahren weiterentwickelt wurde.

Die *Philosophischen Untersuchungen* sind der Grundstein vielfältiger Entwicklungen, die von dem Geist einer Philosophie der normalen Sprache getragen sind: Dazu gehören Austins Sprechakttheorie, Ryles Philosophie des Geistes (vgl. 9.1) und wichtige Entwicklungen in der Sprachphilosophie, wie sie u.a. in den folgenden Büchern veröffentlicht sind: E. von Savigny, *Zum Begriff der Sprache*; R. Brandom, *Expressive Vernunft*. Man kann sogar beobachten, dass zu (fast) allen systematischen Fragen in den gegenwärtigen Diskussionen auch eine Position im Geiste des späten Wittgenstein zu finden ist, z.B. zum Regelfolgeproblem (vgl. 7.1.3) oder zum Status von Selbstzuschreibungen von eigenen mentalen Zuständen (vgl. Newen/Vosgerau (Hg.), *Den eigenen Geist kennen*): Solche Selbstzuschreibungen werden von dem so genannten Neo-Expressivismus (z.B. Bar On, *Speaking my Mind*) als Ausdrucksäußerungen im Sinne von Wittgenstein eingeordnet. Schließlich sei darauf hingewiesen, dass in der modernen Philosophie des Geistes zwar gegenwärtig die Wittgensteinsche Position kein starkes Gewicht hat, aber sie ist doch als kritische Stimme mit der These zu hören, dass alle mentale Phänomene soziale Phänomene und insofern nicht durch Hirnzustände charakterisierbar sind (z.B. Bennett/Haker, *Philosophical Foundations of Neuroscience*).

Teil II: Zentrale Thesen bei Carnap, Quine, Moore, Hare, Rawls, Kripke und Putnam

4. Rudolf Carnap und Willard V.O. Quine: Logischer Empirismus und Naturalisierung der Bedeutung

4.1   *Rudolf Carnap: Der logische Aufbau der Welt*

4.1.1   *Der logische Empirismus*

Carnap ist ein Vertreter des logischen Empirismus, der sich in engem Anschluss an Wittgensteins *Tractatus* durch zwei Grundthesen auszeichnet, eine epistemische und eine semantische: Die epistemische These besagt, dass alles Wissen *über die Welt* seinen Ursprung in Sinneserfahrungen hat. Dies ist der Grundgedanke des Empirismus. Die einzige weitere Quelle, aus der wir dann allerdings nur ein Wissen *über Begriffszusammenhänge* gewinnen können, ist die Logik und unsere Sprachkompetenz. Entsprechend sind alle Aussagen entweder Aussagen über die Welt und damit synthetisch und a posteriori oder Aussagen über Begriffsverbindungen und damit analytisch und a priori. Es wird also geleugnet, dass es synthetische Urteile a priori gibt. Es kann auch *nicht* die Aufgabe der Philosophie sein, solche Urteile zu formulieren oder – was gemäß Kant die vornehmste Aufgabe der Philosophie ist – zu begründen, wie sie möglich sind. Aus dieser Einstellung begründet sich auch die antimetaphysische Haltung des logischen Empirismus: Metaphysische Aussagen werden als synthetisch a priori eingeordnet, so dass sie für die Vertreter des logischen Empirismus schlicht sinnlos sind.

Da analytische Aussagen so aufgefasst werden, dass sie allein aufgrund der Bedeutung der verwendeten Worte als wahr ausgewiesen werden können, ist es eine der Kernaufgaben der Philosophie, eine Theorie der Bedeutung zu entwickeln. Dies führt unmittelbar zur zweiten Grundthese des Empirismus, der verifikationistischen Bedeutungstheorie, die sich durch den Slogan »Die Bedeutung eines Satzes ist die Methode seiner Bestätigung (Verifikation)« zusammenfassen lässt. Dahinter verbirgt sich eine *semantische* These, die der epistemischen These des Empirismus unmittelbar entspricht: Ein Satz hat nur deshalb Bedeutung, weil er systematisch mit einem beobachtbaren Sachverhalt in Verbindung gebracht werden kann; jeder Ausdruck einer wissenschaftlichen Sprache bezeichnet entweder ein beobachtbares Merkmal der Welt oder ist in Ausdrücke zerlegbar oder übersetzbar, für die dies dann gilt. Carnaps Weg, alles Wissen auf Beobachtbares zurückzuführen, besteht im Aufzeigen eines Konstitutionsprogramms.

4.1.2 Das Konstitutionsprogramm: Rationale Rekonstruktion des Weltwissens

Das Grundanliegen eines solchen Programms ist es, unser gesamtes Wissen in einem systematischen System so anzuordnen, dass es von einer Basis ausgehend Stufe für Stufe aufgebaut werden kann. Dabei ist Carnap der Meinung, dass die geeignete Basis für dieses Unternehmen Elementarerlebnisse (Erscheinungen, Eindrücke, Gefühle) sind und dass der Übergang von Stufe zu Stufe durch eine Konstitutionsrelation adäquat erfasst werden kann. In stark vereinfachter Form kann man Carnaps Überlegungen als eine modernisierte Version von Humes Erkenntnistheorie auffassen: Carnap ist wie Hume der Meinung, dass wir bei den Bewusstseinsphänomenen an der sicheren Basis der empirischen Erkenntnis stehen und von diesen ausgehend alles Wissen konstituieren können. Dabei sind die Konstitutionsbeziehungen im Unterschied zu Hume wesentlich mit Hilfe der formalen Logik darzustellen. Daher stammt auch die Qualifizierung als *logischer* Empirismus. Dieser Vergleich dient jedoch nur einer ersten Grundeinordnung, denn wie deutlich werden wird, ist Carnaps Idee eines Konstitutionssystems, welches aus Basiselementen alle Phänomene der Welt konstituiert, in zweierlei Hinsicht eine über den klassischen Empirismus hinausgehende philosophische Methode: 1. Die Wahl von Elementarerlebnissen als Basiselemente ist nicht zwingend. Die Idee eines Konstitutionssystems ist eine allgemeine philosophische Konzeption, die auch dann noch Geltung beansprucht, wenn sich die konkrete Durchführung mit Hilfe von Elementarerlebnissen als Fehlschlag erweist. Carnap erläutert seine Grundidee z.B. auch im Feld der Zahlen: Aus den natürlichen Zahlen als Basiselementen lassen sich rationale und reelle Zahlen konstituieren. 2. Carnap versteht sein Konstitutionsprojekt als ontologisch neutral, d.h., selbst wenn eine Konstitution aller Phänomene aus Elementarerlebnissen gelungen ist, ist damit keine Entscheidung getroffen, ob der Idealismus oder der Realismus zutreffend ist:

»Werden die konstituierten Gebilde ›vom Denken erzeugt‹ [...] [wie der Idealismus behauptet, A.N.] oder vom Denken ›nur erkannt‹, wie der Realismus behauptet. Die Konstitutionstheorie verwendet eine neutrale Sprache; nach ihr werden die Gebilde weder ›erzeugt‹ noch ›erkannt‹, sondern ›konstituiert‹; und es sei jetzt schon nachdrücklich betont, dass dieses Wort ›konstituieren‹ hier stets völlig neutral ist. Vom Gesichtspunkt der Konstitutionstheorie ist daher der Streit, ob ›erzeugt‹ oder ›erkannt‹ wird, ein müßiger Sprachenstreit.« (Carnap, *Der logische Aufbau der Welt* (*LAW*), S. 5-6)

Carnap hat in seinem Hauptwerk *Der logische Aufbau der Welt* ein neues Wissenschaftsverständnis entwickelt, dem gemäß alle wissenschaftlichen Aussagen reine Strukturbeschreibungen sind, die im Wesentlichen nur die Relationen zwischen Dingen berücksichtigen und die Dinge daher nur mit Hilfe dieser Relationen beschreiben. Ein Beispiel, mit dem er seinen Grundgedanken erläutert, ist ein Eisenbahnnetz, das aus Bahnstationen und Verbindungen zwischen diesen Stationen besteht. Wenn wir ein komplexes Eisenbahnnetz *wissenschaftlich* beschreiben möchten, so können und müssen wir uns gemäß Carnap auf eine Strukturbeschreibung beschränken, in der keine Namen zur Bezeichnung der Bahnstationen verwendet werden. Die Orte lassen sich vielmehr allein durch strukturelle Kennzeichnungen identifizieren: Ein Ort kann zum Beispiel charakterisiert werden, als der einzige Ort, von dem 11 Verbindungen zu Nachbarorten ausgehen. Wenn das Netz so gebaut wäre, dass diese Eigenschaft auf zwei Bahnstationen zuträfe, so würde man zu diesen beiden Stationen jeweils die Nachbarstationen betrachten und angeben, wie viele Verbindungen die Nachbarstationen haben (z.B. gilt für die eine Station, dass sechs der Nachbarstationen drei Verbindungen und fünf der Nachbarstationen vier Verbindungen aufweisen). Es ist sehr wahrscheinlich, dass sich bei einem komplexen Netz auf diese Weise schon mit der Betrachtung der unmittelbaren Nachbarstationen eine eindeutige Beschreibung jeder Station ergeben würde. Wenn nicht, so könnte man noch die Nachbarstationen der Nachbarstationen hinzunehmen usw. Sollte es sich ergeben, dass trotz der Berücksichtigung aller strukturellen Eigenschaften zwei Knoten des Netzes sich nicht unterscheiden lassen, so sind sie gemäß Carnap auch wissenschaftlich nicht unterscheidbar. Zwar gibt es sicherlich Eigenschaften, aufgrund derer wir die beiden Bahnstationen im Alltag unterscheiden – und sei es nur durch den Namen, den wir ihnen geben –, diese Eigenschaften sind jedoch gemäß Carnap keine wissenschaftlichen:

>Findet sich auch nach Benutzung aller wissenschaftlich verfügbaren Beziehungen kein Unterschied zwischen zwei bestimmten Gegenständen eines Gegenstandsgebietes, so sind sie für die Wissenschaft völlig gleich, mögen sie auch subjektiv als verschieden angesehen werden.« (Carnap, *LAW*, S. 15)

Etwas anders formuliert steckt dahinter die Grundidee, dass sich wissenschaftliche Aussagen letztlich immer vollständig auf Relationen (Verbindungen in einem Netz) und strukturelle Beschreibungen der Knoten (in einem Netz) zurückführen lassen, wobei die Relationen nur in Bezug auf ein Gegenstandsgebiet in den Blick kommen. So betrachtet wird auch gleich schon das Problem dieses Ansatzes deutlich, nämlich dass alle strukturgleichen Netze wissenschaftlich eins zu eins aufeinander abbildbar und damit ununterscheidbar sind. Doch auch wenn das europäische Eisenbahnnetz einerseits und die Blutbahnen des menschlichen Körpers mit allen Abzweigungspunkten in einem Individuum andererseits genau dieselben strukturellen Beschreibungen erfüllen würden, so wären doch die Systeme wesentlich verschieden. Hier würde Carnap entgegnen, dass sich alle wissenschaftlich relevanten Unterschiede in unterschiedlichen Relationen manifestieren würden. Doch dies ist keineswegs klar, weil es keinen absoluten Begriff von *relevanten Relationen* gibt. Vielmehr sind mit Blick auf bestimmte Fragestellungen manche Relationen relevant, die in anderer Hinsicht irrelevant sind. Carnaps Idee einer relationalen Beschreibung geht jedoch davon aus, dass es Basisrelationen gibt, für die klar ist, dass diese prinzipiell wissenschaftlich relevant sind, während alle anderen Relationen es dann eben nicht sind. Hier werden zwei nicht unplausible, aber spekulative Annahmen gemacht, nämlich zum einen, dass es absolute Basisrelationen gibt, und zum anderen, dass die Basisobjekte rein durch ihre wechselseitigen Bezüge charakterisiert werden und keine intrinsischen Eigenschaften haben, d.h. Eigenschaften, die sie unabhängig von der jeweiligen Umwelt haben. Es ist umstritten, ob man die Welt ohne solche nichtreduzierbaren, intrinsischen Eigenschaften beschreiben kann. Es bleibt daher der Verdacht, dass eine strukturelle Beschreibung von intrinsischen Eigenschaften abstrahiert, die in bestimmten Kontexten einen großen Unterschied machen und daher als wissenschaftlich relevant eingestuft werden müssten.

Wie haben wir uns ein Konstitutionssystem gemäß Carnap denn nun konkret vorzustellen? Das Konstitutionssystem beginnt mit Elementarerlebnissen und Grundrelationen zwischen diesen, d.h., im Fall von Elementarerlebnissen bestimmt sich der Grundsachverhalt durch die Menge der relevanten Relationen. Mit dieser Basis soll durch aufeinander aufbauende Definitionen Schritt für Schritt die gesamte empirische Welt beschrieben werden, und zwar in dieser Reihenfolge: 1. Aussagen über das eigene Bewusstsein, 2. Aussagen über die Welt der physikalischen Objekte, 3. Aussagen über das Bewusstsein anderer Personen und 4. Aussagen über geistig-kulturelle Gegenstände. Die ersten Schritte von systematischen Definitionen im Konstitutionssystem beschreibt Carnap ausführlich in der Hoffnung, dass sich durchgängig alle Ebenen so erfassen lassen. Es lohnt sich, die Grundgedanken nachzuvollziehen: Die Konstitution beginnt also mit *Elementarerlebnissen* als Basis. Ein Elementarerlebnis ist aus phänomenologischer Sicht der Gesamtinhalt dessen, was dem Bewusstsein in einem Augenblick der erlebten

Zeit gegeben ist: die gesamten Eindrücke sämtlicher Sinne, die Erinnerungen, die Gefühle usw. Allerdings wird ein Elementarerlebnis analog zu einem Knoten im Netz betrachtet, als etwas, das allein durch seine Beziehungen zu den anderen Elementarerlebnissen eindeutig zu beschreiben ist. Die Grundbeziehung zwischen Elementarerlebnissen ist die der »Ähnlichkeitserinnerungen«; sie bildet den einzigen nichtlogischen Grundbegriff des Systems. Es soll durch schrittweises Definieren gezeigt werden, dass alle empirischen Aussagen unserer Sprache letzten Endes nichts als unglaublich komplizierte Aussagen über Ähnlichkeitserinnerungen sind.

Der Weg zu einer geeigneten Definition ist die »Quasianalyse« (so Carnaps Begriff), die aus den Elementarerlebnissen Quasigegenstände konstituiert. Dabei werden alle Alltagsgegenstände, aber auch die kulturellen Sachverhalte als Quasigegenstände aufgefasst. Betrachten wir die ersten Schritte einer Quasianalyse: Wir gehen von den Elementarerlebnissen aus, welche den Knoten im Netz entsprechen, d.h., sie werden allein durch eine Menge von Relationen, in diesem Fall Ähnlichkeitsrelationen, untereinander charakterisiert. Die intuitive Hintergrundannahme als Ausgangspunkt für die Quasianalyse ist, dass jedes Elementarerlebnis verschiedene Farbwahrnehmungen enthält. Dazu denken wir uns zunächst die Elementarerlebnisse als Knoten im Netz, die allein durch Nummern bezeichnet sind. Dann wird ein kleines Netz von Relationen zum Beispiel so angegeben: (1,5), (5,6), (1,3), ..., d.h., die mit Nummer genannten Elementarerlebnisse sind einander farbähnlich, wobei noch nicht erfasst ist, um welche Farbe es sich handelt. Die Aufgabe der Quasianalyse besteht nun darin, aus dieser rein strukturellen Beschreibung von Farbähnlichkeiten alle Farben zu konstituieren. Zunächst erhält man nur die Information, dass z.B. das Elementarerlebnis 1 zwei verschiedene Farben hat, eine gemeinsam mit 5 und eine gemeinsam mit 3. Hierbei wird vorausgesetzt, dass das Fehlen des Paares (3,5) in der vollständigen Liste die implizite Zusatzinformation enthält, dass 3 und 5 eben nicht dieselbe Farbe haben. Mit der Bezeichnung der ersten Farbe als Blau und der zweiten als Gelb sind Quasifarben als Ergebnis der Quasianalyse gewonnen. Farben sind damit als Mengen von Elementarerlebnissen aufzufassen: Wenn lediglich aufgrund von Strukturbeziehungen festgelegt ist, welche Elementarerlebnisse farbgleich, d.h. maximal farbähnlich sind, dann lässt sich so eine Definition von *Farben* gewinnen, nämlich als die größte Menge von Elementarerlebnissen, die miteinander farbgleich sind. Was durch eine Quasianalyse von Elementarerlebnissen gewonnen wird, ist eine Quasieigenschaft, nämlich die, eine bestimmte Farbe zu haben, z.B. rot zu sein.

Ziel des Konstitutionsprogramms ist es, eine rationale Rekonstruktion des gesamten menschlichen Wissens zu liefern, allerdings ohne den Anspruch, dass diese systematische Ableitung aller Erkenntnisse aus Basiselementen psychologisch adäquat sei. Ausdrücklich weist Carnap darauf hin, dass es ihm nicht »um Synthesen und Formungen der Erkenntnis [geht, A.N.], wie sie im wirklichen Erkenntnisprozess vorliegen;« (Carnap, *LAW*, S. 514, 74), sondern um eine rationale Rekonstruktion, bei der intuitive Erkenntnisse in diskursive Schlüsse transformiert werden, um so den logischen Aufbau des menschlichen Wissens zu beschreiben.

4.1.3 Kritik am Konstitutionsprogramm

Dieses Programm hat jedoch wesentliche Mängel: Wenn man die Quasianalyse genauer unter die Lupe nimmt, so zeigt sich, dass es oftmals mehrere gleichberechtigte Quasianalysen T und T* geben kann, z.B. bei den folgenden Verteilungen der Farben, die mit Großbuchstaben gekennzeichnet sind. Das Beispiel stammt aus der sehr guten Einführung von Mormann (*Rudolf Carnap*, S. 100):

T:	1. A	2. ABC	3. C	4. ABD	5. BCE	6. D	7. DE	8. E
T*:	1. A	2. AC	3. C	4. AB*D	5. B*CE	6. D	7. DB*E	8. E

Die Farbverteilungen T und T* liefern dieselben strukturellen Farbverwandtschaften, weil B und B* symmetrische Rollen spielen und außerdem A und D sowie C und E strukturell austauschbar sind. Tauscht man diese Eigenschaften aus, so sieht man, dass Elementarerlebnis 2 in T* strukturgleich mit Elementarerlebnis 7 in T ist usw.; aber trotz völliger Strukturgleichheit sind T und T* wesentlich verschieden, weil die Elementarerlebnisse unterschiedliche Eigenschaften haben: Gemäß Theorie T hat Elementarerlebnis 2 die Farben A, B und C, während es gemäß Theorie T* nur die Farben A und C besitzt. Dieser wichtige Unterschied wird bei Carnap vernachlässigt. Es ist umstritten, ob damit – wie Goodman behauptet – die Quasianalyse grundsätzlich scheitert; aber in jedem Fall ist dies ein gravierender Mangel, denn die Unterschiede zwischen T und T* müsste Carnap als wissenschaftlich irrelevant ausklammern, was offensichtlich nicht akzeptabel ist.

Ausgehend von Aussagen über das eigene Bewusstsein in Form von Aussagen über Elementarerlebnisse sollen im zweiten Schritt Aussagen über die körperliche Welt konstituiert werden. Schon dabei zeigte sich ein unüberwindliches Hindernis für das konkrete Programm der Konstitution im *logischen Aufbau der Welt*: Dispositionswörter wie »wasserlöslich« lassen sich nicht aus der Art und Weise, wie die bezeichnete Disposition zutage tritt, definieren; denn eine Disposition liegt auch vor, wenn sie nie manifest wird. Zucker hätte auch dann die Disposition, wasserlöslich zu sein, wenn er niemals mit Wasser in Berührung gekommen wäre. Nur gäbe es dann keine Elementarerlebnisse, die es erlauben würden, diese Eigenschaft zu konstituieren. Generell gilt, dass Dispositionen unabhängig von ihrem Auftreten vorliegen. Da es nicht nur körperliche Dispositionen gibt, sondern auch mentale, tritt dieses Grundproblem auch bei der Konstitution auf den höheren Ebenen auf. Zudem bleiben diese höheren Ebenen relativ unbestimmt. Das Konstitutionsprogramm wird von Carnap für sie nicht mehr durchgeführt, sondern nur noch angedeutet, so dass es hier erhebliche Zweifel an einer systematischen Durchführbarkeit gibt.

Schließlich geht die konkrete Durchführung, die Carnap vorschlägt, ganz wesentlich von einem Subjekt und seinen mentalen Zuständen aus. Seine Theorie ist solipsistisch, d.h., die Basiselemente der Konstitution sind ausschließlich mentale Zustände eines Subjekts. Das hat zur Folge, dass wir das Bewusstsein anderer Menschen nur in einer Weise darstellen können, die echte Interaktion und radikale Verschiedenheit leugnet, denn die Welt des anderen kann nur als Teil in meiner Welt berücksichtigt werden, indem ich die geistigen Zustände des anderen Menschen M als in meiner Welt konstituiert auffasse: »[...] die Welt des M ist innerhalb meiner Welt konstituiert, sie ist nicht zu denken als von M aufgebaut, sondern als von mir für M aufgebaut.« (Carnap, *LAW*, S. 194) Mit der solipsistischen Grundkonzeption steht in Frage, 1. ob überhaupt ein adäquater Begriff von objektiver Wissenschaft fundiert werden kann und 2. ob der skizzierte Begriff von Intersubjektivität trotz der deutlichen Abweichung von unserem Alltagsverständnis das Phänomen der menschlichen Kommunikation und Interaktion angemessen zu erfassen vermag.

Zunächst einmal gilt, es einem Missverständnis vorzubeugen: Die Reihenfolge der Erkenntnisse gemäß dem Konstitutionsprogramm betrachtet Carnap nicht als psychologische Realität. Er ist sich vielmehr im Klaren darüber, dass die Frage, wie wir Erkenntnisse tatsächlich erwerben, völlig unabhängig von seinem Unternehmen ist. Sein Ziel ist eine rationale Rekonstruktion, die es erlaubt, alle Erkenntnisse von einer Basis aus möglichst systematisch und vollständig zu entwickeln:

»Die Berücksichtigung der erkenntnismäßigen Beziehungen der Gegenstände bedeutet nicht, dass die Synthesen oder Formungen der Erkenntnis, wie sie im wirklichen Erkenntnisprozeß vorliegen, im Konstitutionssystem in ihrer konkreten Beschaffenheit zur Darstellung kommen sollen. Die Formungen werden im Konstitutionssystem nur in rationalisierender oder schematisierender Weise nachgebildet; intuitive Erkenntnis wird durch diskursive Schlüsse ersetzt.« (Carnap, *LAW*, S. 194, 74)

Darüber hinaus habe ich bereits darauf hingewiesen, dass Carnap selbst nicht die konkrete Durchführung des Konstitutionsprogramms, sondern vielmehr dessen generelle Idee als seinen wichtigsten Beitrag betrachtete: So hat er trotz seines phänomenalistischen Ansatzes, der die Elementarerlebnisse des Subjekts als alleinigen Ausgangspunkt wählt, zugleich explizit gesagt, dass er seine Konstitutionsaussagen als ontologisch neutral betrachtet. Sie sind offen sowohl für einen Idealismus als auch für einen Realismus, d.h., einen Streit über Ontologien betrachtet Carnap als nachrangige metaphysische Diskussionen, die das zentrale Unternehmen der Philosophie in Form eines Konstitutionssystems nur stören. Wenn man dies ernst nimmt, so treten plötzlich neben die phänomenalistische Interpretation im Geiste Humes eine ganze Reihe weiterer Interpretationen.

Hier sei nur auf die neukantianischen Interpretationen (Friedman, Richardson) hingewiesen. Sie sehen das wesentliche Ziel des *logischen Aufbaus der Welt* darin, die Fortschritte in Logik und Mathematik zu Beginn des 20. Jahrhunderts (z.B. durch Whiteheads und Russells *Principia Mathematica*) und in den empirischen Wissenschaften (z.B. in der Gestaltpsychologie) dazu zu nutzen, eine Nachfolgerdisziplin der herkömmlichen Erkenntnistheorie und Wissenschaftsphilosophie zu entwerfen, die die wertelosen metaphysischen Dispute zwischen Realismus und Idealismus vermeidet.

Das Konstitutionsprogramm kann jedenfalls nur dann fruchtbar sein, wenn es als generelles Programm für eine rationale Rekonstruktion unseres Wissens aufgefasst wird, unabhängig von der konkreten Durchführung Carnaps, die, ausgehend von Elementarerlebnissen, als gescheitert bewertet werden muss. Bezüglich der Tragfähigkeit der Grundidee dieses Programms gibt es jedoch zur Zeit eine noch unabgeschlossene Diskussion. Hier kann letztlich nur eine konkrete und überzeugende Durchführung den Nachweis liefern, dass der Ansatz fruchtbar ist. Es bleibt abzuwarten, ob dies gelingt. Es kann jedenfalls nur dann gelingen, wenn eine nichtsolipsistische Basis gewählt wird, Dispositionen angemessen berücksichtigt und die mentale und geistige Welt des Menschen adäquat rekonstruiert wird. Insbesondere die Einlösung des letzten Desideratums darf man jedoch angesichts der offenen Debatte über den Status des menschlichen Bewusstseins im Augenblick noch nicht erwarten (vgl. Kap. 9).

4.2   *Willard V.O. Quine: Unbestimmtheit und Holismus*

Quine steht einerseits ebenfalls im Geiste des Empirismus, hat diesen aber andererseits im Vergleich zu Carnap radikal modifiziert. Überhaupt lassen sich seine vielfältigen einflussreichen Thesen nicht so einfach auf einen Nenner bringen, wie dies bei Carnap der Fall ist. Ich konzentriere mich in diesem Abschnitt darauf, Quines Programm zur Naturalisierung der Bedeutung mit seinen wichtigen Konsequenzen für die Philosophie darzustellen.

Frege bezeichnete Satzinhalte als Gedanken und war der Meinung, dass nur Gedanken wahr oder falsch sein können. Gedanken sollten daher als Objekt eigener Art, als nichtreduzierbar bewertet werden. Quine dagegen strebt – wie Carnap – eine reduktive Erläuterung von Satzinhalten an, allerdings hält er es – anders als Carnap – für nicht annehmbar, die subjektiven, nur einer Person zugänglichen Sinnesdaten als Basis zu wählen. Er wollte diesbezüglich seinen Empirismus mit einem wissenschaftlichen Realismus verknüpfen: Die Basiselemente für eine Erklärung der Satzinhalte sind demgemäß nicht Sinnesdaten, sondern objektiv beschreibbare Rezeptorreizungen, z.B. Netzhautreizungen einer Person beim Sehen, weil diese neben dem Sprachverhalten objektiv wissenschaftlich beschreibbar sind. Die Bedeutung eines von einem Sprecher geäußerten Satzes lässt sich gemäß Quines Grundidee durch die Gesamtheit der Rezeptorreizungen angeben, die den Sprecher dazu veranlassen würden, dem betreffenden Satz zuzustimmen. Noch vollständiger besagt die Definition, dass die Bedeutung einer Satzäußerung durch zwei Mengen festgelegt ist, nämlich erstens die Menge der Rezeptorreizungen, die zu Zustimmungsverhalten zu der Äußerung führen, und zweitens die Menge der Rezeptorreizungen, die zu Ablehnungsverhalten führen. Diese Charakterisierung ist jedoch nur für Gelegenheitssätze möglich (»Dies ist ein Kaninchen«), nicht aber für bleibende Sätze (»Die Erde ist rund«). Denn bleibende Sätze führen unabhängig von der Reizsituation stets zu Zustimmungsverhalten bzw. stets zu

Ablehnungsverhalten. Dass die Erde rund ist, akzeptiere ich unabhängig von meinen Wahrnehmungssituationen. Quines Theorie ist nur für Gelegenheitssätze entwickelt worden.

Es lässt sich nun auch angeben, wann zwei Gelegenheitssätze dieselbe Bedeutung haben. Zwei Sätze sind in Bezug auf einen Sprecher bedeutungsgleich bzw. kognitiv äquivalent genau dann, wenn sie unter gleichen Reizbedingungen das gleiche Zustimmungs- bzw. Ablehnungsverhalten nach sich ziehen. Die Bedeutungsgleichheit ist analog nicht nur in Bezug auf einen Sprecher, sondern auch in Bezug auf eine gesamte Sprache angebbar: Zwei Sätze sind in Bezug auf eine gesamte Sprache bedeutungsgleich bzw. kognitiv äquivalent genau dann, wenn sie für alle Sprecher der Sprache unter gleichen Reizbedingungen das gleiche Zustimmungs- bzw. Ablehnungsverhalten nach sich ziehen. Dies wird allerdings schon wieder sehr unwahrscheinlich, denn die Reizbedingungen werden sehr feinkörnig unterschieden, so dass damit zwei Sprecher fast nie dieselbe, sondern bestenfalls eine ähnliche Bedeutung erfassen.

Entscheidend ist bei Quine im Unterschied zu Carnap die Vorrangigkeit des ganzen Satzes vor den Worten. Während Carnap sich damit beschäftigte, wie einzelne Wörter adäquat vom Englischen ins Deutsche übersetzt werden können, um ihre Bedeutung zu charakterisieren, geht Quine davon aus, dass die Frage, ob eine angemessene Übersetzung vorliegt, nur sinnvoll auf der Satzebene gestellt werden kann. Dies begründet er mit dem Gedankenexperiment der Erstübersetzung einer radikal fremden Sprache, z.B. einer bis dahin noch nicht übersetzten Eingeborenensprache. Wenn man als Feldforscher die Äußerungen der Eingeborenensprache zu übersetzen hat, startet man mit der Annahme, dass in einem Kontext ein Satz geäußert wird, der in einem einfachen Fall eine Mitteilung ist. Nehmen wir an, in Verbindung mit der Beobachtung von Kaninchen wird immer der Einwortsatz »Gavagai« geäußert. Dadurch wird die Hypothese gebildet, dass der Satz soviel heißt wie (1) »Dies ist ein Kaninchen.« Vollkommen in Übereinstimmung mit der Beobachtungsbasis könnte er aber auch heißen:

(2) »Dies ist ein unabgetrenntes Kaninchenteil.«

(3) »Dies ist eine Instanz von Kaninchenheit.«

(4) »Dies ist ein (zeitliches) Kaninchenstadium.«

(5) »Dies ist eine inkarnierte Kaninchengottheit.«

Die Vielfalt dieser Übersetzungen ist möglich, weil als Grundlage für die Übersetzung nur das beobachtbare Verhalten der Sprecher in Verbindung mit der Reizbedeutung, d.h. den Rezeptorreizungen, einbezogen wird. Diese objektiven Fakten lassen jedoch noch einen erheblichen Spielraum zu. Quine gründet auf diese Beobachtung drei berühmte *Unbestimmtheitsthesen*, nämlich die Unbestimmtheit (i) der Übersetzung, (ii) der Referenz und (iii) der wissenschaftlichen Theorien. »Unbestimmt« heißt dabei jeweils, dass die theoretischen Annahmen zum fraglichen Phänomenbereich durch die empirischen Daten prinzipiell nicht vollständig festgelegt werden. Schauen wir uns die drei Fälle nun genauer an:

(i) Die These von der Unbestimmtheit der Übersetzung: Es wäre denkbar, zwei verschiedene Übersetzungshandbücher für eine Sprache zu erstellen, die beide mit allen empirischen Daten (Verhaltensweisen und Rezeptorreizungen) übereinstimmen, obwohl sie miteinander unverträglich sind. Diese These mündet, wie das obige Beispiel zeigt, direkt in die These (ii) von der Unbestimmtheit der Referenz bzw. die These von der Unerforschlichkeit der Bezugnahme. Sie besagt, dass der Gegenstandsbezug der Wörter prinzipiell unbestimmt ist. Eine Äußerung in Verbindung mit der Beobachtung eines hoppelnden Kaninchens kann die empirische Grundlage für ganz unterschiedliche ontologische Annahmen sein, die mit den obigen Äußerungen (1) bis (5) zum Ausdruck gebracht werden. Das Demonstrativpronomen »dies« bezeichnet im Fall (1) das Kaninchen als ein Individuum mit wechselnden Eigenschaften, während es sich bei (2) nur um ein Teil des Kaninchens handelt. Mit (3) geht der Sprecher davon aus, dass es abstrakte Objekte gibt und er eine Instanz dieser Abstraktheit bezeichnet. Bei (4) sind die grundlegenden Entitäten zeitliche Stadien, und was der Sprecher bezeichnet, ist genau ein solches: Alltagsobjekte sind in einer solchen Ontologie eine ununterbrochene Folge von zeitlichen Stadien. Schließlich geht ein Sprecher mit (5) von einer bestimmten religiösen Weltsicht aus, die das Tier als Instanz einer Gottheit betrachtet. Die These der Unbestimmtheit der Referenz mündet in die These der ontologischen Relativität. Die bei einer Interpretation eines Ausdrucks zu Grunde gelegte Ontologie lässt sich prinzipiell immer umdeuten, ohne dass ein Konflikt mit den Beobachtungen auftritt. Daher besteht eine Unbestimmtheit und Unerforschlichkeit der Referenz, und eine Ontologie lässt sich nur relativ zu einer Theorie angeben:

> Es ist sinnlos »zu sagen, was die Gegenstände einer Theorie sind, es sei denn, wir beschränken uns darauf zu sagen, wie diese Theorie in einer anderen zu interpretieren oder zu reinterpretieren ist«. (Quine, *Ontologische Relativität*, S. 73)

(iii) Die These von der Unbestimmtheit der wissenschaftlichen Theorien:

> »In demselben Maße, in dem die radikale Übersetzung von Sätzen durch die Gesamtheit der Dispositionen zu verbalem Verhalten unterbestimmt ist, sind auch unsere Theorien und Überzeugungen im allgemeinen durch die Gesamtheit der möglichen sinnlichen Belege auf immer und ewig unterbestimmt.« (Quine, *Wort und Gegenstand*, S. 146)

Diese These lässt sich am Beispiel zweier unterschiedlicher Kosmologien erläutern. Während die erste Theorie behauptet, dass es einen endlichen kugelförmigen Raum gibt, in dem die Körper proportional zu ihrer Entfernung vom Zentrum schrumpfen, kann eine zweite Theorie auf derselben empirischen Basis die Phänomene ganz anders beschreiben: Es gibt einen unendlichen Raum und in ihm bewegliche Körper unveränderter Größe. Führt diese Unbestimmtheit zu einem Leugnen von Wirklichkeit? Keineswegs! Für Quine ist die Physik ein ultimativer Parameter, allerdings nur in dem Sinn, dass über die Wahrheit unserer besten physikalischen Theorien nicht mehr anhand eines höheren Standards entschieden werden kann. Trotzdem darf die Unbestimmtheit nicht als Position gegen einen wissenschaftlichen Realismus missverstanden werden. Es bleibt die Sichtweise, dass die Existenzannahmen, die in die beste wissenschaftliche Theorie eingehen, auch ernst zu nehmen sind (vgl. Kap. 8). Gegenstände werden somit als theoretische Entitäten aufgefasst, die durch die Strukturannahmen einer wissenschaftlichen Theorie charakterisiert werden:

> »Ich übertrage diese Konzeption auf Gegenstände im allgemeinen, denn ich fasse alle Gegenstände als theoretische auf.« (Quine, *Theorien und Dinge*, S. 34)

Quine fasst alle Gegenstände, auch die Alltagsgegenstände, als Setzungen auf, zu denen es stets Alternativen gibt. Aber er will damit »keineswegs andeuten, dass die so gesetzten Dinge nicht existieren«. (Quine, *Theorien und Dinge*, S. 95) Gegenstände werden zwar als real angenommen, aber sie sind – wie bei Carnap – wesentlich durch relationale Strukturen festgelegt, die als Teil einer wissenschaftlichen Theorie das Wesentliche ausmachen:

> »Bezug und Ontologie [treten, A.N.] in den Hintergrund und erhalten den Stellenwert bloßer Werkzeuge. Wahre *Sätze* – Beobachtungssätze und andere Sätze – sind das Alpha und Omega des wissenschaftlichen Geschäfts. Sie sind kraft ihrer

Struktur miteinander verbunden, und Gegenstände spielen darin lediglich die Rolle der unabdingbaren Knoten eines solchen Satzgewebes.« (Quine, *Unterwegs zur Wahrheit*, S. 86) Quines Philosophie bringt neben den Unbestimmtheitsthesen noch eine weitere zentrale Behauptung mit, nämlich den Holismus unserer Sprache. Während gemäß Carnap Sätze einzeln und isoliert bezüglich ihrer Bedeutung untersucht werden können, ist dies gemäß Quine sinnlos. Unsere Sätze bilden ein Netz. Am Rande des Netzes stehen Erfahrungssätze, im Zentrum die Sätze der Mathematik und Logik. Keiner der Sätze in diesem Netz lässt sich vollständig isoliert von anderen Sätzen verifizieren. Quine behauptet, »dass unsere Aussagen über die Außenwelt nicht als einzelne Individuen, sondern als ein Kollektiv vor das Tribunal der sinnlichen Erfahrung treten«. (Quine, *Zwei Dogmen des Empirismus*, S. 45) Die Tatsache, dass ein Satz nur als Teil eines Satzsystems einen Bezug zur Wirklichkeit hat, ist die *These des Holismus*: Die Bedeutung eines Satzes hängt von der aller anderen Sätze ab. Jeder der Sätze – auch ein Satz der Logik – kann revidiert werden, ist somit nicht absolut als eine notwendige Wahrheit ausweisbar. Eine unplausible Konsequenz holistischer Thesen ist es, dass die kleinste Veränderung der Bedeutung irgendeines Begriffs wegen der systematischen Vernetzung aller Begriffe miteinander die Bedeutung aller anderen Begriffe auch modifiziert. So plausibel auch die Annahme ist, dass die meisten Begriffe mit bestimmten anderen vernetzt sind, so unplausibel ist die These, dass jeder Begriff von allen anderen abhängig ist: Farbbegriffe wie »rot« gehören der Farbkategorie an, aber es ist unplausibel zu behaupten, dass dieser Begriff mit dem des »Elektrons« eine Verbindung hat. Der radikale sprachphilosophische Holismus ist ein Aspekt einer weiteren grundlegenden Veränderung, die Quine eingeführt hat: Die Unterscheidung von analytisch und synthetisch als ein allgemeines Satzmerkmal ist aufzugeben; analytische Sätze sind dabei solche, die allein aufgrund der Bedeutung der verwendeten Worte als wahr (bzw. falsch) ausweisbar sind, während die Wahrheit (bzw. Falschheit) synthetischer Sätze nur mit Hilfe von über die Sprachkompetenz hinausgehender Erfahrung feststellbar ist. Analytische Sätze in einer Sprache auszuweisen setzt voraus, dass das Wissen über Bedeutungszusammenhänge und das Weltwissen klar getrennt sind. Quines radikaler Holismus impliziert jedoch gerade, dass eine solche Trennung nicht möglich ist. Ein vermeintlich reiner Begriffszusammenhang ist letztlich mit den empirischen Sätzen verwoben, und umgekehrt gilt dies für die vermeintlich rein empirischen Sätze. Die Unterscheidung von analytisch und synthetisch ist gemäß Quine zusammen mit der von Bedeutungswissen und Weltwissen aufzugeben. (vgl. S. 162 f.)

5. George E. Moore und Richard M. Hare:
Metaethik und die Sprache der Moral

5.1   Die Grundlagen der Metaethik:
Der moralische Intuitionismus von G.E. Moore und
die Kritik durch Stevensons Emotivismus

Ein Grundzug der Analytischen Philosophie zu Beginn des 20. Jahrhunderts bestand darin, die Bedeutung der philosophischen Grundbegriffe zu klären. Die Frage, was die Bedeutung moralischer Aussagen und insbesondere des zentralen Ausdrucks »gut« ist, hat eine neue Disziplin entstehen lassen: die *Metaethik*. Im Gegensatz zu einem bestimmten ethischen System, das inhaltlich festlegt, wie man leben soll, versucht die Metaethik nicht, bestimmte Verhaltensweisen zu bewerten, sondern sie steht prinzipiell ethischen Systemen neutral gegenüber. Die Metaethik soll klären, welchen Inhalt und welchen Status ethische Aussagen haben, und nicht, welche Art von Ethik die richtige ist. Den ersten Versuch, die sprach- und erkenntnistheoretische Stellung der Ethik systematisch zu erhellen, hat G.E. Moore mit den *Principia Ethica* unternommen. Dabei ist das Buch keineswegs eine rein metaethische Untersuchung, sondern zielt vor allem darauf ab, ein moralisches System mit utilitaristischem Charakter (s. Glossar) zu entwickeln. Er versuchte zu sagen, was das Gute sei und wie man leben müsse. Hier konzentriere ich mich jedoch ausschließlich auf seine metaethischen Behauptungen.

Moores wichtigster Beitrag zu dieser an ihn anschließenden Diskussion bestand in drei Thesen: Erstens, dass man niemals eine rein empirische Behauptung mache, wenn man sage, etwas sei gut; denn der Begriff des Guten sei einfach, also nicht weiter analysierbar, also insbesondere nicht aus empirischen Komponenten zusammengesetzt. Zweitens sei die Eigenschaft »gut sein«, da sie keine natürliche Eigenschaft sei, eine nichtnatürliche Eigenschaft. Drittens benötigen wir einen eigenen Modus des Erkennens, der es uns ermöglicht, die nicht analysierbare und nichtnatürliche Eigenschaft zu erfassen, und das ist die moralische Anschauung oder moralische Intuition. Wir schauen die Gutheit so, wie wir die Farben sehen, nur eben nicht mit den Augen, sondern mit der moralischen Intuition.

Dass wir mit unserer moralischen Intuition die Gutheit von Dingen erkennen, gilt jedoch nur für jene Dinge, welche ohne weitere Begründung als gut erkannt werden können, also für Dinge, die an sich gut sind, letzte Güter und Ziele, nicht Mittel zu guten Zwecken. Alle anderen Dinge sind gut letztlich nur aufgrund ihrer kausalen Beziehung zu den letzten Gütern. Zum Beispiel definierte Moore als *die richtige Handlungsweise* jene, durch die in einer Situation letztlich mehr Gutes als durch jede Alternativhandlung hervorgebracht wird. Was richtig ist, lässt sich also weiter analysieren; »gut« ist die einzige einfache und daher nicht analysierbare moralische Eigenschaft. Sie kommt als Komponente in allen anderen moralischen Eigenschaften vor.

Der springende Punkt in Moores erster These, dass die Eigenschaft, gut zu sein, nicht weiter analysierbar sei, ist die daraus folgende Behauptung, dass sie insbesondere nicht empirisch definierbar sei. Werteeigenschaften empirisch zu definieren, nannte Moore den »naturalistischen Fehlschluss«, bei dem man vom Sein auf das Sollen übergeht. In einem solchen Definitionsversuch werden für ihn zwei Welten durcheinander gebracht: die natürliche Welt und die nichtnatürliche Welt der Werte. Moore liefert für seine These, dass sich die Eigenschaft, gut zu sein, nicht empirisch definieren lasse, eine sprachphilosophische Begründung, die Freges Prinzip der Ersetzung bedeutungsgleicher Ausdrücke verwendet: Während der Satz »Was wir alle wünschen, wünschen wir alle« nicht informativ ist, ist der Satz »Was wir alle wünschen, ist gut« keineswegs trivial, sondern bringt eine bestimmte ethische Position zum Ausdruck. Somit kann »gut« nicht dasselbe bedeuten wie »was wir alle wünschen«. Auf diese korrekte Feststellung der Bedeutungsverschiedenheit möchte Moore letztlich die drei Kernaussagen gründen, dass »gut sein« eine nichtanalysierbare Eigenschaft ausdrücke, die nichtnatürlich und nur durch moralische Intuition unmittelbar zu erfassen sei. Diese argumentative Last kann die Beobachtung jedoch nicht tragen. Denn in einem analogen Fall wird deutlich, dass die Schlussfolgerungen übereilt sind: Während der Satz »Junggesellen sind Junggesellen« trivial ist, ist der Satz »Junggesellen sind fröhliche, junge Männer« informativ. Also bedeutet »Junggeselle« nicht dasselbe wie »fröhlicher, junger Mann«. Doch dies zu akzeptieren, erlaubt nicht zu schließen, dass »Junggeselle sein« eine nichtanalysierbare und nichtempirische Eigenschaft ist: In diesem Fall ist die korrekte Analyse nahe liegend, nämlich »Junggesellen sind unverheiratete Männer«. Hier liegt Bedeutungsgleichheit der beiden Ausdrücke vor, denn es ist notwendig, dass Junggesellen unverheiratete Männer sind. Moores Überlegungen würden an dieser Stelle jedoch darauf verweisen, dass die Analyse »Ein Junggeselle ist ein unverheirateter Mann« trivial ist, während jeder Versuch, »gut« zu analysieren, stets zu einer informativen Äußerung der Form »F zu sein ist gut« führen würde. Also unterliegt der Mooreschen Argumentation die Annahme, dass eine Analyse eines Begriffs nicht zugleich informativ und korrekt sein kann, wobei Korrektheit heißt, dass sie mit Hilfe eines bedeutungsgleichen Ausdrucks erfolgen kann. Wie wir bei der Lösung des Paradoxes der Analyse gesehen haben (vgl. Einleitung), ist jedoch genau das der Fall, wenn wir einen begrifflichen Zusammenhang entdecken: Ein Begriffszusammenhang gilt notwendigerweise und er ist informativ, wenn er nicht Teil der üblichen Sprachkompetenz ist, sondern erst durch systematische Untersuchungen begrifflicher Zusammenhänge erkannt werden kann. Genau diese Möglichkeit besteht, wie für alle Ausdrücke, auch für das Wort »gut«. Ein Utilitarist vertritt die These, dass, etwas gut zu nennen, nichts anderes bedeutet, als zu behaupten, dass es zum größten Glück der meisten Menschen beiträgt. Die Analyse von »gut« in »Eine Handlung ist gut, wenn sie zum größten Glück der größten Zahl beiträgt« wäre demgemäß eine informative und korrekte Bedeutungsanalyse. Hier geht die Frage, ob dies tatsächlich eine korrekte Bedeutungsanalyse sei, direkt über in den Streit über die ethischen Grundpositionen, der zunächst zurückgestellt werden soll.

Betrachten wir nun die zweite Mooresche These für sich, d.h., wir nehmen einmal an, Moore habe gezeigt, dass, gut zu sein, keine natürliche Eigenschaft sei: Folgt dann daraus, wie Moore es behauptet, dass sie eine nichtnatürliche Eigenschaft sein muss? Stevensons hat in seinem Werk *Ethics and Language* herausgearbeitet, dass diese Schlussfolgerung voraussetzt, dass mit »gut« überhaupt eine beschreibbare Eigenschaft ausgedrückt wird. Genau das ist gemäß Stevenson der Kernfehler im Umgang mit moralischen Aussagen: Moore hat zwar damit Recht, dass moralische Aussagen keine empirischen Behauptungen sind; aber daraus folgt nicht, dass sie nichtempirische Behauptungen wären und »gut« der Name einer nichtempirischen Eigenschaft wäre. Vielmehr sind die Wertäußerungen für Stevenson überhaupt keine Behauptungen, die wahr oder falsch sind, und »gut« und die übrigen Wertadjektive sind gar keine Namen von Eigenschaften. Wertäußerungen fungieren ganz anders als übliche empirische Behauptungen; sie werden nicht zum Berichten, Mitteilen, Beschreiben benutzt, sie drücken keine Überzeugungen und Meinungen aus und rufen sie nicht hervor; sie dienen vielmehr dazu, im Hörer positive oder negative Haltungen hervorzurufen und diese Haltungen auf der Seite des Sprechers auszudrücken. Stevensons Theorie hat daher den Namen »Emotivismus« bekommen. Emotivisten gehen davon aus, dass moralische Urteile keine Überzeugungen ausdrücken, sondern dass sie Gefühlsbekundungen gleichkommen. Zu sagen, dass eine Handlung gut ist, kommt für den Emotivisten dem Ausruf »Hurra!« gleich, und zu urteilen, dass sie schlecht ist, ist wie »Buuh!« rufen. Wer Prinzipien ins Feld führt, wie »Lügen ist verwerflich« oder »Nächstenliebe ist gut«, bringt kein Argument, sondern versucht, den andern zu überreden, die negative bzw. positive Einstellung zu übernehmen. Das ist ebenso irrational wie Waschmittelwerbung. Kann man über Ethik dann überhaupt noch mit Argumenten debattieren? Ja, aber gemäß Stevenson nur insoweit, als die Streitenden sich über empirische Eigenschaften der zu bewertenden Sache uneinig sind und diese aufzuklären suchen. Die Wertäußerung selbst ist nicht mehr rational zu begründen oder anzugreifen. Wenn man moralische Aussagen nur bezüglich der Oberflächengrammatik als Aussagen einordnet, während sie tatsächlich nur emotionale Haltungen zum Ausdruck bringen, dann erübrigt sich nicht nur die Annahme, es gebe die nichtempirische Eigenschaft, gut zu sein, sondern auch die, dass wir sie durch moralische Intuition erfassen. Moralische Intuition ist dann nichts weiter als ein Sammelname für jene Art von positiven und negativen Gefühlen, die wir dank unserer Erziehung gegenüber Menschen, Dingen, Handlungen usw. spüren.

Es bleibt jedoch die Frage, ob mit der wichtigen Entdeckung, dass moralische Aussagen nicht einfach das Vorliegen von Eigenschaften behaupten, wie es bei gewöhnlichen Behauptungen der Fall ist, zwangsläufig die Folgerung in Kauf zu nehmen ist, dass wir nicht mehr über moralische Bewertungen argumentieren können. Wie Toulmin in seinem Buch *An Examination of the Place of Reason in Ethics* zeigt, beruht diese Schlussfolgerung jedoch auf einer ungerechtfertigten Annahme: Stevenson geht stillschweigend von der Voraussetzung aus, dass es in jedem rational zu behandelnden Widerspruch zwischen zwei Äußerungen darum gehe, ob eine bestimmte Eigenschaft – sei es eine natürliche oder eine nichtnatürliche – vorliege oder nicht. Die Naturalisten glauben, gut zu sein, sei eine empirisch zu definierende Eigenschaft; Moore und nach ihm die Intuitionisten behaupten, dass es nicht um eine empirische Eigenschaft geht. Stevenson bezieht die Position (wobei Toulmin ihm zustimmt), dass es weder um das Vorliegen einer empirischen noch um das einer nichtempirischen Eigenschaft geht; wegen dieser stillschweigenden Voraussetzung zieht er den Schluss, dass ein Disput um Moral nicht mit rationaler Argumentation zu behandeln sei. Toulmin stellt demgegenüber fest, jeder Widerspruch sei rational zu behandeln, bei dem es darum gehe, welche Seite die besseren Gründe für sich habe. Und gerade das sei in moralischen Disputen der Fall, auch wenn eine Eigenschaft, gut zu sein, weder vorliegt noch nicht vorliegt. Es fehlt bei Toulmin allerdings eine systematische Theorie, welche die Entdeckung des Sonderstatus von moralischen Aussagen mit der Möglichkeit des rationalen Disputs über Wertaussagen verbindet.

5.2 R.M. Hare: Universeller Präskriptivismus

5.2.1 Deskriptivismus versus Nicht-Deskriptivismus

R.M. Hare hat mit dem Buch *The Language of Morals* einen neuen Standard in der metaethischen Debatte gesetzt. Seine Position lässt sich am besten einordnen, wenn wir zunächst einige grundlegende Unterscheidungen einführen, die es erlauben, die metaethischen Positionen zur Leitfrage zu systematisieren, was die Bedeutung moralischer Aussagen ist. Die wichtigste Unterscheidung in der Metaethik ist die zwischen Deskriptivismus und Nicht-Deskriptivismus: *Deskriptivisten* gehen davon aus, dass sich die Bedeutung moralischer Aussagen ganz und gar in den Wahrheitsbedingungen dieser Aussagen erschöpft. Mit den Wahrheitsbedingungen werden die Umstände angegeben, deren Vorliegen eine Aussage wahr machen. *Nicht-Deskriptivisten* glauben hingegen, dass sich die Bedeutung moralischer Aussagen nicht adäquat durch ihre Wahrheitsbedingungen angeben lässt. Die Deskriptivisten nehmen also an, dass moralische Aussagen genauso Objekten Eigenschaften zuschreiben wie gewöhnliche Aussagen, während die Nicht-Deskriptivisten den moralischen Aussagen eine Sonderstellung zuweisen, die sie von gewöhnlichen Behauptungen abgrenzt. Der Deskriptivismus unterteilt sich in den moralischen Naturalismus und den Intuitionismus. Gemäß dem moralischen Naturalismus lässt sich die Bedeutung ethischer Sätze vollständig durch nicht-innerpsychische Tatsachen (insbesondere Tatsachen, welche die Gesellschaft betreffen) angeben. Ethische Prinzipien sind die faktischen Gepflogenheiten einer Gesellschaft. Der Intuitionismus – wie ihn z.B. Moore vertritt – behauptet dagegen, dass die Bedeutung ethischer Sätze sich vollständig durch psychische Tatsachen (Überzeugungen, Gefühle, etc.) angeben lässt. Ethische Prinzipien sind Wertaussagen, bei denen Objekten (bzw. Ereignissen) nichtnatürliche Eigenschaften zugeschrieben werden, die nur mit Hilfe von moralischer Intuition erfasst werden können. Ethische Prinzipien sind daher letztlich moralische Intuitionen.

Eine Feststellung gibt neben den sprachphilosophischen Überlegungen letztlich den Ausschlag dafür, den Deskriptivismus als unangemessene Theorie einzustufen, nämlich die Feststellung, dass er zwangsläufig zu einem ethischen Relativismus führt. Im Naturalismus werden die ethischen Prinzipien durch die faktischen Gepflogenheiten festgelegt, die von Gesellschaft zu Gesellschaft variieren. Im Intuitionismus sind es die zwischen verschiedenen Menschen vielfältig variierenden moralischen Intuitionen, die das Fundament der ethischen Bewertungen bilden. Bei beiden Positionen ist eine moralische Bewertung über die Gesellschaften hinweg unmöglich. Wenn man diesen Relativismus vermeiden möchte, kann man nur im Rahmen des Nicht-Deskriptivismus nach neuen Wegen suchen, demgemäß sich die Bedeutung ethischer Sätze gerade nicht vollständig durch natürliche Tatsachen angeben lässt. Dieser unterteilt sich ebenfalls in zwei Positionen. Den Emotivismus – wie ihn z.B. Stevenson vertritt – haben wir bereits kennen gelernt. Dabei wird geleugnet, dass ethische Sätze überhaupt Eigenschaftszuschreibungen involvieren. Ethische Äußerungen sind ausschließlich Gefühlsbekundungen und haben keine Wahrheitsbedingungen. Danach ist ein rationaler Streit über ethische Prinzipien nicht möglich, was diese Position inadäquat werden lässt, denn offensichtlich ist genau dieser argumentative Disput über Wertaussagen ein wesentlicher Teil der politischen Auseinandersetzungen in einer demokratischen Gesellschaft.

Hare hat nun eine neue Spielart des Nicht-Deskriptivismus entwickelt, die als universeller Präskriptivismus bezeichnet wird: Ethische Äußerungen sind keine Behauptungen, sondern Imperative. Sie haben jedoch als inhaltlichen Kern einen aussageähnlichen Inhalt, der es erlaubt, allgemeingültige Prinzipien zu charakterisieren. Ethische Äußerungen sind universalisierbar, weil sie Wahrheitsbedingungen haben, auch wenn sie sich nicht darin erschöpfen.

5.2.2 Die Theorie des universellen Präskriptivismus

Hare startet in seinem Buch *The language of morals* mit einer sprachphilosophischen Beobachtung: Moralische Aussagen wie »Töten ist schlecht«, »Erste Hilfe leisten ist gut« lassen sich stets in Sollenssätze transformieren: »Du sollst nicht töten« bzw. »Du sollst Erste Hilfe leisten«. Hare betrachtet dies als ein Wesensmerkmal und kommt auf diesem Weg zu einer Bestimmung moralischer Aussagen: Sollenssätze (oder Sätze, die sich leicht in Sollenssätze übersetzen lassen) sind moralische Aussagen. Moralische Aussagen sind somit vorschreibend (präskriptiv) und haben die logische Form von Imperativen: »Ein Sprechakt ist dann präskriptiv, wenn ihm zuzustimmen bedeutet, dass man sich darauf festlegt – andernfalls macht man sich der Unaufrichtigkeit schuldig –, die Handlung, die in ihm genannt ist, zu tun oder, wenn er die Handlung jemand anderem abverlangt, zu wollen, dass er sie tut.« Da die Verknüpfung zwischen

Sollenssatz und Handlungsanweisung bei Hare so eng wie begrifflich möglich zu denken ist, kann man nicht konsistent sagen »Du solltest X tun, aber mache es trotzdem nicht«. Das wäre nicht nur moralisch anfechtbar, sondern, so Hare, sogar ein begrifflicher Widerspruch. Wenn moralische Aussagen Imperative sind, so bleibt zu klären, was die Sollens-Imperative von gewöhnlichen Imperativen unterscheidet: Die Aufforderung »Hol mir ein Bier!« ist klarerweise keine moralische Aussage, dagegen jedoch der Imperativ »Du sollst nicht töten!« Hare behauptet, dass jede Sollens-Aussage implizit das Merkmal hat, dass sie *universelle Gültigkeit* beansprucht und dass gerade die Universalisierbarkeit sie zu einer moralischen Aussage macht. Dieses Merkmal ist erstmals von Kant als Wesensmerkmal moralischer Aussagen entdeckt worden. Seine Form von Universalisierbarkeit ist der bekannte kategorische Imperativ: »Handle nur nach derjenigen Maxime, von der du zugleich wollen kannst, dass sie ein allgemeines Gesetz werde.« Hare behauptet nun, dass analog zu Kants kategorischem Imperativ in der Logik von Sollenssätze implizit eine Universalisierbarkeit enthalten ist. Dieses Merkmal lässt die Sollens-Äußerungen zu moralischen Imperativen werden. Er formuliert seine Universalisierbarkeit wie folgt:

> »Man kann von zwei Individuen a und b nicht logisch konsistent sagen, dass a in einer bestimmten Situation, die in universellen Begriffen ohne Bezug auf Individuen beschrieben ist, eine bestimmte Handlung, die ebenfalls universell beschrieben ist, tun sollte, dass aber b eine ähnliche beschriebene Handlung in einer ähnliche beschriebenen Situation nicht tun sollte.« (Hare, *Zum moralischen Denken*, S. 41)

Jede »sollte«-Aussage enthält implizit ein Prinzip, demzufolge die Aussage auf alle ähnlichen Situationen anwendbar ist. Hierbei gilt es, drei Missverständnisse zu vermeiden: Die Ähnlichkeit der Situation bezieht die Ähnlichkeit von Wünschen und Überzeugungen ein, d.h., es ist klar, dass in ein und derselben äußeren Situation Menschen mit unterschiedlichen Wünschen und Überzeugungen zu unterschiedlichen Bewertungen kommen. Universalisierbarkeit heißt auch nicht, dass die Regeln einfach sein müssen. Sie können sehr komplex sein. Schließlich können sie auch auf ein Individuum bezogen sein, wenn dieses universell beschrieben ist, z.B. »Du sollst dich um Deine Mutter kümmern«.

Hare unterscheidet in Anlehnung an die Sprechakttheorie zwei wesentliche Bestandteile von Äußerungen: Die »Phrastik« ist die inhaltliche Komponente einer Äußerung, wobei der Inhalt einer Äußerung durch einen dass-Satz angegeben werden kann. Für einen Inhalt, der mit einem dass-Satz angegeben wird, ist auch der Ausdruck »Proposition« reserviert. Erst zusammen mit der »Neustik« wird eine Äußerung vollständig charakterisiert, denn diese gibt an, welcher Modus auf die Phrastik angewandt wird. Sie gibt an, ob der in der Phrastik dargestellte Inhalt behauptet, gewünscht, befürchtet etc. wird. In der Sprechakttheorie nennt man die Rolle einer Äußerung ihre illokutionäre Rolle, so dass man statt von Phrastik und Neustik von propositionalem Gehalt und illokutionärer Rolle einer Äußerung spricht. Diese Redeweise hat sich auch durchgesetzt. Wird der Inhalt *behauptet*, d.h. wird behauptet, dass der beschriebene Sachverhalt besteht, dann lautet die Neustik »ja« bzw. die illokutionäre Rolle ist die der Behauptung; ist der Inhalt erbeten, d.h., soll die Welt so *eingerichtet werden*, dass der beschriebene Sachverhalt besteht, dann lautet die Neustik »bitte« bzw. die illokutionäre Rolle der Äußerung ist eine Bitte.

Gemäß Hare zerfällt ein Imperativ wie »Schließ die Tür!« in eine inhaltliche Komponente »dass du die Tür schließt« und eine präskriptive Komponente »bitte!« Über die inhaltliche Komponente greife die Logik ein: Die Behauptung »du schließt die Tür« hat denselben propositionalen Gehalt »dass du die Tür schließt«, als illokutionäre Rolle jedoch eine Behauptung. Was bei Imperativen propositionaler Gehalt und illokutionäre Rolle sind, sind bei den ihnen verwandten Werturteilen die inhaltliche und die wertende Bedeutungskomponente. »Dieses Auto ist gut« hat z.B. die inhaltliche Komponente »das Auto ist schnell, sicher und sparsam«; die wertende Bedeutung liegt in der Empfehlung, als die die Äußerung aufzufassen ist. Der Schluss von »das Auto ist schnell, sicher und sparsam« auf »das Auto ist gut« beruft sich auf einen Standard wie »schnelle, sichere und sparsame Autos sind gut«. Der Schluss ist dann rein logisch. Der inhaltliche, wahrheitswertvermittelnde Anteil der Bedeutung einer Sollensaussage kann also mit dem universalisierten Prinzip identifiziert werden, das aus dem konkreten Sollenssatz und der konkreten Situation, in der er geäußert wurde, gewonnen wird. Der zweite, präskriptive Anteil der Bedeutung einer Sollensaussage ist eine Anweisung, ein Imperativ, der unsere Handlungen leiten soll. Kurzum, man würde sich selbst widersprechen, wenn man sagte »Dies sollte man tun, aber es könnte eine Situation geben, die der vorliegenden in ihren nichtmoralischen Eigenschaften genau gleicht, in der aber die entsprechende Person, die der Person, die im vorliegenden Fall dies tun sollte, genau gleicht, es nicht tun sollte.«

Die Grundidee von Hare ist die, dass wir dank der Universalisierbarkeit von Sollensaussagen auch zu einem rationalen Diskurs über moralische Prinzipien kommen können, auch wenn wir diese Fähigkeit im Alltag oftmals nicht anwenden. Er unterscheidet intuitives und kritisches Denken im Umgang mit Moral: Im Alltag lassen wir uns oft – und zu Recht – von intuitivem Denken leiten. Aber wir brauchen gerade bei ethischen Konflikten die Möglichkeit zu kritischem Denken. Dann kommt das vernünftige Erwägen ins Spiel, bei dem die Universalisierbarkeit gerade darin besteht, dass ich die Wünsche und Anliegen der anderen Menschen genauso berücksichtige wie meine eigenen und erst auf dieser Basis zu einem vernunftbasierten Urteil über die moralischen Prinzipien gelange. Hare ist der Meinung, dass Menschen bei diesem Prozess des kritischen Denkens zu einheitlichen moralischen Urteilen kommen können. Er betont jedoch, dass nach der Beschreibung einer Lebensweise, die von einer Moral gefordert werde, immer noch die Entscheidung übrig bleibe, ob man sich zu dieser Lebensweise bekennen wolle. Die Frage, was für ein Mensch man sein wolle, nehme einem die Vernunft nicht ab.

6. John Rawls: Gerechtigkeitstheorie contra Utilitarismus

John Rawls hat mit seinem Hauptwerk *Eine Theorie der Gerechtigkeit* die politische Philosophie nach einer langen Phase der Stagnation wieder zu einer innovativen Disziplin werden lassen. Sein Grundanliegen ist es, die Rahmenbedingungen für eine gerechte politische Grundordnung herauszufinden. Dabei geht er aus von einer Zweiteilung der Moral in die Gerechtigkeitslehre, welche die sozialen Institutionen beurteilt, und in die Ethik, welche die moralische Bewertung von Handlungen und Handelnden vornimmt. Rawls konzentriert sich auf die Gerechtigkeitslehre und möchte damit eine Alternative zum Utilitarismus entwickeln: »Ich möchte eine Theorie der Gerechtigkeit ausarbeiten, die eine Alternative zum utilitaristischen Denken im allgemeinen und damit zu allen seinen Schattierungen ist.« (Rawls, *Eine Theorie der Gerechtigkeit*, S. 40)

Bevor die Unterschiede in den Blick kommen, sollen zunächst die Gemeinsamkeiten von Utilitarismus und Gerechtigkeitstheorien hervorgehoben werden. Beide setzen sich klar von den traditionellen Strömungen ab, indem sie behaupten, dass die moralische Bewertung von Handlungen auch davon abhängt, wie sie sich konkret auf die Mitglieder einer Gesellschaft auswirken. Genauer geht es um die Bewertung von Handlungen auf der Basis unseres Wissens über die Wahrscheinlichkeit, mit der gewisse Folgen eintreten, einerseits und des Nutzens, den man von ihrem Eintreten erwarten darf, andererseits. In der Theorie der rationalen Entscheidungen wird nicht der Nutzen der tatsächlichen Folgen zweier Maßnahmen verglichen, sondern der zu erwartende Nutzen; dabei wird dieser als das jeweilige Produkt aus dem Nutzen der Folge, wenn sie eintritt, und ihrer Eintrittswahrscheinlichkeit vor dem Hintergrund des Wissens, das zum Zeitpunkt der Entscheidung verfügbar ist, bestimmt. Diese Idee, den zu erwartenden Nutzen einer Handlung wesentlich zu berücksichtigen, richtet sich gegen eine Reihe von Theorien, z.B. gegen naturrechtliche Theorien, nach denen gewisse Handlungen naturwidrig und deshalb schlecht sind, sowie gegen religiöse Theorien, nach denen eine Handlung dann moralisch gerechtfertigt bzw. verboten ist, wenn sie den Geboten einer bestimmten Religion folgt oder widerspricht. Insbesondere religiöse Moralbegründungen stellen häufig so genannte »deontologische« Theorien dar; solche Theorien besagen, dass gewisse Typen von Handlungen *als solche* ohne Rücksicht auf ihre Folgen geboten oder verboten sind, geboten etwa das Helfen aus Nächstenliebe, verboten etwa das Lügen, egal, welche Konsequenzen dies jeweils hat. Obwohl diese Theorien inhaltlich charakterisiert sind, sind sie insofern vormodern, als dass sie sich einem Begründungsanspruch verweigern oder für ihre Rechtfertigung auf Autoritäten verweisen (z.B. heilige Schriften), welche man akzeptieren kann oder auch nicht. Dem entgegen steht das Anliegen, eine *rational begründete* Rechtfertigung von moralischen Prinzipien zu erreichen. Neben der Idee, dass die konkreten Folgen der Handlungen die moralische Bewertung wesentlich beeinflussen, gibt es noch drei weitere Gemeinsamkeiten von Utilitarismus und Gerechtigkeitstheorien der Rawlsschen Manier: Der Mensch ist das Maß aller Dinge (Humanismus), Menschen werden als Individuen und nur als Individuen berücksichtigt (Individualismus), und jeder Mensch zählt gleichermaßen (Universalismus).

6.1 Varianten des Utilitarismus und die zentralen Kritikpunkte

Der klassische Utilitarismus verwendet die Formel »das größte Glück der größten Zahl« und meint damit Folgendes: Eine Gesellschaft ist gerecht geordnet, wenn ihre Hauptinstitutionen so beschaffen sind, dass sie die größte Summe des Glücks bzw. der Befriedigung für die Gesamtheit ihrer Mitglieder hervorbringen. Wie bestimmt sich aber die größte Summe des Glücks? Es gibt bei dieser Bewertung zwei unstrittige Rahmenbedingungen für alle modernen Ethiken, die sich um eine rationale Begründung der Moral bemühen: Das *Substitutionsprinzip* besagt, dass man im Moralurteil die Interessenbefriedigung des einen Individuums – ohne Ansehen der Person – durch die eines anderen ersetzen kann, d.h., alle Menschen werden ohne Unterschied betrachtet. Das *Äquivalenzprinzip* verzichtet auf die Differenz von Handeln und Unterlassen: Für die moralische Beurteilung von Verhalten kommt es auf diesen Unterschied im Herbeiführen der Folgen nicht an. Wesentlich ist nun, auf welche Weise der Utilitarist zu einer Bewertung des Gesamtnutzens für die Gesellschaft kommt. Der Name der Theorie stammt vom lateinischen Wort für Nutzen. Entgegen einem verbreiteten Missbrauch des Wortes »Utilitarismus« setzt die Theorie nicht etwa die Nützlichkeit über die Moral, sondern versucht, eine rationale Begründung der Moral zu liefern: Wenn man einer Person etwas als moralisch geboten auftragen oder es ihr als moralisch verwerflich verbieten will, dann hat sie das Recht zu fragen, was denn den moralischen Wert ihrer Handlung ausmache; und das, was diesen ausmacht, ist gerade der Nutzen oder der Schaden, den sie stiftet.

Die Modelle zur Berechnung des Nutzens einer Handlung bzw. einer Grundordnung für eine Gesellschaft entstammen der mathematischen Wohlfahrtsökonomie. Dabei wird angenommen, dass sich der Nutzen einer Handlung für jede Person quantifizieren lässt: Für jedes Individuum $i = 1, 2, ..., n$ lässt sich ein Nutzenwert N_i (»sein Glücksfaktor«) angeben und der allgemeine Nutzen, das allgemeine Wohl W, wird im klassischen Utilitarismus einfach als *Summe* des Nutzens (»Glücks«) aller Individuen betrachtet: $W = N_1 + N_2 + ... + N_n$. Eine erste Kritik an dieser Grundidee lautet, dass es keine einheitliche Vorstellung davon gibt, was das Glück einer Person ausmacht. Während z.B. der Hedonismus das Motto hat »Glück ist, was mir Lust verschafft«, sieht der Eudaimonismus die höchste Stufe des Glücks in der Ausführung einer intuitiv als sittlich wertvoll einzuschätzenden Handlung. In Anerkennung der Tatsache, dass es keine konsensfähige Definition von Glück gibt, wird der Utilitarismus so modifiziert, dass er nicht das »Glück« des Einzelnen bewertet, sondern seine Vorlieben (»Präferenzen«), egal welche dies sein mögen. In einem Präferenzutilitarismus gibt es für jedes Individuum einer Gesellschaft somit eine Präferenzordnung aller alternativen Weltzustände, d.h., für jedes Individuum sind alle Weltzustände in einer absteigenden Reihenfolge geordnet – mit dem Weltzustand beginnend, der gemessen an seinen Präferenzen die größte Befriedigung mit sich bringt. Nach präferenzutilitaristischer Auffassung besteht das Gute einfach darin, dass möglichst viele der Wertvorstellungen der Individuen, welche immer das sein mögen, erfüllt werden. So wird etwa der Hedonist den höchsten Nutzenwert für Handlungen erreichen, die ihm Lust verschaffen, der Eudaimonist dagegen den höchsten Nutzenwert für Handlungen, die er als sittlich wertvoll einschätzt.

Der Präferenzutilitarismus sieht sich nun aber auch mit einem weiteren Grundproblem konfrontiert, das bereits einen zentralen Einwand gegen den klassischen Utilitarismus darstellt: Er ignoriert die Intuition, dass eine Gesellschaft gerechter ist, wenn es allen Individuen ungefähr gleich gut geht, als wenn es einige Individuen gibt, denen es sehr viel schlechter geht als anderen. Dies lässt sich an einem Beispiel demonstrieren: Eine Gesellschaft W_2 gilt als gerechter als W_1, wenn sich die Wohlfahrt einer Person, der es schon gut geht, um den Wert 5 erhöht, auch wenn das nur möglich ist, wenn sich dadurch das Glück von zwei Personen, denen es ohnehin schon schlecht geht, nochmals um den Wert 2 verschlechtert.

$W_1(29) = N_1(7) + N_2(7) + N_3(15)$ Durchschnittsnutzen: $29:3 = 9,66$
$W_2(30) = N_1(5) + N_2(5) + N_3(20)$ Durchschnittsnutzen: $30:3 = 10$
$W_3(31) = N_1(4) + N_2(4) + N_3(19) + N_4(4)$ Durchschnittsnutzen: $31:4 = 7,75$

In diesem Beispiel steigert sich der Gesamtnutzen von 29 auf 30, aber intuitiv erscheint uns W_2 nicht gerechter als W_1, weil es den schlecht gestellten Personen 1 und 2 noch schlechter geht. Für einen Utilitarismus, der nur die Gesamtsumme des Nutzens im Blick hat, spielt jedoch die Art der Verteilung des Nutzens auf die Individuen keine Rolle. Kann man die Prinzipien des Utilitarismus nicht so modifizieren, dass dieser Mangel behoben wird? Ein Schritt in diese Richtung ist die Veränderung des Maßstabs für eine gerechte Gesellschaft von einem Gesamtnutzen zu einem Durchschnittsnutzen für die Mitglieder einer

Gesellschaft. Damit kann man ein weiteres Problem umgehen: Wenn man den Gesamtnutzen weiter steigert, kann es bei veränderbarer Anzahl von Gesellschaftsmitgliedern geboten sein, Individuen in die Welt zu setzen, auch wenn der Durchschnittsnutzen für jedes Individuum sinkt:

> »Solange der Durchschnittsnutzen pro Kopf bei steigender Bevölkerungszahl langsam genug fällt, ist unbeschränktes Bevölkerungswachstum erwünscht, gleichgültig wie niedrig der Durchschnittsnutzen wird.« (Rawls, *Eine Theorie der Gerechtigkeit*, S. 187)

Vergleichen wir hier die Gesellschaften W_3 und W_2 miteinander. In W_3 ist eine neue Person auf dem neuen niedrigsten Niveau hinzugekommen, wobei alle schon vorhandenen Personen jeweils einen Nutzenpunkt verloren haben. Trotzdem steigert sich der Gesamtnutzen von 30 auf 31, d.h., bei einer Bewertung nach der Gesamtsumme des Nutzens wäre W_3 eine gerechtere Gesellschaft als W_2. Nehmen wir dagegen als neuen Maßstab den Durchschnittsnutzen für das einzelne Individuum, so ist W_2 gerechter als W_3, weil in W_2 der Durchschnittsnutzen für jedes Individuum größer ist. Die Orientierung an dem neuen Maßstab kann somit die unplausible Konsequenz zu vermeiden helfen, dass es geboten sein soll, immer neue Mitglieder in eine Gesellschaft aufzunehmen, auch wenn dann viele unter ein Existenzminimum fallen würden. Doch der Durchschnittsnutzen ermöglicht es uns nicht zu erklären, warum wir intuitiv W_1 als gerechter bewerten als W_2, denn der Durchschnittsnutzen steigt in W_2; der Grund für diesen Mangel liegt darin, dass auch der Durchschnittsnutzen letztlich unabhängig von der Art der Verteilung des Nutzens auf die einzelnen Individuen ist.

Die zentrale Kritik am Utilitarismus soll durch ein weiteres Beispiel verdeutlicht werden: Der kerngesunde Patient P befindet sich zu einer Routineuntersuchung im Krankenhaus. Zur gleichen Zeit sind dort die schwer kranken Personen A und B, die unverschuldet in diese Situation geraten sind. A kann nur gerettet werden, wenn er kurzfristig ein Herz und B wenn er kurzfristig eine Leber transplantiert bekommt. Würden Herz und Leber von P für A und B verwendet, so hätten A und B dann beide jeweils eine so lange Lebenserwartung wie sonst P nur allein. Für den Utilitaristen ist es moralisch geboten, P für A und B zu opfern, weil der Gesamtnutzen dadurch höher ist, als wenn A und B beide sterben und P weiterlebt. Hier sträuben sich unsere Intuitionen: Wir benötigen eine Änderung des Utilitarismus, weil hier der Vorrang von allgemeinen Grundrechten wie das Recht auf körperliche Unversehrtheit missachtet wird. Doch auch der Utilitarismus hat eine Methode gefunden, allgemeine Regeln zu berücksichtigen. Diese Variante des Utilitarismus bezeichnet man folglich auch als *Regelutilitarismus* im Unterschied zum *Handlungsutilitarismus*: Der Unterschied zwischen diesen beiden Richtungen kann kurz so gekennzeichnet werden, dass nach dem Handlungsutilitarismus jede Handlung konkret individuell nach ihren Folgen zu beurteilen ist, während man im Regelutilitarismus zu fragen hat, ob die konkrete, individuelle Handlung zu einem Typ von Handlungen gehört, die gewöhnlich überwiegend gute oder überwiegend schlechte Folgen haben. Der Regelutilitarismus kann somit eine Regel als moralisch geboten ausweisen, weil sie überwiegend gute Folgen hat, d.h., die Regel bleibt auch in Kraft, wenn sie in einzelnen Ausnahmefällen schlechte Folgen hat. So kann der Regelutilitarismus dem Beispiel Rechnung tragen, indem er behauptet, dass die Regel »Niemand darf gegen seinen Willen als Organspender verwendet werden« überwiegend gute Folgen hat. Erst durch diese Regel haben wir die Sicherheit, nicht einfach unerwartet als Ersatzteillager für medizinische Operationen verwendet zu werden. Dies macht einen erheblichen Teil unserer Lebensqualität aus. Auch wenn das Herausgreifen von Menschen gegen ihren Willen als Organspender regelmäßig mehreren Menschen das Weiterleben ermöglichen würde, so wiegt dieser Vorteil nicht den Nachteil auf, der darin besteht, dass jedes Mitglied der Gesellschaft ständig in Existenzangst leben und damit rechnen müsste, für das Leben anderer geopfert zu werden. Auch aus utilitaristischer Sicht lässt sich daher rechtfertigen, dass im obigen Fall nicht ein gesunder Mensch für die Heilung zweier Schwerkranker geopfert werden darf.

Trotz der Anpassungen der modernen Versionen des Utilitarismus, die hier nur grob skizziert wurden, lehnt Rawls den Utilitarismus prinzipiell ab, weil er darin die Moral an ein moralunabhängig definiertes Wertkriterium gebunden sieht. Dies zeigt sich deutlich darin, dass das, was jemand als sein Glück definiert, völlig offen ist, und dies aber im Utilitarismus der letzte Maßstab für die Moral sein soll:

> »Wenn es also den Menschen Freude macht, andere zu diskriminieren, ihnen weniger Freiheit zu gewähren, um ihr eigenes Selbstgefühl zu erhöhen, dann ist die Befriedigung dieser Bedürfnisse [...] gemäß ihrer Stärke [...] mitzuzählen, genau wie bei anderen Bedürfnissen.« (Rawls, *Eine Theorie der Gerechtigkeit*, S. 49)

Dies ist jedoch nicht akzeptabel: »[d]ie Freude an der Benachteiligung anderer ist an sich selbst unrecht: Sie erfordert die Verletzung eines Grundsatzes, dem man selbst im Urzustand zustimmen würde. Die Grundsätze des Rechten, und damit der Gerechtigkeit, setzen Bedingungen dafür, welche Befriedigungen Wert haben, was vernünftige Vorstellungen vom eigenen Wohl sind.« (Rawls, *Eine Theorie der Gerechtigkeit*, S. 49)

Das Grundanliegen von Rawls ist es, eine politische Grundordnung zu entwickeln, die für alle Mitglieder einer Gesellschaft annehmbar ist. Dazu sollen zunächst nur allgemein akzeptable Grundideen als Ausgangspunkt genommen werden, um so zu einer Grundordnung mit dem bestmöglichen Grad an rationaler Rechtfertigung zu gelangen:

> »Da Rechtfertigung sich an andere richtet, geht sie aus von dem, was wir gemeinsam haben oder haben können; wir fangen also mit gemeinsamen, in der öffentlichen politischen Kultur enthaltenen fundamentalen Ideen an, in der Hoffnung, aus ihnen eine politische Konzeption zu entwickeln, die freie und vernünftige Übereinstimmung erzielen kann.« (Rawls, *Political Liberalism*, S. 6).

Warum sollte man überhaupt trotz unterschiedlicher Weltanschauungen der Menschen einen übergreifenden Konsens in einer Gesellschaft anstreben? Rawls nennt dafür mehrere Gründe: Ein Sozialsystem kann nur auf *eine* Art organisiert sein. Diese sollte so gewählt sein, dass alle Teilnehmer die politische *Grundordnung* als gerecht akzeptieren können. Nur eine Gerechtigkeitskonzeption, die mit einem breiten Spektrum von Weltanschauungen vereinbar ist, kann stabil sein (weil es in einer Gesellschaft stets eine Pluralität von Grundüberzeugungen gibt). Wir alle haben ein moralisches Interesse daran, in einer friedlichen Gesellschaft zu leben, was eine Grundordnung voraussetzt, die akzeptiert und stabil ist – »die also politische Auseinandersetzungen regelt, ohne selbst Gegenstand solcher Auseinandersetzungen zu sein.« (Pogge, *John Rawls*, S. 47)

Rawls möchte eine Theorie der Gerechtigkeit für eine Gesellschaft entwerfen, in der genügend Güter für eine Grundversorgung aller Individuen vorhanden sind, es jedoch eine relative

Knappheit der Güter gibt: Es kann nicht jeder alles haben, was er will. Damit ist die Theorie vorrangig auf Industriegesellschaften gemünzt. Ziel ist es, unter diesen Annahmen eine politische *Grundordnung* einer Gesellschaft zu entwickeln, die für alle Mitglieder optimal und konsensfähig ist. Rawls macht außerdem die Annahme, dass jedes Individuum wesentlich durch höherrangige Interessen charakterisiert werden kann, die für es grundlegender sind, als die vom Utilitarismus als fundamental angenommene Orientierung am privaten »Glück«. Zu diesen regulativen Interessen gehört 1. das Interesse, einen Gerechtigkeitssinn auszubilden, d.h. eine Gerechtigkeitskonzeption zu haben, die man verstehen und anwenden kann; 2. das Interesse, eine Konzeption des guten, lebenswerten Lebens auszubilden, kritisch zu durchdenken und rational zu verfolgen; 3. das Interesse, beim Verfolgen der jeweils gewählten Konzeption des Guten Erfolg zu haben (vgl. Pogge, *John Rawls*, S. 56). Hier wird eine sehr starke Idealisierung der Mitglieder einer Gesellschaft vorgenommen, die bei einer kritischen Betrachtung am Ende dieses Abschnitts wieder in den Blick genommen werden muss. Wenn man schließlich noch berücksichtigt, dass die Spezialinteressen der Menschen wiederum wesentlich von der politischen Grundordnung beeinflusst oder gar produziert werden, so können wir das Ziel wie folgt konkreter beschreiben:

> »Wir suchen eine Grundordnung, die (a) wir gutheißen können, die (b) Interessen hervorbringt, die wir gutheißen können, und die (c) diesen von ihr produzierten Interessen angemessen ist.« (Pogge, *John Rawls*, S. 57)

6.2.1 Die beiden Gerechtigkeitsgrundsätze

Eine gerechte Gesellschaft hat Institutionen, die nach Rawls zwei Grundsätzen genügen. Hier stütze ich mich auf die verständlichere, spätere Formulierung aus *Political Liberalism* (Rawls 1993, 5 f., 69 f.; vgl. Hinsch, *Gerechtfertigte Ungleichheiten*, S. 1):

I. Grundsatz: Jede Person hat einen gleichen Anspruch auf ein völlig adäquates System gleicher Grundrechte und Freiheiten, das mit demselben System für alle vereinbar ist, und innerhalb dieses Systems wird der faire Wert der gleichen politischen (und nur der politischen) Freiheiten garantiert.

II. Grundsatz: Soziale und ökonomische Ungleichheiten müssen zwei Bedingungen erfüllen: *Erstens* müssen sie mit Ämtern und Positionen verbunden sein, die allen gemäß fairer Chancengleichheit offen stehen (*faire Chancengleichheit*), und *zweitens* müssen sie sich zum größtmöglichen Vorteil für die am wenigsten begünstigten Gesellschaftsmitglieder auswirken (*Differenzprinzip*).

Zu den Grundsätzen gehört eine Festlegung der Vorrangverhältnisse: Der erste Grundsatz genießt absoluten Vorrang vor dem zweiten, und innerhalb des zweiten hat das Prinzip der fairen Chancengleichheit einen absoluten Vorrang vor dem Differenzprinzip, welches größtmögliche Vorteile für die durch soziale und ökonomische Ungleichheiten am wenigsten Begünstigten fordert.

Im Folgenden werde ich die Gerechtigkeitsgrundsätze von hinten aufrollen und mit dem Nachrangigsten, der ökonomischen Verteilung, beginnen. Für die Bewertung von Grundordnungen bezüglich der ökonomischen Verteilung gibt es zwei unstrittige Rahmenbedingungen, nämlich die *Anonymitätsbedingung*, welche besagt, dass es egal ist, welche Gesellschaftsmitglieder besser und welche schlechter gestellt sind, weil das Leben eines jeden gleichermaßen wichtig ist, und die *Paretobedingung*: Eine Grundordnung ist demgemäß gerechter als eine andere, wenn in ihr niemand schlechter gestellt ist. So ist z.B. eine Grundordnung mit dem Verteilungsprofil 3 gerechter als eine mit dem Profil 1. Für Rawls spezifisch ist die Verteidigung des Maximin-Standards: Die Gesamtbewertung hängt allein von der Position der am schlechtesten Gestellten ab. Also ist eine Grundordnung gerechter, wenn sie dazu führt, dass die am schlechtesten gestellten Personen besser da stehen als in der alternativen Ordnung (»Maximin« steht für »maximum minimorum«).

Rawls vertritt diese Prinzipien jedoch nicht allein aus Nächstenliebe, sondern liefert eine rationale Begründung: Eine stabile Grundordnung braucht die Akzeptanz von allen Mitgliedern der Gesellschaft. Eine sozial schlechte Stellung wäre gemäß Rawls akzeptabel, wenn man den Betroffenen sagen kann: »Ihr seid zwar unter dieser Grundordnung am schlechtesten gestellt, aber unter jeder anderen Grundordnung hätten die am schlechtesten Gestellten eine noch schlechtere Position.« Die Orientierung am Maximin-Standard geht davon aus, dass in einer Gesellschaft de facto immer Ungleichheiten bestehen und dass eine Zunahme von Ungleichheiten in gewissem Rahmen auch zum Vorteil der am schlechtesten Gestellten sein kann. Aufgrund der Erfahrungen mit sozialistischen Systemen müssen wir davon ausgehen, dass die Produktivität einer Gesellschaft wesentlich davon abhängt, ob es Belohnungen bzw. Zulagen für ein besonderes Engagement gibt. Würde man die Gesamtproduktion einer Gesellschaft unabhängig von dem Beitrag einzelner Individuen zu dieser ganz gleichmäßig auf alle verteilen, so würde sich ein relativ geringer Standard etablieren, z.B. mit einem Stundenlohn von 10 Euro. Die Produktivität würde deutlich steigen, wenn die Gruppe von Menschen, die besonders viel zur Gesamtproduktion beitragen, durch Zulagen begünstigt wird. Nehmen wir der Einfachheit halber nun an, dass 20 % der Gesamtproduktion zunächst nur an die Gruppe von Begünstigten als Zulagen vergeben und dass die verbleibenden 80 %

gleichmäßig auf alle Mitglieder der Gesellschaft verteilt werden. Dann würde der Mindestlohn für die weniger Begünstigten trotzdem wachsen, d.h., im Vergleich zur Ausgangsgesellschaft wären alle Menschen besser gestellt. Gemäß Paretoprinzip ist also diese Gesellschaft gerechter als die Ausgangsgesellschaft. Die Rolle des Maximin-Prinzips kommt erst zum Tragen, wenn man sich fragt, wie viel Prozent von der Gesamtproduktion man denn als Zulagen an die produktivere Gruppe einer Gesellschaft vergeben kann oder soll? Die folgenden Zahlen sind zwar fiktiv, spiegeln aber die Erfahrungswerte über *relative* Produktivitätszuwächse wider (vgl. Pogge, *John Rawls*, S. 83):

	Zulagenanteil aus Gesamtproduktion	durchschnittl. Produktivität	Anteil nur für Begünstigte	Mindestlohn
S0	0 %	10,00 Euro/h	0,00 Euro/h	10,00 Euro/h
S20	20%	20,00 Euro/h	4,00 Euro/h	16,00 Euro/h
S24	24%	21,50 Euro/h	5,16 Euro/h	16,34 Euro/h
S25	25%	21,80 Euro/h	5,45 Euro/h	16,35 Euro/h
S26	26%	22,00 Euro/h	5,72 Euro/h	16,28 Euro/h
S30	30%	22,70 Euro/h	6,81 Euro/h	15,89 Euro/h
S50	50%	27,00 Euro/h	13,50 Euro/h	13,50 Euro/h

Gemäß Paretoprinzip sind alle Gesellschaften mit Ungleichverteilung gerechter als die Gesellschaft S0 mit Gleichverteilung. Wenn wir alle Gesellschaften miteinander vergleichen, so erlaubt uns das Paretoprinzip keine Bewertung mehr, wenn der Fall eintritt, dass eine Gruppe in der Gesellschaft schlechter gestellt wird, egal, welche das nun ist. Vergleichen wir S26 und S25 miteinander, so sind die Begünstigten in S26 besser gestellt und die Nichtbegünstigten in S25. Das Maximin-Prinzip weist die Gesellschaft mit der Verteilung S25 als die gerechteste aus, weil damit der höchste Mindestlohn zu erreichen ist, d.h., die Steigerung des Niveaus der weniger Begünstigten hat absoluten Vorrang vor einer Steigerung für die Begünstigten.

Diese Überlegungen geben Maßstäbe an die Hand, um zu beurteilen, unter welchen Umständen wirtschaftliche Ungleichheiten gerechtfertigt sind bzw. nicht gerechtfertigt sind. Dabei spricht Rawls auch vom »Differenzprinzip«. Die Überlegungen zur wirtschaftlichen Verteilung sind jedoch innerhalb des zweiten Grundsatzes der fairen Chancengleichheit als nachrangig untergeordnet, d.h., faire Chancengleichheit ist auch dann sicherzustellen, wenn damit die Gesamtproduktivität der Gesellschaft sinkt. Mit fairer Chancengleichheit meint Rawls mehr als *formale* Chancengleichheit. Letztere besteht schon dann, wenn die Institutionen einer Gesellschaft so sind, dass alle die gleichen *rechtlichen* Möglichkeiten haben, durch eigene Anstrengungen erstrebenswerte Positionen zu erreichen. Damit sind jedoch Nachteile durch die materielle Lage der Herkunftsfamilie oder durch andere Formen sozialer Benachteiligung nicht ausgeräumt. Vollständige soziale Gleichheit dagegen scheint in einer freien Gesellschaft nicht realisierbar. Sonst müsste man die Kinder von den Eltern trennen und durch den Staat erziehen lassen. Rawls meint seinen Begriff der fairen Chancengleichheit so,

»dass er eine Mittelposition zwischen formaler und vollständiger Chancengleichheit beschreibt, die dann realisiert ist, wenn die Lebenschancen aller Gesellschaftsmitglieder mit gleichen Begabungen und Talenten genau so weit angeglichen worden sind, wie es mit allen anderen in einer wohlgeordneten Gesellschaft öffentlich anerkannten Werten und Normen vereinbar ist«. (Hinsch, *Gerechtfertigte Ungleichheiten*, S. 7)

Das oberste Prinzip, das über der ökonomischen Verteilungsgerechtigkeit (gemäß Differenzprinzip) und auch über der fairen Chancengleichheit steht, ist die Forderung nach gleichen politischen und bürgerlichen Grundfreiheiten. Dazu zählen die in einer freiheitlichen Grundordnung heute üblichen Rechte, z.B. Meinungsfreiheit, Redefreiheit, Gewissensfreiheit, Versammlungsfreiheit, das Recht zu wählen und öffentliche Ämter zu bekleiden, körperliche Unversehrtheit, Freizügigkeit und das Recht auf Eigentum. Zu den wichtigen Grundrechten gehören aber auch weiterführende soziale Grundlagen der Selbstachtung. Eine Grundordnung muss solche Rahmenbedingungen realisieren, bei denen jedes Gesellschaftsmitglied die Möglichkeit zur Selbstachtung hat, denn Selbstachtung ist die Voraussetzung für jede Motivation, überhaupt etwas zu tun, und für das Bestreben, eine lohnende Konzeption des Guten zu suchen und sich an dieser zu orientieren:

> »Ohne Selbstachtung würde nichts der Ausführung wert erscheinen, und sollten einige Dinge für uns einen Wert haben, dann hätten wir nicht den Willen, sie zu verfolgen. [...] Selbstachtung ist in unserem Selbstvertrauen verwurzelt, als ein voll kooperierendes Mitglied der Gesellschaft fähig zu sein, eine lohnende Konzeption des Guten ein Leben lang zu verfolgen.« (Rawls, *Die Idee des politischen Liberalismus*, S. 190)

Rawls begründet die absolute Vorrangstellung der Gleichheit der politischen Grundrechte mit zwei Überlegungen: Der Selbstachtung wird in einer besonderen Weise Rechnung getragen, wenn alle die gleichen politischen und bürgerlichen Grundrechte haben. Sodann ist der Wettbewerb um politische Rechte ein Nullsummenspiel, d.h., jemand kann sich nur Vorrechte verschaffen, indem jemand anderes Rechte verliert (während bei der wirtschaftlichen Verteilung eine Situation entstehen kann, in der Begünstigte und die am schlechtesten Gestellten gleichzeitig gewinnen, s.o.). Grundfreiheiten dürfen nur um der Freiheit willen eingeschränkt werden, und zwar muss eine Einschränkung zwei Bedingungen erfüllen, um gerecht zu sein: (a) eine weniger umfangreiche Freiheit stärkt das Gesamtsystem der Freiheiten für alle; (b) eine geringere als die Freiheit für die meisten Menschen ist für die wenigen von einer Einschränkung Betroffenen annehmbar. Generell gilt jedoch, dass die Grundfreiheiten systematisch über dem Gesamtnutzen einer Ordnung für die Gesellschaft stehen; sie können nicht für eine bessere wirtschaftliche Stellung geopfert werden.

6.2.2 Gerechtigkeit als Fairness: Begründung durch einen fiktiven Vertrag im Urzustand

Gerecht ist diejenige Grundordnung, auf die sich die Teilnehmer einer Gesellschaft selbst unter fairen Bedingungen geeinigt hätten. Die Einigung sollte idealerweise in einer fiktiven Vertragssituation im Urzustand stattfinden. Schon die Philosophen Hobbes, Locke und Rousseau haben Staatsordnungen zu rechtfertigen gesucht, indem sie argumentierten, dass rationale Menschen sich in einer vorstaatlichen Situation (dem Urzustand), z.B. in einem völlig gesetzlosen Kampf aller gegen alle, auf eine bestimmte Staatsform einigen würden, um ihre eigenen Grundinteressen zu sichern und ihr eigenes Leben zu schützen. Der Urzustand bei Rawls bekommt jedoch ein ganz eigenes Gesicht. Er kann durch eine Reihe von Merkmalen charakterisiert werden: (1) Die Vertragspartner nehmen eine endgültige Wahl einer Grundordnung vor. (2) Sie wählen die Ordnung aus einer Liste historisch einflussreicher Kandidaten von Grundordnungen, die sie durchaus modifizieren können. (3) Die Vertragspartner denken zweckrational. (4) Doch haben sie die drei ranghöheren, regulativen Interessen (s.o.). (5) Sie verfügen über allgemeine wirtschaftliche und psychologische Kenntnisse, aber (6) sie treffen ihre Wahl hinter einem Schleier der Unwissenheit: Sie kennen ihren Platz in der Gesellschaft nicht. Der letzte

Punkt ist Rawls sehr wichtig. Die Auswahl der politischen Grundordnung sollte vorgenommen werden, ohne dass man seine Rolle in der Gesellschaft kennt. Damit ist man gezwungen, alle Rollen in der Gesellschaft gleichermaßen in den Blick zu nehmen, und auch dies führt zu einer Befürwortung des Maximin-Prinzips. Rawls ist der Meinung, dass man – wenn man unter solchen Bedingungen nach einer gesellschaftlichen Grundordnung sucht – bei den von ihm vorgeschlagenen zwei Grundsätzen der Gerechtigkeit landen wird.

Es ist »heuristisch nützlich, sich die beiden Grundsätze als die Maximin-Lösung des Problems der sozialen Gerechtigkeit vorzustellen. Es gibt eine Beziehung zwischen den beiden Grundsätzen und der Maximin-Regel für Entscheidungen unter Unsicherheit. Das geht ganz klar aus der Tatsache hervor, dass die beiden Grundsätze diejenigen sind, die jemand als Plan für eine Gesellschaft wählen würde, in der ihm sein Feind einen Platz zuweisen kann.« (Rawls, *Eine Theorie der Gerechtigkeit*, S. 233)

Das Modell der fiktiven Einigung durch einen Gesellschaftsvertrag, der eine Grundordnung festschreibt, wird von Rawls noch ausgiebiger genutzt. Durchgängig egoistische Interessen, die sich auf die eigene tatsächliche Stellung in der Gesellschaft beziehen, sollen damit beim Aufstellen der Grundordnung außen vor bleiben. Die Prinzipien der Grundordnung werden damit allgemein akzeptabel bzw. universalisierbar. Rawls knüpft in diesem Punkt direkt an Kant an, der die Universalisierbarkeit in seinem bekannten kategorischen Imperativ formuliert hat: »Handle nur nach derjenigen Maxime, durch die du zugleich wollen kannst, dass sie ein allgemeines Gesetz werde.« Rawls' Form, die Universalisierbarkeit zu garantieren, besteht darin, dass im Urzustand die Gesellschaftsordnung bestimmt wird, ohne dass man seinen Platz in der Gesellschaft kennt (»Schleier des Nichtwissens«). Er geht im fiktionalen Modell von einer zeitlich geordneten Folge von Urzustand, Verfassungsgebung, Gesetzgebung und Rechtsanwendung aus. Schrittweise wird im Ideal der Schleier des Nichtwissens gelüftet, und zwar jeweils in Bezug auf die Entscheidungen, die auf einer Stufe bereits getroffen wurden: In diesem fiktionalen Vorgang versetzen sich die Bürger der Reihe nach zuerst in den Urzustand, dann in die Rolle der Mitglieder einer verfassungsgebenden Versammlung, danach in die der Abgeordneten eines Parlaments und schließlich in die der Richter.

6.2.3 Weitere Merkmale von Rawls' Theorie und einige Kritikpunkte

Eine stabile Gesellschaftsordnung bedarf einer politischen Gerechtigkeitskonzeption, die nur auf Werten beruht, die allen gleichermaßen zugänglich sind und realistischerweise allgemeine Anerkennung finden können. Angesichts der Vielzahl von Weltanschauungen sollte die politische Philosophie bei der Suche nach einer politischen Grundordnung auf Wahrheitsansprüche in Bezug auf Weltanschauungen verzichten. Vielmehr genügt es und ist das erstrebenswerte Ziel, eine politische Grundordnung auszeichnen zu können, die eine Vielzahl von Weltanschauungen zulässt. Die politische Philosophie kann und sollte hier auf unfruchtbare ideologische Diskussionen verzichten:

> »Eine politische Gerechtigkeitskonzeption, die Menschen mit ganz verschiedenen Weltanschauungen gemeinsam achten und anwenden können, braucht ihre eigene Wahrheitsfähigkeit weder zu behaupten noch zu bestreiten. Für ihre Rechtfertigung gegenüber konkurrierenden Positionen genügt es, sie als die vernünftigste oder die unserer politischen Kultur angemessenste auszuweisen.« (Pogge, *John Rawls*, S. 173)

Rawls entwickelte seine Theorie mit Blick auf Staaten, in denen die Grundversorgung der Bürger gesichert ist. Ohne eine solche Voraussetzung wäre die absolute Vorrangstellung der politischen Grundrechte unhaltbar. Menschen, deren Existenz gefährdet ist, nehmen für die nackte Existenzsicherung ganz bewusst viele Unfreiheiten in Kauf. Bertolt Brecht fasst dies in das Diktum »Erst kommt das Fressen, dann die Moral«. Hier zeigt sich eine Einschränkung des Geltungsbereichs von Rawls' Theorie, vielleicht sogar ein weitreichendes Defizit, nämlich ein zu idealistisches Bild vom Menschen. Anders als der Utilitarismus setzt Rawls voraus, dass die Menschen regulative, höherrangige Interessen haben. Es bleibt letztlich offen, welchen Status Rawls' Theorie bekommt, wenn man – aufgrund von zunehmenden empirischen Evidenzen – annehmen müsste, dass manche Menschen diese Interessen gar nicht haben, sondern nur partikulare Spezialinteressen verfolgen, z.B. weil die Entscheidungen des Menschen – anders als Rawls es glaubt – sehr weitgehend von emotionalen Bewertungen mitgeprägt sind und bei manchen Menschen diese völlig dominieren: Werden diese Menschen dann aus dem Prozess der fiktiven Vertragsverhandlung, der einen allgemeinen Willen (*volonté generale*) für eine Grundordnung ergeben soll, ausgeschlossen? Dies bleibt offen, aber es drohen hier zwei Gefahren. Zum einen gibt es eine Tendenz zur Verstärkung der faktisch bestehenden Herrschaftsverhältnisse:

»Jeder politische Machthaber könnte behaupten, gerade von der grünen Wiese des Urzustands zurückgekommen zu sein; der Anspruch einer selbstverantworteten Unparteilichkeit aber galt bisher als Lebenslüge des Obrigkeitsstaates. Dass das moralische Urteil von den Machthabern usurpiert werden kann, gilt auch für die Anwendung der Gerechtigkeitsgrundsätze.« (Maus, *Der Urzustand*, in: Höffe (Hg.), *John Rawls*, S. 94)

Zum anderen droht Rawls hinter die Verfahrensgerechtigkeit der Aufklärung zurückzufallen, die sicherstellte, dass im Verfassungsbildungsprozess alle Menschen unabhängig von Herkunft, Meinung und Bildung gleichberechtigt mitbestimmen dürfen. Rawls lässt dagegen Raum für die Möglichkeit, »letztlich die Position einer Gerechtigkeitsexpertokratie gegen demokratische Willensbildungsprozesse zu rechtfertigen« (Maus, ebd.). Dem steht die Vorrangigkeit der politischen Autonomie auch der Nicht-Experten (des Volkes) entgegen, die der Utilitarismus und auch die Vertragstheorien der Aufklärung fordern. Da ein Regelutilitarismus auch generelle Prinzipien utilitaristisch begründen kann und es andererseits nicht klar ist, ob die politische Autonomie – trotz der geforderten Sonderstellung der politischen Rechte – in Rawls' Theorie der Gerechtigkeit hinreichend gesichert bleibt, ist es ein offener Streit, ob mit Rawls' Theorie der Gerechtigkeit eine Theorie geschaffen werden kann, die dem Utilitarismus überlegen ist. Dies scheint ganz wesentlich von dem Menschenbild in Bezug auf Grundinteressen und menschliches Entscheidungsvermögen abzuhängen, so dass hier die Debatte über die politische Philosophie eng mit der gegenwärtigen Anthropologie bzw. Philosophie des Geistes verknüpft ist. Schließlich ist es unklar, ob die Überlegungen von Rawls zu demselben Ergebnis führen würden, wenn wir nicht nur eine Industriegesellschaft mit relativen Verteilungsproblemen auf der Basis einer Grundsicherung der Bevölkerung in den Blick nehmen, sondern die gesamte Weltbevölkerung berücksichtigen, mit Millionen von Hunger- und Aidstoten auf dem afrikanischen Kontinent einerseits und mit einer Konzentration von Kapital in den Händen der Industrie andererseits, die dazu führt, dass allein die 400 reichsten Amerikaner in 2004 ein Vermögen von über 1 Billion Dollar anhäufen konnten.

7. Saul A. Kripke und Hilary Putnam: Notwendigkeit, Regelfolgen und Zwillingswelten

7.1 Eine neue Theorie von Apriorität und Notwendigkeit sowie das Problem des Regelfolgens

7.1.1 Analytisch und A priori vor Kripke: Kant und Quine

Den Sonderstatus von Sätzen wie »Junggesellen sind unverheiratet« im Unterschied zu Sätzen wie »Gerhard Schröder ist Sozialdemokrat«, die uns einen Sachverhalt über die Außenwelt mitteilen, hat in sehr prägnanter Form David Hume hervorgehoben. Er unterscheidet zunächst zwischen Satzinhalten, die unabhängig von einer (über die Sprachkompetenz hinausgehenden) Erfahrung als wahr oder falsch erwiesen werden können, und solchen, deren Wahrheitswert nur abhängig von einer solchen Erfahrung festgestellt werden kann: Erstere nennen wir Satzinhalte *a priori* (Hume sprach von Satzinhalten, die nur Beziehungen zwischen Vorstellungen einbeziehen) und Letztere Satzinhalte *a posteriori* (Hume sprach von Satzinhalten, die Tatsachen einbeziehen; Hume, *Eine Untersuchung über den menschlichen Verstand*, 4. Abschnitt). Eine wichtige Ergänzung zu dieser Unterscheidung hat dann Kant eingeführt, indem er bemerkte, dass es in der Klasse der Sätze a priori noch einen wichtigen Unterschied gibt, nämlich ob die Sätze einen Informationsgehalt haben oder nicht. »Junggesellen sind unverheiratet« ist für einen kompetenten Sprecher nicht informativ, dagegen ist der Satz »Die Winkelsumme im Dreieck beträgt 180 Grad« eine wichtige Entdeckung, die jedoch unabhängig von Erfahrungen in der Außenwelt gemacht werden kann. Um diesem Phänomen Rechnung zu tragen, führte Kant eine zweite zentrale Unterscheidung ein, nämlich die von *analytisch* und *synthetisch*.

Ein Satz (ohne Verneinung) ist analytisch genau dann, wenn das Prädikat im Subjekt enthalten ist und seine Verneinung einen Widerspruch ergibt; ein Satz (ohne Verneinung) ist synthetisch, wenn das Prädikat nicht im Subjekt enthalten und seine Verneinung widerspruchsfrei möglich ist. Damit haben wir zwei unabhängige Unterscheidungen, nämlich a priori und a posteriori einerseits sowie synthetisch und analytisch andererseits. Gemäß Kant ist es klar, dass, wenn ein Satz analytisch ist, er dann auch a priori sein muss. Für ihn lautete die Leitfrage seiner Philosophie, wie es möglich ist, dass es synthetische Urteile a priori gibt.

In der Philosophiegeschichte gibt es vor Kripke zumindest noch drei wichtige Stationen im Umgang mit den von Kant eingeführten Begriffspaaren. Ich überspringe jedoch Freges Beitrag zum Begriff des Analytischen (vgl. 1.1) und wende mich zwei späteren Entwicklungen zu: Der logische Empirismus (vgl. 4.1.1) argumentiert dafür, dass die Unterscheidungen wieder zusammen fallen, nämlich dass alle Sätze entweder a priori und analytisch sind – nämlich dann, wenn sie allein aufgrund ihrer Bedeutung als wahr ausgewiesen werden können –, oder dass sie a posteriori und synthetisch sind, nämlich genau in allen anderen Fällen. Ein synthetisches Apriori gibt es nicht: Alle informativen Erkenntnisse des Menschen sind Erfahrungserkenntnisse. Da die Position des logischen Empirismus sich wesentlich auf eine bestimmte Bedeutungstheorie (Verifikationstheorie) stützt, die heute als inakzeptabel gilt, ist diese Kritik weniger wichtig. Die durchschlagenderen Einwände gehen auf Quine zurück, der dafür argumentiert, dass die Unterscheidung von analytisch und synthetisch nicht klar gezogen werden kann und damit unbrauchbar ist. Er stützt seine These darauf, dass der Versuch, Analytizität zirkelfrei zu definieren, prinzipiell misslingen muss: Dabei geht er davon aus, dass man die Eigenschaft eines Satzes, analytisch zu sein, darauf zurückführen kann, dass er sich durch die Ersetzung synonymer Ausdrücke in eine logische Wahrheit umformen lässt, z.B. ist der Satz »Junggesellen sind unverheiratete Männer« analytisch, weil »Junggesellen« und »unverheiratete Männer« synonym sind und durch eine Ersetzung die logische Wahrheit »Junggesellen sind Junggesellen« entsteht. Synonymie ist jedoch nicht ohne Rückgriff auf Analytizität zu definieren, so dass es – zusammen mit einer Reihe weiterer Widerlegungen durch Quine – keine zirkelfreie Definition von analytischen Sätzen gibt. Da es keine Identitätskriterien für analytische Sätze gibt, muss man den Begriff aufgeben. Quines radikale Kritik wird durch sein Bild von Sprache noch verstärkt. Sein Prinzip der Unterbestimmtheit sowie sein Holismus stärken die Position, dass Analyzität nicht definierbar ist und daher die Unterscheidung zwischen synthetischen und analytischen Sätzen aufgegeben werden sollte (vgl. Kap 4.2). Eine wesentliche Weiterentwicklung haben dann erst wieder die Argumente von Kripke angestoßen.

7.1.2 Kripkes Unterscheidung von Apriorität und Notwendigkeit

Bei Kant wird ein Satz (genaugenommen spricht er von dem mit der Äußerung eines Satzes gefällten Urteil) als a priori wahr bewertet, wenn er notwendigerweise wahr ist. Notwendigkeit ist ein Kriterium für Apriorität, so dass beide Begriffe dieselbe Klasse von Sätzen festlegen. Kripke argumentiert nun dafür, dass die beiden Begriffe zu unterscheiden sind. Der wesentliche Ausgangpunkt ist dabei eine unstrittige Intuition über die Relation der Identität: Identität ist eine Relation, die notwendigerweise besteht bzw. nicht besteht. Alles ist mit sich selbst identisch und klarerweise nicht mit etwas anderem. Nimmt man diese harmlose Intuition ernst, so folgt, dass Identitätsaussagen stets notwendig sind, sie sind also entweder notwendig wahre oder notwendig falsche Aussagen. Schauen wir uns verschiedene Identitätsaussagen näher an, so erweisen sich zwei Arten als unproblematisch:

(i) Nichtinformative Identitätsaussagen: »Mark Twain ist identisch mit Mark Twain.«

(ii) Falsche Identitätsaussagen: »Mark Twain ist identisch mit Gerhard Schröder.«

Während nichtinformative Identitätsaussagen notwendig wahr sind, sind falsche Identitätsaussagen notwendigerweise falsch. Problematisch sind dagegen wahre informative Identitätsaussagen:

(iii) »Mark Twain ist identisch mit Samuel Clemens.«

Solche Aussagen sind notwendig wahr, weil auch hier eine Selbstidentität vorliegt, aber es liegt keine Wahrheit a priori, sondern a posteriori vor, denn wir benötigen eine über die Sprachkompetenz hinausgehende *Erfahrung*, um zu wissen, dass die Namen dieselbe Person bezeichnen, nämlich die Information, dass »Samuel Clemens« der bürgerliche Name von Mark Twain ist. Also müssen wir Notwendigkeit und Apriorität als grundlegende Merkmale von Satzinhalten begrifflich unterscheiden. Um Notwendigkeit zu charakterisieren, hat Kripke die Leibnizsche Idee von möglichen Welten wiederbelebt: Eine mögliche Welt kann man sich dabei einfach als eine Modifikation der wirklichen Welt vorstellen. Logisch mögliche Welten sind alle Modifikationen der wirklichen Welt, die mit den Gesetzen der Logik vereinbar sind, während naturgesetzlich notwendige Welten solche sind, die mit unseren Naturgesetzen konform sind. Eine Äußerung hat den Status *notwendig* wahr (bzw. falsch) genau dann, wenn der Inhalt der Äußerung in allen möglichen

Welten wahr (bzw. falsch) ist; ansonsten ist der Inhalt kontingent, d.h., der Inhalt ist in mindestens einer möglichen Welt wahr und in einer anderen möglichen Welt falsch. Notwendigkeit und Kontingenz charakterisieren das Zutreffen des Satzinhalts und somit das Sein von Sachverhalten. Wir sprechen daher von einer *metaphysischen* Dimension. Diese können wir klar von der *epistemischen* Dimension abgrenzen, die durch Apriorität und Aposteriorität ins Spiel gebracht wird. Damit werden Erkenntnisbedingungen angegeben, nämlich ob wir einen Satzinhalt unabhängig oder abhängig von Erfahrung als wahr (bzw. falsch) bewerten können. Apriorität und Notwendigkeit zu unterscheiden heißt die Bedingungen des Erkennens und die Bedingungen des Seins auseinander zu halten. Damit grenzt man sich von philosophischen Konzeptionen ab, in denen Erkennen und Sein zusammen fallen, wie es im philosophischen Idealismus der Fall ist. Interessant ist allerdings, dass die Unterscheidung von Apriorität und Notwendigkeit nicht bloß eine Setzung eines neuen Paradigmas darstellt, sondern sich schlicht aus der Bewertung von Sätzen der natürlichen Sprache ergibt, sobald man die basalen Intuitionen zur Logik der Identität akzeptiert.

Mit den informativen Identitätsaussagen wurden bereits Beispiele geliefert, die zeigen, dass Sätze notwendig und trotzdem a posteriori wahr sein können. Es gibt zudem auch Fälle von Sätzen a priori, die trotzdem kontingent sind. Das berühmteste Beispiel ist der Satz »Dieser Stab ist zur Zeit t einen Meter lang«, wobei es sich um das Pariser Urmeter handelt. Das Pariser Urmeter (als dieses konkrete Objekt, auf das ich zeige) wurde 1889 verwendet, um die Länge von einem Meter festzulegen. Wir versetzen uns in diese Zeit t im Jahre 1889 zurück und nehmen mit der obigen Äußerung die Definition des Meters vor, während wir auf das Urmeter zeigen. Dann ist es klar, dass dieser Satzinhalt a priori erkennbar ist, denn ich weiß, dass der Satz eine konventionelle Definition ausdrückt. Aber der Satzinhalt ist keineswegs notwendigerweise wahr: Denn das Urmeter in Paris hat zur Zeit t in der wirklichen Welt unter Normalbedingungen von 20 Grad Celsius nur kontingenterweise eine bestimmte Länge. In einer anderen möglichen Welt, in der das Pariser Urmeter (aus unserer Welt) zur selben Zeit t einer Temperatur von 200 Grad Celsius ausgesetzt wäre, wäre dasselbe Objekt länger. Die Länge eines Objektes zum Zeitpunkt t ist daher keine notwendige Eigenschaft dieses Objektes – und trotzdem kann ich unter bestimmten Bedingungen a priori wissen, dass sie genau einer bestimmten per Konvention festgelegten Maßeinheit entspricht. Insgesamt gibt es für Kripke also alle Kombinationen der beiden neuen Grundunterscheidungen »notwendig – kontingent« einerseits und »a priori – a posteriori« andererseits.

	Notwendig	Kontingent
a priori	»Mark Twain ist identisch mit Mark Twain.«	»Dieser Stab ist zur Zeit t ein Meter lang.«
a posteriori	»Mark Twain ist identisch mit Samuel Clemens.« »Wasser ist identisch mit H_2O-Molekülen.«	»Mark Twain ist Amerikaner.«

Wie verhält sich die Unterscheidung von analytisch und synthetisch dazu? Kripke schlägt ohne weitere Argumentation vor, dass sich die beiden Begriffe durch die anderen beiden Grundunterscheidungen definieren lassen. Ein Satz ist demnach analytisch genau dann, wenn er a priori und notwendig ist; in allen anderen Fällen wird er als synthetisch eingestuft. Damit wird zwar ein klarer Begriff von Analytizität vorgeschlagen, der den

Intuitionen gerecht wird, dass es sich dabei um nichtinformative Sätze handelt, die man allein aufgrund von Sprachkompetenz als wahr bzw. falsch erweisen kann; doch die Quinesche Kritik an dem Begriff des Analytischen hat Kripke nicht wegwischen können, so dass seine Leistung vor allem in der überzeugenden Einführung der beiden neuen Grundunterscheidungen liegt.

Das Beispiel mit dem Pariser Urmeter macht eine implizite Voraussetzung der Kripkeschen Argumentation deutlich, nämlich dass Objekte (bzw. Substanzen) wesentliche und nichtwesentliche Eigenschaften haben. Wenn ich der Substanz Wasser eine unwesentliche Eigenschaft zuschreibe, nämlich geschmacksneutral zu sein, dann ist das eine kontingente Eigenschaft; wenn ich der Substanz Wasser eine wesentliche Eigenschaft zuschreibe wie diejenige, aus H_2O-Molekülen zu bestehen, dann ist dies ein notwendige Eigenschaft, die wir jedoch erst mit Hilfe von Erfahrungswissen aus der Chemie entdeckt haben: Daher drückt der Satz »Wasser ist identisch mit H_2O-Molekülen« eine notwendige Wahrheit a posteriori aus.

Die Unterscheidung der epistemischen und der metaphysischen Dimension findet bei Kripke in prominenten Theoriestücken eine Anwendung. Dazu gehören u.a. seine Theorie der Eigennamen (vgl. S. 234) und sein modales Argument gegen die Identitätstheorie von mentalen und physischen Zuständen: Schmerzen sind beim Menschen charakteristischerweise mit Reizungen von C-Fasern verbunden (oder irgendwelchen anderen neuronalen Zuständen). Sind Schmerzen daher identisch mit C-Faser-Reizungen? Kripke möchte dies widerlegen. Dazu argumentiert er nun für die Möglichkeit eines Zombies, d.h. eines mit uns funktional identischen Systems, das zwar C-Fasern besitzt, aber dennoch keine Schmerzen spürt. Schmerzen werden in dieser anderen Welt schlicht durch einen anderen biologischen Mechanismus realisiert (oder aber eben gar nicht).

(1) Es ist möglich, dass ein funktional identisches System C-Faser-Reizungen hat, aber keine Schmerzen spürt.

Wenn wir diese Möglichkeit ernst nehmen, dann kann die Identitätsbehauptung nicht wahr sein, denn jede Identität ist – wie wir gesehen haben – eine notwendige Identität, d.h., es dürfte keine mögliche Welt geben, in der der behauptete Zusammenhang zwischen Schmerzen und C-Faser-Reizungen nicht besteht. Die Vertreter der Identitätstheorie können diesem Einwand begegnen, indem sie den Bereich der Identitätsbehauptung eingrenzen, z.B. dass sie nur für Menschen, nicht aber für andere Lebewesen oder kognitive Systeme gilt, so dass die mögliche Welt der Zombies für die Identitätsbehauptung irrelevant ist und somit für den eingeschränkten Bereich doch eine Notwendigkeitsbeziehung vorliegt. Diese Debatte führt unmittelbar in die moderne Philosophie des Geistes (vgl. Kap. 9).

7.1.3 Regelfolgen und Normen

Kripke hat mit seinem Buch *Wittgenstein über Regeln und Privatsprache* einen weiteren wegweisenden Beitrag zur Philosophie geleistet, indem er die von Wittgenstein aufgebrachte Frage, welchen Status Regeln und Normen haben, auf eine neue Art angepackt hat. Offensichtlich befolgen wir als kompetente Sprecher Sprachregeln. Bei Regeln der Grammatik ist völlig klar, dass uns diese nicht einmal bewusst sein müssen, wir aber trotzdem in der Lage sind, sie zu beherrschen. Dies gilt auch für semantische Regeln, d.h. für solche, die die Bedeutung von Ausdrücken betreffen. Das Regelfolgeproblem lässt ich wie folgt formulieren: Wenn eine Person über einen Begriff verfügt, dann hat sie die Fähigkeit, diesen Begriff in unbestimmt vielen neuen

Situationen zu verwenden. Indem eine Person einen Begriff beherrscht, folgt sie einer Regel, denn zum Beherrschen eines Begriffs gehört die Kompetenz, den Begriff nur in sinnvollen Zusammenhängen anzuwenden, und die Sprachregeln legen fest, was sinnvoll ist und was nicht. Worin besteht das Erfassen der Bedeutung eines Ausdrucks? Diese Frage stellt sich Wittgenstein in folgender Form:

> PU 138: [...] Nun *verstehen* wir aber die Bedeutung eines Wortes, wenn wir es hören, oder aussprechen; wir erfassen sie mit einem Schlage; und was wir so erfassen, ist doch etwas Andres als der in der Zeit ausgedehnte ›Gebrauch‹! [...]

> PU 139: [...] Was ist es denn eigentlich, was uns vorschwebt, wenn wir ein Wort *verstehen*? – Ist es nicht etwas wie ein Bild? Kann es nicht ein Bild sein? [...]

Die systematische Leitfrage des Regelfolgeproblems lautet also: Worin besteht das Verstehen eines Ausdrucks und der zu ihm gehörigen Sprachregeln bzw. durch welche Fakten wird die Bedeutung eines Ausdrucks festgelegt? Wittgenstein illustriert am Beispiel eines Schülers, der die Zahlenreihe »0, 2, 4, 6, 8, ...« systematisch fortsetzen soll, dass eine endliche Anfangsreihe nie eine einzige Fortsetzung dieser Reihe festlegen kann:

Antwortverhalten des Schülers 1: »10, 12, 14, ...«

Antwortverhalten des Schülers 2: »10, 12, 14, ... bis 1000, dann 1004, 1008, 1012, 1016, ...«

Antwortverhalten des Schülers 3: »10, 12, 14, ... bis 1000, dann 1004, 1008, 1012, 1016, ... bis 2000

dann 2006, 2012, 2018, 2024, ... bis 3000 ...«

Jeder Schüler folgt einer systematischen Regel, die mit der endlichen Anfangsreihe 0, 2, 4, 6, 8 vereinbar ist, aber jeder folgt einer anderen Regel. Trotzdem möchten wir intuitiv das Verhalten von Schüler 1 als korrekt ausweisen. Welche Fakten berechtigen uns dazu, genau dieses Verhalten als korrektes Regelfolgen auszuwählen? Bevor wir unterschiedliche Antworten untersuchen, sollen zwei Teilprobleme zum Regelfolgeproblem klar voneinander abgegrenzt werden (vgl. Esfeld 2003):

Das Infinitätsproblem: Wie können endlich viele Beispiele die Anwendung für unendlich viele neue Fälle festlegen?

Das Normativitätsproblem: Durch welche Fakten wird festgelegt, welches das korrekte Antwortverhalten des Schülers ist?

Der erste Kandidat zur Lösung des Infinitätsproblems ist das Meinen: Meinen als geistiger Akt kann jedoch nicht die unendlich vielen Fälle festlegen, für die offensichtlich die Regel »addiere 2« dies tut. Denn dann hätte man schon alle diese Fälle vorausdenken müssen. Man hätte durch den inneren geistigen Akt alle möglichen systematischen Fortsetzungen der Reihe ausschließen müssen, was offensichtlich nicht möglich ist, weil ein geistiger Akt immer nur eine begrenzte Kapazität zur Verfügung hat, mit der nur endliche Schritte vorausgedacht werden können. Hier ist eine offensichtliche Entgegnung, dass man die Forderung des bewussten Meinens dahingehend abschwächt, dass es sich bloß um eine entsprechende Disposition, eine Verhaltensneigung handelt. Der zweite Kandidat zur Lösung des Infinitätsproblems ist somit eine Verhaltensdisposition. Diesen Vorschlag diskutiert Wittgenstein in seiner typisch dialogischen Form wie folgt:

PU 187: »Ich habe aber doch auch damals, als ich den Befehl gab, schon gewußt, daß er auf 1000 1002 schreiben soll!« – Gewiß; und du kannst sogar sagen, du habest es damals gemeint; nur sollst du dich nicht von der Grammatik der Wörter »wissen« und »meinen« irreführen lassen. Denn du meinst ja nicht, daß du damals an den Übergang von 1000 auf 1002 gedacht hast – und wenn auch an diesen Übergang, so doch an andre nicht. Dein »Ich habe damals schon gewußt ...« heißt etwa: »Hätte man mich damals gefragt, welche Zahl

er nach 1000 schreiben soll, so hätte ich geantwortet ›1002‹.«
[...]

Kann es meine Disposition sein, auf bestimmte Fragen bestimmte Antworten zu geben, die festlegt, welcher Regel ich folge? Nein, denn die Aufforderung »addiere 2« hat eine öffentliche Bedeutung, die gemäß unserem Verständnis nur mit dem Antwortverhalten von Schüler 1 zusammenpasst; diese öffentliche Bedeutung bleibt auch dann erhalten, wenn ich als Einzelperson eine Disposition wie Schüler 2 oder Schüler 3 hätte. Individuelle Dispositionen sind also nicht hinreichend für Bedeutungskonstitution bzw. für Regelfolgen. Der dritte Kandidat ist Wittgensteins Antwort auf beide Teile des Regelfolgeproblems. Es wird seiner Meinung nach umfassend durch die Gepflogenheiten einer Sprachgemeinschaft gelöst.

PU 198 [...] – Laß mich so fragen: Was hat der Ausdruck der Regel – sagen wir, der Wegweiser – mit meinen Handlungen zu tun? Was für eine Verbindung besteht da? – Nun, etwa diese: ich bin zu einem bestimmten Reagieren auf dieses Zeichen abgerichtet worden, und so reagiere ich nun. Aber damit hast Du nur einen kausalen Zusammenhang angegeben, nur erklärt, wie es dazu kam, daß wir uns jetzt nach dem Wegweiser richten; nicht, worin dieses Dem-Zeichen-Folgen eigentlich besteht. Nein; ich habe auch noch angedeutet, daß sich Einer nur insofern nach einem Wegweiser richtet, als es einen ständigen Gebrauch, eine Gepflogenheit, gibt.

PU 202: Darum ist ›der Regel folgen‹ eine Praxis.

Dieser Verweis auf Gepflogenheiten kann nun auf zweierlei Weise verstanden werden, nämlich so, dass mit den Gepflogenheiten die gesuchten Tatsachen angegeben werden, nämlich eine *endliche* Beispielfolge von Regelmäßigkeiten. Doch dann tritt in Bezug auf diese Tatsachen dasselbe Problem auf wie in Bezug auf die ersten beiden Kandidaten. Es gibt viele Möglichkeiten, diese endliche Beispielfolge fortzusetzen. Kripke macht diese Skepsis auch bei Gepflogenheiten stark und argumentiert dafür, dass wir die Gepflogenheit nicht als eine endliche Reihe von Tatsachen auffassen dürfen, sondern – wie gleich deutlich werden wird – als eine in die Zukunft offene Interaktion der Mitglieder einer Sprachgemeinschaft:

> »Das Paradox kann nur durch eine ›skeptische Beseitigung dieser Zweifel‹ im klassischen Sinne Humes aufgelöst werden. D.h., wir müssen den Versuch aufgeben, Tatsachen in bezug auf den Sprecher zu suchen, kraft deren er nicht ›quus‹ [Verhalten von Schüler 2, A.N.], sondern ›plus‹ meint [Verhalten von Schüler 1, A.N.] und dann auf bestimmte Weise fortsetzen muss.« (Kripke, *Wittgenstein über Regeln und Privatsprache*, S. 135)

Bisher sind nur *direkte* Lösungen des Infinitäts- und des Normativitätsproblems vorgestellt worden. Eine Lösung ist *direkt*, wenn man annimmt, dass es *Tatsachen* gibt, die die Bedeutung eines Ausdrucks für alle künftigen Anwendungen festlegen können. Kripke argumentiert für eine *skeptische* Lösung mit der negativen These, dass es keine Tatsachen gibt, die die Bedeutung eines Ausdrucks für alle künftigen Fälle festlegen. Auch soziale Tatsachen, Gepflogenheiten, können dies nicht leisten. Die skeptische Position besteht somit darin, dass es keine rationalen und normativen Kriterien für den zukünftigen Gebrauch eines Begriffs gibt. Wir können jederzeit durch eine neue Praxis für neue Situationen eine Verwendung etablieren und damit für neue Situationen festlegen, was es heißt, einer Regel zu folgen. Die Gepflogenheiten einer Sprachgemeinschaft bezeichnet Wittgenstein auch als Lebensform, so dass die Offenheit der Gepflogenheiten auch wie folgt charakterisiert werden kann:

> »Es gibt kein Paradigma der Begriffsverwendung, das a priori alle Lebensformen oder auch nur unsere eigene Lebensform reguliert. Unser Spiel der Fremdzuschreibung von Begriffen

beruht auf Übereinstimmung.« (Kripke, *Wittgenstein über Regeln und Privatsprache*, S. 132)

In der Fortführung der Debatte in der neueren Literatur ist eine *pragmatische* Lösung des Problems vorgeschlagen worden: Das Haben von Überzeugungen mit einer bestimmten Bedeutung besteht demnach darin, an sozialen Praktiken teilzuhaben, die darin bestehen, sich wechselseitig Überzeugungen mit bestimmten Bedeutungen zuzuschreiben. Damit liegt einerseits keine direkte Lösung vor, denn das würde voraussetzen, dass es Tatsachen gäbe, die festlegen, wie eine Zuschreibung einer Überzeugung mit einer bestimmten Bedeutung zu erfolgen hat. Andererseits liefert diese Zuschreibungspraxis doch Fakten für eine Lösung des Problems der Infinität und der Normativität; denn die Zuschreibungspraxis schafft Fakten der Bedeutung im Sinne von etwas, das durch die Praktiken gemacht wird. Und diese Fakten schränken den Bedeutungsspielraum der verwendeten Ausdrücke entsprechend ein. Diese Debatte ist nicht nur für Sprachregeln relevant, sondern grundsätzlich für alle Regeln, also auch für ethische Normen. Was heißt es, gemäß einer ethischen Norm zu handeln? Wie kann eine ethische Norm auf künftige Fälle angewendet werden? Lassen sich Normen auf Fakten reduzieren? Dies sind typische Fragen eines Problemkreises, zu dem diese spezielle Diskussion gehört.

7.2 Hilary Putnam: Natürliche Artbegriffe, Zwillingswelten und Probleme des Externalismus

Hilary Putnam hat festgestellt, dass natürliche Artbegriffe, wie »Wasser«, »Öl«, »Tiger«, »Affen« etc., in einer besonderen Weise verwendet werden. Wir sprechen mit diesen Ausdrücken über natürliche Arten, die wir durch einzelne Exemplare in der wirklichen Welt herausgreifen, auch wenn wir die wesentlichen

Bedingungen für das Vorliegen der natürlichen Art nicht kennen: Wir sprechen mit »Wasser« über die Substanz, die auf unserer Erde aus den Wasserhähnen kommt, in Flüssen und Seen etc. vorkommt, auch wenn wir nicht wissen, dass die Substanz Wasser durch die chemische Struktur H_2O definiert ist. Dieses Wissen haben die Menschen erst mit der Entdeckung der chemischen Elemente erworben und viele sprachkompetente Menschen verfügen heute noch nicht darüber. Trotzdem haben wir seit Jahrhunderten eine stabile und unveränderte Anwendung des Wortes »Wasser«. Dies stützt die These, dass natürliche Artbegriffe stets die durch einzelne Exemplare herausgegriffene Art bezeichnen. Dies hat gravierende Folgen, welche sich gut mit auf die Spitze getriebenen Gedankenexperimenten zeigen lassen:

Angenommen es gäbe irgendwo im All eine Zwillingserde, die unserer Erde sehr weitreichend ähnelt, außer dass die Flüssigkeit, die auf der Zwillingserde »Wasser« genannt wird, nicht die chemische Struktur H_2O besitzt, sondern XYZ. Die Flüssigkeit mit der chemischen Struktur XYZ hat jedoch dieselben Oberflächeneigenschaften wie die Flüssigkeit mit der chemischen Struktur H_2O in unserer Welt. Beide Flüssigkeiten sind geruchlos, farblos, durstlöschend usw. und sie lassen sich erst mit Hilfe einer chemischen Analyse unterscheiden. Auf der Erde gibt es eine Person Tom, die auf der Zwillingserde einen Doppelgänger Zwillings-Tom hat, der sowohl dieselben physischen als auch dieselben innerpsychischen Zustände hat. Trotzdem ist es so, dass Tom mit dem Satz »Wasser ist durstlöschend« im Deutschen etwas anderes sagt als Zwillings-Tom mit demselben Satz im Zwillingsdeutschen; denn gemäß unseren Sprachintuitionen bezeichnet das Substanzwort »Wasser« im Deutschen die Flüssigkeit mit der chemischen Struktur H_2O, während es im Zwillingsdeutschen die Flüssigkeit mit der Struktur XYZ bezeichnet. Die Bedeutungen der Äußerungen sind somit abhängig von der Umgebung, in der der Sprecher sich befindet. Putnam hat dieses Ergebnis mit dem Slogan »Bedeutungen sind nicht im Kopf« ausgedrückt. Tyler Burge hat diese Umgebungsabhängigkeit von Bedeutungen dann entsprechend auf die Inhalte von Überzeugungen übertragen. Tom bringt mit seiner Äußerung des Satzes »Wasser ist durstlöschend« die Überzeugung zum Ausdruck, dass die Flüssigkeit mit der chemischen Struktur H_2O durstlöschend ist, während Zwillings-Tom damit die Überzeugung zum Ausdruck bringt, dass die Flüssigkeit mit der chemischen Struktur XYZ durstlöschend ist. Die Überzeugungen von Tom und Zwillings-Tom sind verschieden, obwohl die beiden – laut Gedankenexperiment – dieselben Hirnzustände und dieselben inneren psychischen Zustände haben. Daraus folgt, dass Überzeugungen nicht vollständig durch die inneren Zustände einer Person charakterisiert werden können; sie hängen außer von den inneren Zuständen einer Person auch noch von den Substanzen bzw. Objekten ab, zu denen eine Person in Relation steht. Darüber hinaus hat Burge gezeigt, dass Überzeugungen von der Sprachgemeinschaft abhängig sind:

Angenommen Herr Maier hätte die falsche Überzeugung, dass Arthritis eine Erkrankung ist, die nicht nur im Gelenk, sondern auch mitten in einem Knochen auftreten kann, dann könnte er seine Befürchtung gegenüber dem Arzt wie folgt äußern: »Ich habe Arthritis im Oberschenkel.« Da in unserer Sprachgemeinschaft jedoch das Fachwort »Arthritis« so festgelegt ist, dass damit nur eine Gelenkerkrankung gemeint ist, bringt Herr Meier eine widersprüchliche und damit unsinnige Überzeugung zum Ausdruck. Wäre er dagegen in einer Sprachgemeinschaft, in der »Arthritis« so verwendet würde, dass damit nicht nur Gelenks-, sondern auch andere Knochenerkrankungen bezeichnet werden, so wäre seine Äußerung widerspruchsfrei und sinnvoll. Dabei nehmen wir an, dass Fachbegriffe von den Experten einer Sprachgemeinschaft festgelegt werden und dass wir schon dann über einen Fachbegriff verfügen, wenn wir ihn in hinreichendem Maße korrekt verwenden, auch wenn wir eine falsche Überzeugung mit ihm verbinden. Dieses Beispiel zeigt, dass Überzeugungen von der Sprachgemeinschaft abhängig sind, der der Sprecher zugehört. Die These des *Externalismus* von Überzeugungen besagt daher, dass Überzeugungen von der Umgebung und der Sprachgemeinschaft abhängig sind. Wir fassen diese beiden Abhängigkeiten in der Rede von der »Abhängigkeit von der Umwelt« zusammen. Nun können wir das erste Problem des Externalismus darstellen, welches in der Unvereinbarkeit der folgenden drei Sätze besteht:

(1) Überzeugungen sind abhängig von der Umwelt festgelegt.

(2) Gehirnzustände sind unabhängig von der Umwelt festgelegt.

(3) Überzeugungen supervenieren auf Gehirnzuständen.

These (1) ist eine Formulierung der Umweltabhängigkeit bzw. des Externalismus von Überzeugungen. Es steht aber außer Zweifel, dass Gehirnzustände unabhängig von der Umwelt festlegt werden (2), denn sie werden durch die physiologischen Merkmale, nämlich Aktivierungen von Neuronen in bestimmten Regionen festgelegt. Schließlich sagt These (3), dass Überzeugungen systematisch von Gehirnzuständen abhängig sind, indem sie auf ihnen supervenieren. Dabei supervenieren Überzeugungen auf Hirnzuständen genau dann, wenn es keinen Unterschied zwischen den Überzeugungen gibt, ohne dass es einen entsprechenden Unterschied in den Hirnzuständen gibt (weitere Ausführungen zu diesem wichtigen, aber komplexen Konzept finden sich in Kim, *Supervenience and Mind*, 1993).

Ich möchte das erste Problem des Externalismus kurz erläutern: Die Supervenienzrelation kann nicht zwischen Überzeugungen und Gehirnzuständen bestehen, wenn zugleich Überzeugungen umweltabhängig sind und Gehirnzustände nicht umweltabhängig sind; denn dann ist entgegen der Forderung der Supervenienz – wie im obigen Beispiel – stets ein Fall konstruierbar, in dem bei gleichen Gehirnzuständen unterschiedliche Überzeugungszustände vorliegen können. Dieses hartnäckige und vieldiskutierte Problem hat vielfältige Lösungsvorschläge, aber noch keine allgemein zufrieden stellende Antwort gefunden.[6]

Das zweite Problem des Externalismus ist ein analoger Fall, der in die moderne Diskussion zum Selbstwissen gehört. Selbstwissen ist das Wissen über die eigenen mentalen Phänomene. Hier lauten die analogen drei unverträglichen Sätze wie folgt:

(1a) Alltagsintuition zum Selbstwissen: Wir kennen unsere eigenen Überzeugungen in einer unmittelbaren und besonders zuverlässigen Weise.

(2a) These des Externalismus: Der Inhalt einer Überzeugung ist umweltabhängig.

(3a) These der Erkenntnistheorie: Wir kennen unsere Umgebung und unsere Sprachgemeinschaft weder in einer unmittelbaren noch in einer besonders zuverlässigen Weise.

Die Positionen zu diesem Problem lassen sich wie folgt klassifizieren: Es gibt die Unverträglichkeitsthese, der gemäß entweder der Externalismus von Überzeugungen oder unsere Alltagsintuition, aber nicht beide zugleich wahr sein können. Ausgehend von dieser Position leugnen die Vertreter der Alltagsintuition den Externalismus und die Vertreter des Externalismus die Alltagsintuition. Daneben gibt es aber auch die These der Verträglichkeit: Unsere Alltagsintuition ist mit der These des Externalismus vereinbar, aber nur um den Preis, dass unsere Alltagsintuition deutlich abgeschwächt wird, d.h. wir eingestehen, dass ein verlässliches Selbstwissen nur im Normalfall vorliegt (vgl.

dazu Newen/Vosgerau (Hg.), *Den eigenen Geist kennen*). Interessanterweise finden sich in der neueren Debatte zu Willensfreiheit und Determinismus genau dieselben Grundmuster von philosophischen Positionen (vgl. Schröder, *Einführung in die Philosophie des Geistes*, Kap. XI).

Teil III: Neuere Strömungen: Einige Problemfelder

8. Grundlagen der analytischen Ontologie

8.1 Ein klassisches Problem der Ontologie

Die philosophische Teildisziplin Ontologie beschäftigt sich mit der Frage, was es gibt. Eine Antwort auf diese Frage setzt Prinzipien voraus, die zu entscheiden erlauben, in welchen Fällen eine Existenzannahme begründet bzw. unbegründet ist. Im Rahmen der Philosophie Russells wurde bereits ein zentrales Prinzip der Ontologie eingeführt, nämlich das Prinzip der ontologischen Sparsamkeit beziehungsweise *Ockhams Rasiermesser* (vgl. 2.3.3). Es fordert, dass keine entbehrlichen Existenzannahmen gemacht werden sollen. Dabei gilt die Annahme, dass ein Objekt (beziehungsweise, allgemeiner, eine Entität) O existiert, als entbehrlich, wenn einer der beiden folgenden Fälle zutrifft: Entweder dieses Objekt lässt sich aus bereits als existierend anerkannten Teilen zusammensetzen (in diesem Fall heißt O konstruktiv entbehrlich), oder die Existenzannahme gründet sich auf eine Erklärung von Phänomenen, für die es eine fundiertere, alternative Erklärung gibt, die sich nicht auf die Annahme, dass O existiert, stützt (in diesem Fall heißt O theoretisch entbehrlich). Das so erläuterte Prinzip der ontologischen Sparsamkeit ist ein negatives Prinzip, weil es Fälle ausweist, in denen eine

Existenzannahme unbegründet ist. Es fehlt aber noch ein positives Prinzip, welches Existenzannahmen als begründet auszuweisen vermag. Um ein solches zu entwickeln, betrachten wir zunächst einen Vorschlag, den wir als unzureichend zurückweisen müssen, weil er auf einer falschen Annahme über den Zusammenhang von Sprache und Welt basiert. *Eine erste Version eines Prinzips für begründete Existenzannahmen* lässt sich wie folgt formulieren:

Die Annahme, dass ein Objekt O existiert, ist begründet, wenn es erstens eine Einzeldingbezeichnung »E« gibt, die für den Fall, dass O existiert, klarerweise das Objekt O bezeichnet, und wenn zweitens die Äußerungen, in denen »E« verwendet wird, eine sprachliche Bedeutung haben.[7]

Damit dieses Prinzip plausibel ist, muss noch eine implizite Annahme über den *Zusammenhang von Bedeutung und Existenz bei Einzeldingbezeichnungen* ergänzt werden:

Eine Einzeldingbezeichnung »E« hat nur dann eine sprachliche Bedeutung, wenn sie ein Objekt bezeichnet.

Da ein Ausdruck nur dann ein Objekt bezeichnen kann, wenn dieses Objekt existiert, so hat eine Einzeldingbezeichnung »E« nur dann sprachliche Bedeutung, wenn es ein Objekt O gibt und »E« dieses Objekt O bezeichnet. Das vorläufige Prinzip für begründete Existenzannahmen erlaubt es, auf sehr einfache Weise festzustellen, ob ein Gegenstand O existiert: Es ist hinreichend, wenn man erstens zeigen kann, dass es eine Einzeldingbezeichnung »E« in einer Sprache gibt, die passend ist, um den Gegenstand O zu bezeichnen, und zweitens, dass diese Einzeldingbezeichnung eine sprachliche Bedeutung hat. Wir schließen gemäß diesem Prinzip von der Existenz eines Ausdrucks mit sprachlicher Bedeutung auf die Existenz eines Gegenstandes.

Dabei stützt man sich wesentlich auf die zusätzliche Annahme, dass eine Einzeldingbezeichnung nur dann eine sprachliche Bedeutung hat, wenn diese einen Gegenstand bezeichnet. Der Schluss von der Existenz von sinnvollen Ausdrücken auf die Existenz von Gegenständen ist in der vorliegenden Form nur dann gerechtfertigt, wenn die genannte zusätzliche Annahme gerechtfertigt ist; denn diese stellt den wesentlichen Zusammenhang von sprachlicher Bedeutung und Existenz her. Daher wird diese Annahme im Folgenden kritisch untersucht. Ausgangspunkt ist ein Streitgespräch über die Frage, ob es ein bestimmtes Objekt gibt. Charly und Anna spazieren einen menschenleeren Strand entlang und stehen plötzlich vor einer Reihe von Steinen, deren Anordnung den Schriftzug »STOP« erkennen lässt. Charly glaubt, dass ein Mensch die Steine so angeordnet hat, während Anna glaubt, dass die Steine allein durch Einwirkungen von Wind und Wasser diese Form und Konfiguration bekommen haben. Charly behauptet, dass der Mensch, der diese Steine angeordnet hat, existiert, während Anna dies entschieden bestreitet.

In einem ersten Schritt charakterisieren wir den Streit aus den Perspektiven der beiden Diskussionspartner, wobei wir voraussetzen, dass die obige Annahme über den Zusammenhang von Bedeutung und Existenz bei Einzeldingbezeichnungen richtig ist, d.h., dass die Einzeldingbezeichnung nur dann eine sprachliche Bedeutung hat, wenn sie einen Gegenstand bezeichnet. Aus Charlys Sicht lässt sich die Meinungsverschiedenheit konsistent so darstellen, dass Anna sich weigert, die Existenz eines Gegenstandes anzuerkennen, den es tatsächlich gibt. Da Anna bestreitet, dass der Mensch, der diese Steine angeordnet haben soll, existiert, kann sie aus ihrer Sicht Charlys Beschreibung der Meinungsverschiedenheit nicht übernehmen. Aus Annas Sicht gibt es keinen Gegenstand, dessen Existenz sie anerkennen oder nicht anerkennen könnte. Aus ihrer Sicht bezeichnet der Ausdruck »der Mensch, der diese Steine angeordnet hat« nichts, d.h., der Ausdruck ist gemäß der Annahme über den Zusammenhang von Bedeutung und Existenz bei Einzeldingbezeichnungen ohne sprachliche Bedeutung. Deshalb ist jede Äußerung, in der er vorkommt, als Ganzes bedeutungslos. Damit ist es aus Annas Sicht weder möglich, die Existenzbehauptung aufzustellen, noch sie zu bestreiten. Es gibt aus ihrer Sicht zumindest keine nahe liegende konsistente Beschreibung der Meinungsverschiedenheit. Daher scheint Charlys Position als diejenige, die die Existenz einer Entität behauptet, die einzig annehmbare Position zu sein; denn eine Position, die sich (prinzipiell) nicht konsistent beschreiben lässt, ist nicht haltbar. Allerdings ruht dieser Vorteil von Charlys Position auf der Voraussetzung, dass die Annahme über den Zusammenhang von sprachlicher Bedeutung und Existenz richtig ist. Es lohnt sich, nach Alternativen zu dieser Annahme zu suchen, weil sie eine sehr unplausible Konsequenz hat: In einem Streit über die Existenz eines bestimmten Objekts ist es gemäß dieser Annahme nicht möglich, Annas Position zu beziehen und dabei Recht zu behalten; denn ihr gemäß müsste es verneinte Existenzaussagen geben, die zudem wahr sind. Eine Aussage kann jedoch nur wahr sein, wenn sie eine sprachliche Bedeutung hat. Wenn die verneinte Existenzaussage »Der Mensch, der diese Steine angeordnet hat, existiert nicht« wahr ist, dann müssen alle (selbständigen) Teilausdrücke des Satzes bedeutungsvoll sein, insbesondere auch die Kennzeichnung »der Mensch, der diese Steine angeordnet hat«. Da wir vorerst annehmen, dass eine Einzeldingbezeichnung nur dann eine sprachliche Bedeutung hat, wenn sie ein Objekt bezeichnet, kann die verneinte Existenzaussage nur wahr sein, wenn es den Menschen, der diese Steine angeordnet hat, gibt, d.h., die verneinte Existenzaussage kann nur wahr sein, wenn sie falsch ist. Das ist ein offensichtlicher Widerspruch. Somit folgt aus der Annahme über den Zusammenhang von sprachlicher Bedeutung und Existenz, dass eine verneinte Existenzaussage nicht wahr sein kann. Es ist demgemäß unmöglich, eine Existenzbehauptung zu bestreiten und dabei Recht zu behalten. Wir handeln uns damit eine Reihe von Konsequenzen ein, die unseren Intuitionen völlig entgegenstehen; denn man müsste sagen, dass bei einem Streit über Existenzfragen immer derjenige Recht hat, der die Existenz von etwas behauptet. Damit würde man zugleich behaupten, dass ein solcher Streit kein echter Streit ist, weil ein Bestreiten der Behauptung nie zutreffend sein kann. Doch damit müssten wir die stark verankerte Intuition aufgeben, dass auch derjenige, der die Existenz von etwas bestreitet, Recht haben kann. Ich werde in Anlehnung an Quine (*Was es gibt*, in: Quine, *Von einem logischen Standpunkt*, S. 9-25) dafür argumentieren, dass es gute Gründe dafür gibt, die Annahme über den Zusammenhang von sprachlicher Bedeutung und Existenz fallen zu lassen und an unserer Intuition festzuhalten. Damit müssen wir dann aber auch das vorläufige Prinzip für begründete Existenzannahmen fallen lassen. Im Anschluss an eine Kritik der Annahme über den Zusammenhang von sprachlicher Bedeutung und Existenz wird daher ein neues Prinzip für begründete Existenzannahmen eingeführt.

8.2 Bedeutungsvolle Äußerungen und Existenzannahmen

Die Annahme, die es zu diskutieren gilt, nennen wir kurz die *Bedeutung-Existenz-Annahme*. Sie besagt, dass eine Einzeldingbezeichnung »E« nur dann eine sprachliche Bedeutung hat, wenn sie ein Objekt bezeichnet. Damit ein Objekt bezeichnet werden kann, muss es das Objekt geben. Eine Argumentation, die auf Meinong zurückgeht, stützt sich auf die Bedeutung-Existenz-Annahme und versucht zugleich zu erklären, warum verneinte

Existenzaussagen wahr sein können. Um beides zu vereinbaren, ist es erforderlich, Arten von Existenz zu unterscheiden: Meinong führt neben der (eigentlichen) Existenz die Kategorie der Subsistenz ein. Ein Ding subsistiert, wenn es möglich, aber nicht verwirklicht ist. Die verneinte Existenzaussage »Der goldene Berg existiert nicht« ist demgemäß wahr, weil der goldene Berg nicht existiert, sondern nur subsistiert. Da Subsistenz für ein Objekt hinreicht, um von einem Ausdruck bezeichnet werden zu können, ist somit die Bedeutung-Existenz-Annahme nicht verletzt; denn die Kennzeichnung »der goldene Berg« bezeichnet ein subsistierendes Objekt, und die wahre, verneinte Existenzaussage behauptet, dass dieses Objekt nicht (im eigentlichen Sinne) existiert. Die Unterscheidung von verschiedenen Arten der Existenz wirft allerdings zwei grundlegende Probleme auf: Zum einen ist es keineswegs hinreichend, nur die Kategorie der Subsistenz einzuführen. Wenn man eine Unterteilung dieser Art macht, dann muss man auch eine Art von Existenz vorsehen, die mit der Kennzeichnung »das runde Quadrat« zurechtkommt. Da der Ausdruck »ist ein rundes Quadrat« ein begrifflicher Widerspruch ist, kann das runde Quadrat nicht in die Kategorie der Subsistenz, d.h. des nichtverwirklichten Möglichen, eingeordnet werden. Vielmehr müssen wir eine neue Spielart von Existenz einführen, nämlich die Kategorie des nichtverwirklichten Unmöglichen. Ein erstes Problem für diese Theorie besteht darin, dass die Behauptung, dass nichtverwirklichte unmögliche Objekte wie z.B. das runde Quadrat in irgendeiner Form existieren, nicht mit unserem Alltagsverständnis in Einklang zu bringen ist. Zudem steht die Meinongsche Theorie vor der offenen Frage, in welcher Form unmögliche Objekte existieren sollen.

Ein zweites, noch größeres Problem für die Theorie entsteht mit der Frage nach der Identität von Objekten. Sie betrifft nicht nur die Kategorie des nichtverwirklichten Unmöglichen, sondern auch die der Subsistenz. Ausgangspunkt der Identitätsfrage ist die folgende Überlegung: Wenn meine Annahme, dass ein bestimmtes Objekt, z.B. ein bestimmter Tisch, existiert, begründet sein soll, dann muss ich auch über ein Identitätskriterium verfügen, welches es mir erlaubt, einen Tisch von anderen Objekten und genau diesen Tisch von anderen Tischen zu unterscheiden. In allgemeinerer Form nennen wir dies *das Identitätsprinzip der Ontologie*: Wenn es nicht einmal ein vages Identitätskriterium für ein vermeintliches Objekt gibt, so ist die Annahme, dass dieses Objekt (in irgendeiner Form) existiert, unbegründet. Dieses Prinzip ist von Quine mit dem Slogan »no entity without identity« [keine Entität ohne Identität(skriterium)] in die neuere Ontologie eingeführt worden. Wenn wir die Meinongsche These, dass wir verschiedene Arten von Existenz unterscheiden müssen, mit der Identitätsfrage konfrontieren, so bricht das gesamte Gebäude zusammen. Es ist offensichtlich, dass wir nicht einmal eine Idee haben, wie man ein rundes Quadrat von einem anderen runden Quadrat unterscheiden könnte, bzw. wie man ein rundes Quadrat von einem dreieckigen Kreis unterscheiden könnte. Doch nicht nur für das nichtverwirklichte Unmögliche, sondern auch für die Kategorie der subsistierenden Dinge fehlt uns ein Identitätskriterium; denn wie sollen wir einen nichtverwirklichten, möglichen Tisch von einem anderen nichtverwirklichten möglichen Tisch unterscheiden, bzw. wie sollen wir die Frage beantworten, wie viele nichtverwirklichte mögliche Tische in einem leeren Raum stehen? Diese Überlegung führt die Meinongsche Theorie ad absurdum, d.h., wenn man annimmt, diese Theorie sei wahr, so folgt daraus offensichtlicher Unsinn, so dass die Theorie falsch sein muss.

Wir zeigen nun, dass es gute Gründe gibt, die Bedeutung-Existenz-Annahme fallen zu lassen. Wir untersuchen die Annahme hier nur für Kennzeichnungen, d.h. für Einzeldingbezeichnungen der Form »der/die/das F«, wobei »F« ein beliebiges Prädikat in geeigneter grammatischer Form ist. Um die Bedeutung-Existenz-Annahme zu widerlegen, müssen wir im Falle von Kennzeichnungen zeigen, dass sie, unabhängig davon, ob sie etwas bezeichnen oder nicht, eine sprachliche Bedeutung haben können. Insbesondere kann auch eine leere Kennzeichnung (d.h. eine Kennzeichnung, die nichts bezeichnet) eine sprachliche Bedeutung haben. Um dies zu zeigen, greifen wir auf Russells Analyse von Kennzeichnungen zurück (vgl. S. 66 f.). Gemäß Russell sind Kennzeichnungen Ausdrücke, die nur im Zusammenhang eines Satzes Bedeutung haben, und sie haben ihre Bedeutung unabhängig davon, ob sie etwas bezeichnen oder nicht; denn es lässt sich zeigen, dass ein Satz, der eine Kennzeichnung enthält, dieselbe Bedeutung hat wie ein Satz, in dem keine Kennzeichnung mehr vorkommt. Dies zeigt das folgende Beispiel: Der Satz »Der Mensch, der diese Steine angeordnet hat, ist verrückt« kann durch den folgenden bedeutungsgleichen Satz ersetzt werden: »Es gibt genau ein x, so dass x ein Mensch ist, der diese Steine angeordnet hat, und x ist verrückt«. Das wesentliche Merkmal der Satztransformation ist das Verschwinden der Kennzeichnung »der Mensch, der diese Steine angeordnet hat« zugunsten eines Prädikats »ist ein Mensch, der diese Steine angeordnet hat«. Für Prädikate ist es unstrittig, dass sie eine sprachliche Bedeutung haben können, auch wenn es kein Objekt gibt, das die von dem Prädikat ausgedrückte Eigenschaft hat (bzw. wenn es keine Menge von Objekten gibt, die in der vom Prädikat ausgedrückten Relation zueinander stehen).[8] Da ein Satz, der als Gegenstandsbezeichnung nur eine Kennzeichnung enthält, stets in einen bedeutungsgleichen Satz transformiert werden kann, der außer logischen Zeichen nur noch Prädikate enthält, folgt (aufgrund der Rolle von Prädikaten), dass die Bedeutung des Satzes, der eine Kennzeichnung enthält, nicht davon abhängen kann, ob die Kennzeichnung ein Objekt bezeichnet. Annas Äußerung »Der Mensch, der diese Steine angeordnet hat, existiert nicht« ist bedeutungsgleich mit der Äußerung »Es ist nicht der Fall, dass es genau ein x gibt, so dass x ein Mensch ist, der diese Steine angeordnet hat«. Diese Äußerung enthält neben dem Satzoperator »Es ist nicht der Fall, dass« und dem logischen Zeichen »Es gibt genau ein« nur noch die Variable »x« und das Prädikat »ist ein Mensch, der diese Steine angeordnet hat«. Da die sprachliche Bedeutung des Prädikats unabhängig davon ist, ob es ein Objekt gibt, das die mit dem Prädikat ausgedrückte Eigenschaft hat, hat auch der ganze Satz unabhängig von der Existenz eines bestimmten Objekts eine sprachliche Bedeutung. Damit ist die Bedeutung-Existenz-Annahme am Beispiel von Kennzeichnungen als unhaltbar erwiesen. Dies gilt ebenfalls für Eigennamen, auch wenn dazu gegensätzliche Bedeutungstheorien vorliegen (vgl. 10.3). Wir können nicht von der Tatsache, dass eine Äußerung, in der eine Einzeldingbezeichnung verwendet wird, bedeutungsvoll ist, auf die Existenz eines Objekts schließen. Damit müssen wir auch das vorläufige Prinzip für begründete Existenzannahmen aufgeben.

8.3 Ein neues Prinzip für begründete Existenzannahmen

Eine Existenzbehauptung erlaubt nur dann den Schluss auf die Existenz eines Objekts, wenn sie wahr ist. Somit ist eine Existenzbehauptung nur dann begründet, wenn wir gute Gründe dafür haben, die Existenzbehauptung für wahr zu halten. Das Wahrsein und das Fürwahrhalten einer Aussage müssen strikt unterschieden werden; denn Ersteres ist ein ontologisches Phänomen, welches das Bestehen von Tatsachen betrifft, während Letzteres ein epistemisches Phänomen ist, welches unsere Kenntnis des Bestehens von Tatsachen betrifft. Zunächst konzentrieren wir uns auf die Frage, unter welchen Umständen wir Existenzbehauptungen mit guten Gründen für wahr halten. Zum Schluss widmen wir uns dann dem Wahrsein von Existenzbehauptungen.

Ausgangspunkt für ein neues Prinzip für begründete Existenzannahmen ist die *These des wissenschaftlichen Realismus*. Sie besagt, dass nicht die Philosophie, sondern die empirischen Wissenschaften Auskunft darüber geben können, was es gibt und was die Natur der Dinge ist. Wenn eine Theorie, die zu einer empirischen Wissenschaft gehört, begründet ist, dann sind auch die Existenzbehauptungen, die Teil dieser Theorie sind, begründet. Existenzbehauptungen sind damit nicht als isoliert betrachtete Behauptungen begründet oder nicht, sondern nur als Teil einer Theorie, für die als Ganzes gute Gründe sprechen. Eine Allaussage spricht (quantifiziert) über die Elemente einer Menge von Dingen, z.B. spricht die Aussage »Alle Menschen sind sterblich« über die Elemente der Menge der Menschen, d.h., sie spricht über Menschen. Wenn diese Aussage Teil einer begründeten Theorie ist, dann ist auch die Annahme, dass es Menschen gibt, begründet. Begründete Existenzannahmen können sich somit nicht nur auf begründete Existenzaussagen stützen, sondern auch auf begründete Allaussagen. Demgemäß formulieren wir *das neue Prinzip für begründete Existenzannahmen* in zwei Teilen:

(a) Die Annahme, dass ein bestimmtes Objekt O existiert, ist begründet, wenn die Behauptung, dass O existiert, Teil einer begründeten Theorie einer empirischen Wissenschaft ist.

(b) Die Annahme, dass es Objekte einer bestimmten Art gibt, ist begründet, wenn eine Allaussage, die über Objekte dieser Art redet (quantifiziert), Teil einer begründeten Theorie einer empirischen Wissenschaft ist.

Auf den ersten Blick scheint dieses Prinzip zu eng gewählt, weil es lediglich auf die Theorien der empirischen Wissenschaften Bezug nimmt und empirische Wissenschaften wesentlich von Beobachtungen ausgehen. Doch folgt aus einer Beschränkung auf empirische Theorien nicht, dass Existenzannahmen nur für beobachtbare Dinge begründet sein können, denn auch Theorien empirischer Wissenschaften machen Aussagen über Objekte bzw. Arten von Objekten, die bislang nicht beobachtet wurden. So macht die Physik in neueren Theorien Aussagen über Elementarteilchen, die nur sehr indirekt durch Beobachtungen in Beschleunigerexperimenten bestätigt werden. Es kann keine Rede mehr davon sein, dass man diese Elementarteilchen beobachtet, sondern nur noch davon, dass die Allaussagen über ihre Eigenschaften im Rahmen der Theorie zusammen mit den gegebenen Beobachtungen begründet sind. Letzteres ist jedoch hinreichend, damit gemäß dem neuen Prinzip die Annahme, dass es Elementarteilchen gibt, begründet ist.

Das neue Prinzip für begründete Existenzannahmen ist jedoch nur innerhalb einer empirischen Wissenschaft relativ problemlos anwendbar. Dies setzt allerdings bereits voraus, dass es innerhalb einer Disziplin einen hinreichenden Konsens über den Kern der begründeten Theorien dieser Disziplin gibt, was keineswegs zu allen Zeiten der Fall ist.[9] Eine weitere Schwäche dieses neuen Prinzips für begründete Existenzannahmen zeigt sich, wenn man sie mit dem Prinzip der ontologischen Sparsamkeit (vgl. 2.3.3) in Verbindung bringt. Um dieses Prinzip anzuwenden, müssen wir einen klaren Begriff über die Beziehung zwischen Theorien unterschiedlicher empirischer Wissenschaften haben. Das ist jedoch gegenwärtig nur in Ansätzen der Fall. Das skizzierte Problem wird nun ausführlich dargestellt. Der im Folgenden relevante Aspekt der Forderung nach ontologischer Sparsamkeit ist die theoretische Entbehrlichkeit. Die Annahme, dass eine Entität O existiert, ist theoretisch entbehrlich, wenn sie Teil einer Erklärung eines Phänomens ist, für die es eine fundiertere, alternative Erklärung gibt, die sich nicht auf die Annahme stützt, dass O existiert; z.B. ist die Annahme, dass es den griechischen Gott Zeus gibt, theoretisch entbehrlich, weil es für die mythologische Erklärung des Blitzes als eines Zornausbruchs des Gottes Zeus eine fundiertere, alternative Erklärung gibt, die nicht voraussetzt, dass es Zeus gibt, nämlich die Erklärung im Rahmen einer physikalischen Theorie der Potentialdifferenzen. Es gehört zu den Hintergrundannahmen der Forderung nach ontologischer Sparsamkeit, dass es eine Rangfolge empirischer Theorien gibt, wobei die Biologie weniger ontologische Annahmen macht als die Psychologie, die Chemie wiederum weniger ontologische Annahmen macht als die Biologie und letztlich die Physik die geringsten ontologischen Voraussetzungen macht. Das Idealbild der Einheit der Wissenschaften besagt, dass alle wissenschaftlichen Erklärungen sich letztlich auf physikalische Erklärungen reduzieren lassen.

Das Beispiel des Blitzes ist ein klarer Fall, in dem die Forderung nach ontologischer Sparsamkeit greift. Spannend sind jedoch gerade die Fälle, in denen es zu einer Erklärung eines Phänomens noch keine fundiertere, physikalische Erklärung als Alternative gibt. Dazu gehört z.B. die Erklärung des menschlichen Handelns im Rahmen der Alltagspsychologie: Wir erklären Peters Handlung des Kaufens einer Kinokarte durch seinen Wunsch, einen bestimmten Film zu sehen und sich dazu die Berechtigung zu verschaffen, zusammen mit seiner Überzeugung, dass er sich durch das Kaufen einer Kinokarte dazu die Berechtigung verschafft. Die Erklärung von Handlungen gemäß der Alltagspsychologie setzt voraus, dass es Wünsche und Überzeugungen gibt. Nun stellt sich die Frage, ob diese Existenzannahme theoretisch entbehrlich ist oder nicht. Unstrittig ist, dass es zur Zeit keine physikalische Erklärung von Wünschen und Überzeugungen gibt. Strittig ist jedoch die Frage, ob es prinzipiell eine solche Erklärung geben kann (und wird) oder nicht. Die Befürworter und Gegner der These, dass es Wünsche und Überzeugungen (als Phänomene *sui generis*) gibt, stellen hohe Anforderungen an die Vertreter der jeweiligen Gegenposition. Die Gegnerposition lautet: Nur wenn man zeigt, dass es prinzipiell keine physikalische Erklärung von Wünschen und Überzeugungen geben kann, ist es erwiesen, dass diese theoretisch unentbehrlich sind. Die Befürworterposition lautet: Nur wenn man eine physikalische Erklärung von Wünschen und Überzeugungen vorlegen kann, sind Wünsche und Überzeugungen klarerweise theoretisch eliminierbar. Zur Zeit gibt es keine Theorie, die eine der beiden Anforderungen erfüllen würde. Daher endet die kritische Auseinandersetzung der Parteien im Augenblick häufig mit einer Beweislastverteilung, d.h., man weist den Gegner darauf hin, dass er die hohe Anforderung für einen klaren Nachweis nicht erfüllt, während man selbst dem Pendant ebenso wenig genügen kann. Es ist somit eine nach wie vor offene Forschungsfrage, ob Wünsche und Überzeugungen Phänomene *sui generis* sind oder nicht. Sie gehört mit zu den Kernfragen der analytischen Philosophie des Geistes, die im folgenden Kapitel eingehender betrachtet werden.

Zum Schluss möchte ich noch darauf aufmerksam machen, dass wir uns bislang nur mit der Frage beschäftigt haben, unter welchen Bedingungen Existenzannahmen begründet sind, aber noch nicht explizit mit der Frage, wann diese wahr sind. Wie eng epistemische Rechtfertigung und Wahrheit miteinander in Verbindung gebracht werden, hängt davon ab, welche philosophische Konzeption bezüglich des Wahrheitsbegriffs man vertritt. Hier soll ein Hinweis auf die Alternativen genügen: Eine

Extremposition besagt, dass Wahrheit nichts anderes ist als epistemische Rechtfertigung, d.h., wenn eine Existenzbehauptung begründet ist, so folgt logisch (deduktiv), dass diese wahr ist. Eine Gegenposition behauptet, dass der Begriff der Wahrheit überhaupt kein epistemischer Begriff ist. Deshalb ist es stets möglich, dass der Übergang von einer begründeten Existenzbehauptung auf deren Wahrheit sich als falsch erweist. Es handelt sich bei diesem Übergang demgemäß nicht um einen deduktiv logischen Schluss, sondern bestenfalls um einen in hohem Maße bestätigten Übergang. Diese Alternative zeigt, dass eine These zur Ontologie sich wesentlich auf eine These zur Erkenntnistheorie stützen kann. Damit ist dies zugleich ein Beispiel für die enge Verflechtung der philosophischen Teildisziplinen.

9. Analytische Philosophie des Geistes: Das Problem der mentalen Verursachung

Die analytische Philosophie des Geistes greift unter anderem ein auf Descartes zurückgehendes Problem der Philosophie auf, nämlich das so genannte Leib-Seele-Problem. Es basiert auf der Frage, wie der Zusammenhang zwischen seelischen und körperlichen Phänomenen zu erklären ist. Das Problem entsteht, weil wir in dieser Frage an mehreren Überzeugungen festhalten wollen, die nicht kompatibel sind. Mit den folgenden drei Sätzen entsteht das klassische Leib-Seele-Problem:

»(1) Mentale Phänomene sind nichtphysische Phänomene.
(2) Mentale Phänomene sind im Bereich physischer Phänomene kausal wirksam.
(3) Der Bereich physischer Phänomene ist kausal geschlossen.«
(Bieri, *Analytische Philosophie des Geistes*, S. 5.)

Die Behauptung in Satz (1) stützt sich auf unsere Intuition, dass mentale Phänomene wie z.B. Schmerzen, Wahrnehmungen, Hoffnungen und Überzeugungen radikal von physischen Phänomenen verschieden sind. Diese Verschiedenheit hält Satz (1) mit der These fest, dass mentale und physische Phänomene zwei getrennten Bereichen des Seienden zuzuordnen sind. Dies ist die These des ontologischen Dualismus. Die Behauptung in Satz (2) stützt sich auf die Intuition, dass z.B. Wünsche und Überzeugungen, d.h. mentale Phänomene, die Ursache von Verhaltensweisen, d.h. von physischen Phänomenen, sind. Auf diese Intuition bauen sich unsere alltagspsychologischen Erklärungen auf: Wir sagen, dass jemand vor Freude weint, vor Schrecken starr ist. Wir erklären die Handlung einer Person durch Hinweis auf ihre Wünsche und Überzeugungen als Ursachen für die Handlung. Satz (2) ist die These, dass es mentale Verursachung gibt, d.h. dass eine Kausalrelation zwischen einem mentalen Phänomen als Ursache und einem physischen Phänomen als Wirkung bestehen kann. Schließlich stützt sich Satz (3) auf ein methodisches Prinzip der Physik: Ein physisches Phänomen kann nur durch ein anderes physisches Phänomen verursacht werden. Das traditionelle Leib-Seele-Problem besteht nun darin, dass die scheinbar gut verankerten Behauptungen in den Sätzen (1) bis (3) nicht zugleich wahr sein können.

Wenn mentale Phänomene nichtphysische Phänomene sind (1) und trotzdem ein mentales Phänomen auf ein physisches Phänomen kausal einwirken kann (2), dann ist damit der Bereich physischer Phänomene nicht kausal geschlossen; denn gemäß der Behauptung in Satz (2) kann ein physisches Phänomen durch ein mentales Phänomen verursacht werden. Die Unverträglichkeit der drei Sätze geht so weit, dass jeweils zwei Sätze die Falschheit des dritten nach sich ziehen.[10]

Da die drei Sätze nicht kompatibel sind, muss in einer konsistenten Antwort auf die Frage, wie der Zusammenhang zwischen mentalen und physischen Phänomenen zu erklären ist, einer der drei Sätze fallen gelassen werden.

Es zeichnet die Beiträge zur Analytischen Philosophie des Geistes weitgehend aus, dass die These des ontologischen Dualismus (1) aufgegeben wird.[11] Damit stellt man sich gegen jede Philosophie des Geistes, die, wie z.B. Descartes, eine klare ontologische Trennung von seelischen Substanzen (res cogitans) und physischen Substanzen (res extensa) annimmt.

Im Folgenden werden wir wesentliche Beiträge zur Analytischen Philosophie des Geistes vorstellen. Dabei ist nicht die historische Entwicklung der Positionen, sondern die systematische Frage leitend, welche Haltung die Vertreter einer Position gegenüber der These einnehmen, dass es mentale Verursachung gibt. Zunächst möchten wir zwei ablehnende Positionen und dann zwei befürwortende Positionen vorstellen. Dabei skizzieren wir die jeweiligen Theorien des Geistes nur so weit, wie es erforderlich ist, um die unterschiedlichen Begründungen für die Stellungnahme zu dem Problem der mentalen Verursachung zu verstehen. Die beiden gegensätzlichen Grundhaltungen führen zu einem völlig unterschiedlichen Umgang mit dem Problem: Wenn man gute Gründe dafür hat, dass es mentale Verursachung nicht gibt, dann existiert auch das Problem der mentalen Verursachung nicht mehr. Dies ist ein Beispiel für eine Strategie der Analytischen Philosophie, die philosophische Probleme zu lösen versucht, indem sie diese zum Verschwinden bringt. Wenn man dafür argumentiert, dass es mentale Verursachung gibt, dann benötigt man auch eine Erklärung, wie die kausale Rolle von mentalen Phänomenen zu verstehen ist.

9.1 Gilbert Ryles Theorie des Geistes: Mentale Phänomene sind Dispositionen

Gilbert Ryle vertritt in seinem Buch *The concept of mind* (dt. *Der Begriff des Geistes*) die These, dass mentale Phänomene Dispositionen sind und als solche keine kausale Rolle für physische Phänomene spielen. Diese These wird nun ausführlich erläutert.

Dispositionen sind Fähigkeiten, Verhaltensneigungen oder Verhaltenstendenzen, z.B. hilfsbereit sein oder wasserlöslich sein. Das Gegenstück zu Dispositionen sind manifeste Eigenschaften, z.B. die Eigenschaft, einem Freund Geld geliehen zu haben, oder die Eigenschaft, in Wasser aufgelöst zu sein. Demgegenüber ist die Unterscheidung in materielle und physische Phänomene unbedeutend. Manifeste Eigenschaften werden mit kategorischen Aussagen beschrieben, z.B. wird die Tatsache, dass Thomas die manifeste Eigenschaft hat, zwei Meter groß zu sein, schlicht mit dem Satz »Thomas ist zwei Meter groß« beschrieben. Dispositionen erläutern wir mit Wenn-dann-Sätzen bzw. hypothetischen Aussagen. Ein Beispiel für eine Disposition ist die Zerbrechlichkeit von Glasscheiben. Ausführlich wird sie durch den folgenden Wenn-dann-Satz erläutert:

Wenn ein schwerer harter Gegenstand auf eine Glasscheibe treffen würde, dann würde sie zerbrechen.

Für Dispositionsaussagen wie z.B. »Glasscheiben sind zerbrechlich« ist es wesentlich, dass sie durch *hypothetische* Verknüpfungen von Ausgangs- und Folgeereignissen erläutert werden können; mit diesen Erläuterungen werden Verknüpfungen zwischen einem möglichen Ausgangsereignis und dem zu erwartenden Folgeereignis angegeben. Deshalb spricht man bei den Wenn-dann-Sätzen auch von hypothetischen Aussagen bzw. kontrafaktischen Konditionalen. Die Bedeutung von Dispositionsaussagen erschöpft sich gemäß Ryle völlig in den Wenn-dann-Sätzen, die sie erläutern:

(i) Dispositionsaussagen sind nur insoweit bedeutungsvoll, wie sie durch kontrafaktische Konditionale erläutert werden können.

Betrachten wir die Grammatik der Aussage »Diese Glasscheibe ist zerbrechlich« nur oberflächlich, so scheint es sich dabei um eine kategorische Aussage zu handeln, die analog zu der kategorischen Aussage »Thomas ist zwei Meter groß« behauptet, dass einem Objekt bzw. einer Person eine manifeste Eigenschaft zukommt. Der Schein trügt, da es sich bei Zerbrechlichkeit nicht um eine manifeste Eigenschaft, sondern um eine Disposition handelt. Die Aussage »Thomas ist zwei Meter groß« ist genau dann falsch, wenn es nicht der Fall ist, dass Thomas die manifeste Eigenschaft zukommt, zwei Meter groß zu sein. Um die Wahrheits- bzw. Falschheitsbedingungen der Aussage »Diese Glasscheibe ist zerbrechlich« angeben zu können, müssen wir sie durch einen Wenn-dann-Satz erläutern: »Wenn ein schwerer harter Gegenstand auf diese Glasscheibe trifft, dann zerbricht sie.« Da die Eigenschaft, zerbrechlich zu sein, keine manifeste Eigenschaft ist, lässt sie sich nur durch den hypothetischen Zusammenhang zwischen einer Ausgangssituation und einem Folgeereignis charakterisieren. Die Bedeutung von Dispositionsaussagen erschöpft sich dementsprechend in den kontrafaktischen Konditionalen, die sie erläutern. Die logische Struktur von Dispositionsaussagen ist ein Konditional. Die Aussage »Diese Glasscheibe ist zerbrechlich« ist somit genau dann falsch, wenn das Antezedens (der Inhalt des Wenn-Satzes) wahr und das Konsequens (der Inhalt des Dann-Satzes) falsch ist; d.h., sie ist falsch, wenn die Situation eintritt, dass ein schwerer harter Gegenstand auf diese Glasscheibe trifft, und es nicht zugleich dazu kommt, dass sie zerbricht.

Bislang haben wir nur materielle Phänomene betrachtet. Ryles zentrale These ist jedoch eine Aussage zu mentalen Phänomenen. Aussagen, die mentale Prädikate enthalten und somit über mentale Phänomene reden, werden im Folgenden als psychologische Aussagen bezeichnet. Ryles Kernthese lautet:

(ii) *Psychologische Aussagen sind Dispositionsaussagen, und zwar kontrafaktische Verhaltensaussagen.*

Betrachten wir beispielsweise das mentale Phänomen, welches mit dem Satz »Petra fährt intelligent Auto« beschrieben wird. Petras intelligentes Autofahren lässt sich gemäß Ryle durch eine offene Reihe von Wenn-dann-Sätzen charakterisieren, die weder notwendige noch hinreichende, sondern lediglich charakteristische Bedingungen angeben:

K1: Wenn Petra mit ihrem Wagen in einer Stadt fahren würde, dann würde sie besonders auf die Radfahrer und Fußgänger achten.

K2: Wenn Petra auf eine Kreuzung mit roter Ampel zufahren würde, würde sie schon frühzeitig die Geschwindigkeit verringern.

K3: Wenn Petra bei dichtem Verkehr auf einer Autobahn fahren würde, würde sie sich rechtzeitig an die Geschwindigkeit der Wagenkolonne anpassen. ...

Kn: Wenn Petra sich in der-und-der Situation befinden würde, würde sie sich so-und-so verhalten. usw.

Mit der These, dass Intelligenz eine Disposition ist, die sich durch kontrafaktische Konditionale erläutern lässt, wendet sich Ryle gegen die cartesianische Theorie des Geistes. Diese behauptet, dass mentale Phänomene manifeste Eigenschaften sind, die zum einen nicht beobachtbar und zum anderen privat bzw. nur dem Träger eines solchen Zustands unmittelbar zugänglich sind. Mentale Phänomene sind in der cartesianischen Theorie des Geistes geheimnisvolle, weil jeweils nur einer Person zugängliche Phänomene. Diese These nennt Ryle den *Mythos vom Gespenst in der Maschine.* Dieser Mythos speist sich aus einer Verwechslung von manifesten Eigenschaften mit Dispositionen. Psychologische Aussagen sind Dispositionsaussagen und als solche sind sie überprüfbare hypothetische Verhaltenssätze und nicht – wie in einer cartesianischen Theorie behauptet – unüberprüfbare kategorische Zustandsbeschreibungen. Gemäß der cartesianischen Theorie ist ein Verhalten intelligent, wenn sich die Person, die eine Handlung ausführt, in einem bestimmten geistigen Zustand befindet, der nur ihr unmittelbar zugänglich ist. Gemäß Ryle wird ein Verhalten zu Recht intelligent genannt, wenn die Reaktionen in einer Situation eine charakteristische Qualität haben. Ryle verbindet die Kernthese, dass psychologische Aussagen Dispositionsaussagen sind, mit der These, dass es keine mentale Verursachung gibt.

(iii) *Alltagspsychologische Erklärungen sind keine Kausalerklärungen.*

Alltagspsychologische Erklärungen haben die folgende Form:

A tut die Handlung H, weil:

A wünscht, dass p, und

A glaubt, dass die Handlung H seinen Wunsch erfüllt.

Gemäß diesem Schema erklären wir gewöhnlich Handlungen, d.h., es sind Wünsche und Überzeugungen, die wir zur Erklärung von Handlungen heranziehen. Ryle vertritt die These, dass solche Erklärungen keine Kausalerklärungen sind. Dazu unterscheidet er zwei Typen von Erklärungen: Eine Erklärung heißt *kausal*, wenn sie ein Ereignis erklärt, indem sie das verursachende Ereignis angibt, z.B. erklärt man das Zerbrechen dieser Glasscheibe durch die Tatsache, dass ein Stein auf sie geworfen wurde. Eine Erklärung heißt dispositional, wenn sie diejenige Eigenschaft angibt, die dafür verantwortlich ist, dass die Glasscheibe zerbrochen ist, als ein Stein auf sie geworfen wurde, nämlich die Zerbrechlichkeit der Glasscheibe. Dispositionale und kausale Erklärungen sind prinzipiell verschiedene Erklärungen. Ihr Zusammenhang kann wie folgt erläutert werden: Die dispositionale Feststellung »Die Glasscheibe ist zerbrechlich« gibt in verschlüsselter Form das Gesetz an, welches die Ursache mit der Wirkung verknüpft; wenn man in einer Erklärung eine Disposition angibt, so gibt man charakteristische Ursache-Wirkungs-Zusammenhänge, aber kein verursachendes Ereignis an. Dispositionen sind somit keine Ursachen. In den alltagspsychologischen Erklärungen verwenden wir psychologische Aussagen, um die Gründe einer Handlung anzugeben. Da es sich bei psychologischen Aussagen um Dispositionsaussagen handelt, handelt es sich bei den alltagspsychologischen Erklärungen um dispositonale und nicht um kausale Erklärungen. Handlungen werden durch Motive erklärt. Motive sind nicht Beschreibungen von singulären Ereignissen, sondern generelle Sätze, die charakteristische Zusammenhänge zwischen Situationen und Verhaltensweisen beschreiben.

Ryles Argumentation stützt sich vor allem auf seine Kernthese, dass mentale Phänomene Dispositionen und als solche durch hypothetische Aussagen vollständig beschreibbar sind. Wenn wir eine Handlung als ein Vorkommnis eines Ereignisses auffassen, dann müsste in einer Kausalerklärung auch ein Vorkommnis eines Ereignisses als Ursache genannt werden. Wenn aber Wünsche und Überzeugungen vollständig durch hypothetische Sätze beschreibbar sind, dann wird mit der Angabe eines Wunsches oder einer Überzeugung kein Vorkommnis eines Ereignisses angegeben. Die Gegenposition, nach der es sich bei alltagspsychologischen Erklärungen doch um Kausalerklärungen handelt, stützt sich darauf, dass es sich bei mentalen Phänomenen nicht immer um Dispositionen handelt. Überzeugungen können nicht nur dispositional, sondern auch episodisch verstanden werden, d.h. sie können einerseits als Dispositionen, aber andererseits auch als Vorkommnisse von mentalen Zuständen, d.h. als reale Ereignisse, aufgefasst werden. Wenn eine Überzeugung episodisch verstanden wird, so hat eine Person diese Überzeugung zu einem bestimmten Zeitpunkt. Die Überzeugung wird dann (zusammen mit Vorkommnissen von Wünschen) zur Ursache einer Handlung, die als Ereignis aufgefasst wird. Somit handelt es sich bei alltagspsychologischen Erklärungen (zumindest in vielen Fällen) um Kausalerklärungen. Wünsche und Überzeugungen sind – so Donald Davidson – nicht nur Gründe zur Rationalisierung einer Handlung, sondern zugleich deren Ursachen.

9.2   Daniel Dennett: Intentionale Systeme

Wie Ryle, so vertritt auch Dennett die These, dass mentale Phänomene nicht in einer Kausalrelation zu physischen Phänomenen stehen. Dennetts Begründung für diese These ist Teil seiner Theorie der intentionalen Systeme. Für intentionale Systeme ist es wesentlich, dass ihr Verhalten mittels Wünschen, Befürchtungen, Überzeugungen, Hoffnungen etc. erklärt und vorausgesagt wird. Somit sind Menschen offensichtlich gute Kandidaten für intentionale Systeme. Etwas ist allerdings nur dann ein intentionales System, wenn zwei Bedingungen erfüllt sind:

1. Es gibt jemanden, der das Verhalten dieses Systems zu erklären und vorauszusagen sucht (den Verhaltenserklärer).
2. Die Voraussage und Erklärung folgt einer bestimmten Strategie, nämlich der intentionalen Einstellung.

Dennett unterscheidet drei Strategien für Erklärungen und Voraussagen von Verhalten: die intentionale, die funktionale und die physikalische Einstellung. Diese Strategien werden am

Beispiel eines Schachcomputers erläutert, wobei ein Gegner des Schachcomputers dessen Züge vorauszusagen versucht. Wenn die Züge des Schachcomputers gemäß einer physikalischen Einstellung vorausgesagt werden, dann beschreibt der Gegner eine Folge von tatsächlichen physikalischen Zuständen: Ist der Computer aus Röhren aufgebaut, so sind die physikalischen Zustände andere, als wenn er aus Chips, d.h. Halbleitern, bestehen würde. Gemäß einer physikalischen Einstellung wird ein System mittels seiner spezifischen physikalischen Zustände beschrieben, wobei unser gesamtes Wissen über die Naturgesetze vorausgesetzt wird. Bei einer funktionalen Einstellung abstrahiert man von den spezifischen physikalischen Zuständen zugunsten von bestimmten Funktionseinheiten, die durch unterschiedliche physikalische Zustände realisiert sein können. Die Funktionseinheiten werden auch funktionale Zustände genannt. Bei einem Schachcomputer können die funktionalen Zustände als diejenigen Zustände betrachtet werden, die gewöhnlich ein Programmierer mittels der Programmiersprache beschreibt, d.h., es handelt sich dabei um logische Charakterisierungen des Programms, die ihrerseits sehr unterschiedlich ausfallen. Wesentlich ist dabei, dass einerseits von den spezifischen physikalischen Zuständen abgesehen wird und andererseits keine Beschreibungen von Wünschen, Überzeugungen oder anderen intentionalen Phänomenen einfließen. Eine funktionale Beschreibung könnte, in die natürliche Sprache übertragen, wie folgt aussehen: »Wenn die Figuren auf folgenden Feldern stehen (schwarzer Turm auf a8, schwarzer König auf d8 ..., weißer Turm auf f1, ...), dann ziehe den weißen Turm von f1 auf f5«. Dabei wird noch nicht von Wünschen, Überzeugungen oder anderen intentionalen Phänomenen geredet. Schließlich definiert es die intentionale Einstellung, dass die Züge des Schachcomputers auf der Basis von Wünschen, Überzeugungen etc. vorausgesagt werden, z.B. »Der Schachcomputer möchte die Dame des Gegners schlagen und er glaubt, dass er dies nur erreicht, wenn er zuvor seinen Läufer auf schwarzem Feld opfert; deshalb stellt er den Läufer in eine scheinbar ungünstige Position.« Während die physikalistische Einstellung keine besonderen Voraussetzungen für die Erklärung und Prognose von Verhalten macht, wird bei der funktionalen Einstellung vorausgesetzt, dass ein System störungsfrei funktioniert. Die Beschreibung eines Systems mittels funktionaler Zustände ist nur dann angemessen, wenn die funktionalen Zustände (zumindest weitgehend) realisiert sind. Bei der intentionalen Einstellung nehmen wir an, dass das zu beschreibende System sich rational verhält. Eine Erklärung oder Prognose des Verhaltens mittels intentionaler Prädikate (das sind Prädikate, die wesentlich zur Beschreibung mentaler Phänomene verwendet werden) ist nur dann angemessen, wenn es sich bei dem System um eines handelt, das (zumindest weitgehend) vernünftige Verhaltensregeln realisiert, d.h. wenn es ausgehend von bestimmten Zielen und Informationen die vernünftigste und angemessenste Handlung realisiert.[12] Wenn ein System sich nicht rational verhält, dann ist die intentionale Einstellung unbrauchbar. Sein Verhalten kann dann allenfalls noch durch die funktionale Einstellung erklärt werden. Funktioniert das System nicht störungsfrei, dann ist sogar die funktionale Einstellung unbrauchbar. Funktionsstörungen eines Systems können nur mit der physikalischen Einstellung erfasst werden. Da die physikalische Einstellung keine Voraussetzungen hat, lassen sich alle Systeme mittels dieser Einstellung beschreiben. Damit kommt der materialistische Zug von Dennetts Theorie zum Ausdruck. Bei der folgenden Begründung von Dennetts Position zum Problem der kausalen Verursachung wird deutlich, dass er dem, was wir im Alltag als intentionale Phänomene bezeichnen, eine eigenständige Rolle im Vergleich zu physischen Phänomenen zubilligt.

Art der Einstellung	Voraussetzungen der Anwendung einer Einstellung	Erklärung/Prognose von Verhalten mittels
physikalisch	keine	physikalischer Zustände
funktional	störungsfreies Funktionieren	funktionaler Zustände
intentional	rationales Verhalten	intentionaler Zustände (Wünsche etc.)

Die These, dass es keine kausale Verursachung gibt, ergibt sich aus Dennetts Theorie der intentionalen Systeme mit den folgenden beiden Überlegungen:

Gemäß der obigen Definition ist ein System ein intentionales System, wenn jemand das Verhalten mittels der intentionalen Einstellung vorauszusagen oder zu erklären sucht; d.h., allein die Tatsache, dass jemand das Verhalten eines System, z.B. das Scharren eines Hundes an der Haustür, mittels Wünschen, z.B. dass der Hund aus dem Haus möchte, zu erklären sucht, reicht, damit es sich dabei um ein intentionales System handelt. Die intentionale Strategie kann sich bei der Erklärung und Prognose des Verhaltens eines Systems als brauchbar oder unbrauchbar erweisen, nicht jedoch als wahr oder falsch. Ist die intentionale Strategie brauchbar, so sagt dies nicht mehr, als dass sich das Verhalten eines Systems erfolgreich erklären lässt, wenn man dem System Wünsche und Überzeugungen *zuschreibt*. Die Frage, ob das System *wirklich* Wünsche und Überzeugungen hat, ist unangebracht. Eine intentionale Einstellung wählt man aus pragmatischen Gründen und nicht weil sie wahre Erklärungen ergeben würde; z.B. spricht jemand beim Schachcomputer von dessen Wünschen, wenn er nicht in der Lage ist, die Züge in funktionaler, geschweige denn in physikalischer Einstellung zu erklären. Dennetts Theorie intentionaler Systeme schließt somit nicht die These ein, dass es Wünsche und Überzeugungen *gibt*. Wünsche und Überzeugungen sind daher gemäß Dennett auch nicht Ursachen von Handlungen, denn dazu müsste er behaupten, dass sie existieren.

Der zweite Grund für Dennetts Position, dass alltagspsychologische Erklärungen keine Kausalerklärungen sind, resultiert aus der Unabhängigkeit der drei beschriebenen Einstellungen. Jede Einstellung ist eine eigenständige Erklärungsstrategie. Bei einer intentionalen Einstellung werden Beschreibungen von Wünschen, Überzeugungen und Handlungen miteinander verknüpft. Bei einer funktionalen Einstellung werden nur funktionale Zustände und bei einer physikalischen Einstellung nur physikalische Zustände beschrieben. Die Unabhängigkeit der drei Erklärungsstrategien besteht darin, dass die Verhaltenserklärungen jeder Ebene Erklärungen *sui generis* sind. Da es sich bei Erklärungen mit der physikalischen Einstellung um Kausalerklärungen handelt, kann es sich bei den Erklärungen mit funktionaler oder intentionaler Einstellung nicht um Kausalerklärungen handeln. Außerdem führt es zu Unsinn, wenn man Beschreibungen aus unterschiedlichen Einstellungen miteinander verknüpft. Wenn man in einer Erklärung Beschreibungen von Wünschen und Überzeugungen als mentalen Phänomenen mit Beschreibungen von physikalischen Phänomenen verknüpfen würde, so wäre das Ergebnis keine Erklärung und somit erst recht keine Kausalerklärung.

Dennetts Theorie des Geistes basiert wesentlich auf der Annahme, dass mentale Phänomene nur über Zuschreibungen intentionaler Einstellung erfassbar sind. Dass eine Person ein mentales Phänomen hat, heißt gemäß Dennett nichts anderes, als dass es für die Verhaltenserklärung nützlich ist, dieser Person einen mentalen Zustand zuzuschreiben. Dies führt jedoch zu kontraintuitiven Resultaten: Zu den mentalen Phänomenen gehören u.a. die Zahnschmerzen, die ein Mensch hat. Dennetts Theorie muss nun behaupten, dass die Tatsache, dass eine Person Zahnschmerzen hat, davon abhängt, ob es für jemand anderen nützlich ist, bei Verhaltenserklärungen dieser Person Zahnschmerzen zuzuschreiben. Das Sprachverhalten anderer Menschen scheint zumindest gemäß unserem Alltagsverständnis keinen Einfluss darauf zu haben, ob jemand Schmerzen hat oder nicht. Dennetts Theorie der intentionalen Systeme ist nur so fundiert wie das zugrunde liegende ontologische Prinzip. Wenn man Zuschreibungen mit intentionalen Einstellungen als intentionale Zuschreibungen bezeichnet, dann lässt sich das Prinzip plakativ so formulieren: Ohne intentionale Zuschreibung kein mentales Phänomen. Diese These von der Zuschreibungsabhängigkeit mentaler Phänomene wird von den Philosophen nicht akzeptiert, die die Position vertreten, dass es mentale Verursachung gibt. Im Folgenden werden wir zwei grundlegende Konzeptionen skizzieren, die auf unterschiedliche Weise das Problem der mentalen Verursachung zu lösen versuchen.

9.3   Identitätstheorien und der Funktionalismus

Vertreter einer Identitätstheorie oder des Funktionalismus halten sowohl an der These fest, dass es mentale Verursachung gibt, als auch an der These, dass der Bereich physischer Phänomene kausal geschlossen ist. Das können sie nur, wenn sie zugleich dafür argumentieren, dass mentale Phänomene eine Art physischer Phänomene sind. Identitätstheorien sind geradezu dadurch motiviert, dass ihre Vertreter[13] das Problem der mentalen Verursachung als echtes Problem anerkennen. Die Lösung des Problems besteht in der Kernthese der Identitätstheorien, die besagt, dass mentale Phänomene mit bestimmten physischen Phänomenen identisch sind, und zwar mit Gehirnzuständen. Wenn mentale Phänomene eine Teilmenge der physischen Phänomene sind, dann ist mentale Verursachung kein Problem, denn sie ist nichts anderes als eine gewöhnliche Kausalrelation zwischen zwei physischen Phänomenen. Davidsons Argument für eine Identitätstheorie stützt sich wesentlich auf die Annahme, dass es mentale Verursachung gibt. Es lässt sich grob wie folgt rekonstruieren (vgl. Lanz, *Menschliches Handeln zwischen Kausalität und Rationalität*):

(i) Es gibt mentale Verursachung, d.h., ein mentales Phänomen kann die Ursache eines physischen Phänomens sein.

(ii) Wenn ein mentales Phänomen ein physisches Phänomen verursacht, so gibt es ein striktes Gesetz, unter das sich die Kausalrelation zwischen den beiden Phänomenen subsumieren lässt.[14]

(iii) Es gibt keine strikten psychophysischen Gesetze (das sind strikte Gesetze, die einen Zusammenhang zwischen mentalen und physischen Phänomenen beschreiben), wenn sich mentale Phänomene nur mit intentionalen (genauer: mit nichtphysikalischen) Prädikaten beschreiben lassen.

Conclusio: Es muss eine physikalische Beschreibung von mentalen Phänomenen geben, d.h. mentale Phänomene sind mit physischen Phänomenen identisch.

Bei der ersten Prämisse handelt es sich um eine intuitiv wünschenswerte These. Die zweite Prämisse des Arguments stützt sich auf die wissenschaftstheoretische Annahme, dass Kausalbeziehungen Einzelfälle von strikten Gesetzen sind. Ein Gesetz ist strikt, wenn es Teil einer umfassenden und geschlossenen Theorie ist, d.h., ein striktes Gesetz gehört zu einer Theorie, die zur Erklärung von Ereignissen eines Gegenstandsbereiches nur Ereignisse bemühen muss, die sich mit den Annahmen, Begriffen und Gesetzen der Theorie beschreiben lassen. Die dritte Prämisse besagt somit, dass psychophysische Gesetze nicht Teil einer umfassenden und geschlossenen Theorie sein können, wenn die mentalen Phänomene mittels nichtphysikalischer Prädikate beschrieben werden. Diese These stützt sich auf folgende Überlegung: Wenn ein Vorkommnis eines mentalen Phänomens mittels intentionaler beziehungsweise nichtphysikalischer Prädikate beschrieben wird, dann gehört es nur in Bezug auf Hintergrundannahmen über Bedeutung und Rationalität zu einer bestimmten Art mentaler Phänomene. Dagegen gehört ein Vorkommnis eines physischen Phänomens unabhängig von solchen Hintergrundannahmen zu einer bestimmten Art physischer Phänomene. Da eine Theorie, die sowohl mentale als auch physische Phänomene bei derart unterschiedlichen Identitätsbedingungen beschreiben würde, nicht umfassend und geschlossen sein kann, gibt es keine strikten psychophysischen Gesetze, wenn mentale Phänomene mittels intentionaler beziehungsweise nichtphysikalischer Prädikate beschrieben werden. Da es jedoch gemäß der ersten These mentale Verursachung gibt, muss es strikte Gesetze geben, die einen Zusammenhang zwischen mentalen und physischen Phänomenen beschreiben. Doch dazu müssen die mentalen Phänomene eine physikalische Beschreibung haben.

Um eines der Grundprobleme von Identitätstheorien aufzuzeigen, müssen wir zunächst die Art-Vorkommnis-Unterscheidung (»type-token-Unterscheidung«) heranziehen. Wenn wir von Gehirnzuständen sprechen, so müssen wir klären, ob wir damit über eine Art von Gehirnzustand sprechen, den unterschiedliche Personen zu unterschiedlichen Zeiten haben können, oder über ein Vorkommnis eines Gehirnzustands, welches sich dadurch auszeichnet, dass es zu einem Zeitpunkt bei genau einer Person realisiert ist. Dem gemäß unterscheiden wir zwei Lesarten der Kernthese. Die These, dass mentale Phänomene mit *Arten* von Gehirnzuständen identisch sind, ist der Kern der *generellen* Identitätstheorie (auch *genereller Physikalismus* genannt), während die These, dass mentale Phänomene mit *Vorkommnissen* von Gehirnzuständen identisch sind, der Kern der *partikularen* Identitätstheorie ist (auch *partikularer Physikalismus* genannt). Aus der generellen Identitätstheorie folgt, dass mentale Phänomene prinzipiell nur bei Wesen mit unserer physiologischen Verfassung auftreten können, während dies nicht aus der partikularen Identitätstheorie folgt. Es ist jedoch unplausibel anzunehmen, dass mentale Phänomene nur bei Wesen auftreten können, die ein menschenähnliches Gehirn haben. Warum sollen mentale Phänomene nicht auch auf einer ganz anderen materiellen Basis realisiert sein können? Diese Überlegung führte dazu, dass die generelle Identitätstheorie zugunsten der partikularen Identitätstheorie aufgegeben wurde. Die partikulare Identitätstheorie hat zwar keine derartigen Probleme, aber sie leistet nicht das, was wir von ihr erwarten. Da sie nur Vorkommnisse von Schmerzen mit Vorkommnissen von physischen Zuständen identifiziert, sagt sie nichts darüber aus, was allen diesen physischen Zuständen, die Schmerzen sind, gemeinsam ist. Wir wollen jedoch gerade wissen, welche Eigenschaft ein physisches Vorkommnis zu einem Fall von Schmerz macht. Wir suchen eine Theorie über mentale Universalien. Somit steht eine Identitätstheorie vor folgendem Dilemma:

»Entweder ist sie eine Theorie über mentale Universalien; dann scheint sie empirisch unplausibel. Oder sie ist empirisch plausibel; dann sagt sie uns nicht das, was wir wissen wollen.« (Bieri, *Analytische Philosophie des Geistes*, S. 41)

Dieses Dilemma war einer der Hauptgründe für die Entwicklung des Funktionalismus. Zu dieser Theorie gehört zwar nicht *per definitionem*, aber üblicherweise die These, dass es mentale Verursachung gibt. Der Funktionalismus behauptet, dass mentale Zustände funktionale Zustände eines Systems sind. Ein funktionaler Zustand ist dabei durch die kausale Rolle definiert, die er in diesem System einnimmt. Die kausale Rolle eines Zustandes ist festgelegt durch (a) den Input (die äußeren Einflüsse auf das System), (b) den Output (die Wirkungen außerhalb des Systems) und (c) die kausalen Relationen zu anderen Systemzuständen. Ein einfaches Beispiel für ein funktionales System ist ein Cola-Automat, der nur fünfzig Cent und Ein-Euro-Stücke annimmt und bei dem die Cola einen Euro kostet. Wir unterscheiden die Zustände Z1 und Z2, den Input in Form von Münzeinwürfen und die Anweisungen des Systems (vgl. Beckermann, *Einführung in die Philosophie des Geistes*, S. 144):

	Z_1	Z_2
1 Euro	Cola ausgeben & bleibe in Z_1	Cola & 50 Cent ausgeben & gehe in Z_1
50 Cent	Gehe in Z_2	Cola ausgeben & gehe in Z_1

Wenn der Automat im Zustand Z_1 ist und ein Euro eingeworfen wird, dann wirft er eine Cola-Dose aus und bleibt im Zustand Z_1; und wenn er im Zustand Z_1 ist und fünfzig Cent eingeworfen werden, dann geht er in den Zustand Z_2 über, usw. Dabei ist der Zustand Z_1 einer, bei dem der Automat noch keine Zahlung für eine Cola registriert hat, während der Zustand Z_2 einer ist, bei dem schon fünfzig Cent eingeworfen wurden. Die These des Funktionalismus ist nun die, dass sich die mentalen Zustände des Menschen analog verstehen lassen wie die funktionalen Zustände des Cola-Automaten, nur dass sie natürlich viel komplexer sind. Funktionale Zustände haben daher mit den Dispositionen gemäß Ryle gemeinsam, dass sie durch hypothetische Zusammenhänge zwischen Ausgangssituationen und Folgezuständen charakterisiert werden können.

Darüber hinaus wird der Funktionalismus in der Regel mit der These verknüpft, dass mentale Zustände durch physische Zustände realisiert sind. Mentale Zustände sind funktionale Zustände unseres Gehirns. Ich spreche in diesem Fall von einem *physikalistischen Funktionalismus.* Indem mentale Zustände mit funktionalen Zuständen identifiziert werden, sind sie einerseits unabhängig von der Art der materiellen Realisation charakterisiert, während sie andererseits als physisch realisierte Zustände aufgefasst werden. Damit wird verständlich, dass mentale Verursachung ein Aspekt des physikalistischen Funktionalismus ist. Mentale Zustände sind physische Zustände, auch wenn ihre Identitätsbedingungen erst dann angegeben werden können, wenn sie als funktionale Zustände beschrieben werden. Mentale Zustände sind als physische Zustände selbstverständlich auch Ursachen anderer physischer Zustände.

Der Funktionalismus ist jedoch mit zwei Kernproblemen der Philosophie des Geistes konfrontiert:

(i) Das Problem des qualitativen Charakters der Erfahrung (das Qualiaproblem): Empfindungen besitzen qualitative Merkmale, die sich – so die Kritik der Dualisten – durch rein kausale Analysen nicht einfangen lassen; z.B. gibt es eine qualitative Differenz zwischen »etwas Saures schmecken« und »etwas Süßes schmecken«. Dieser Unterschied scheint unserem Bewusstsein unmittelbar gegenwärtig, unabhängig davon, welche kausalen Rollen wir diesen Qualitäten in einer Erklärung zuschreiben. Die Schwierigkeit wird meist mit dem so genannten *Zombie-Argument* illustriert: Ich kann mir vorstellen, dass es einen Zombie gibt, der physisch genauso aufgebaut ist wie ich und der sich außerdem genauso verhält wie ich, also ein psychophysischer Doppelgänger von mir ist, obwohl nur ich Roterfahrungen und Schmerzerfahrungen mache, während der Zombie nur so tut, als habe er welche, aber nicht wirklich welche hat. Wenn dieses Szenario möglich wäre, so würde es zeigen, dass die Erlebnisse von phänomenalen Qualitäten wie Schmerzen unabhängig von den physischen Gegebenheiten und den Verhaltensmöglichkeiten wären, also somit nichtphysikalische Eigenschaften vorlägen. Aber allein die Tatsache, dass ich mir Zombies vorstellen kann, beweist natürlich nicht, dass es sie wirklich geben kann, wobei damit gemeint ist, dass diese Möglichkeit mit unseren Naturgesetzen vereinbar ist; denn lange Zeit haben die Menschen sich ein *perpetuum mobile*, eine sich ewig bewegende Maschine, vorgestellt und sogar versucht, eine solche zu realisieren, bis die Naturwissenschaft entdeckt hat, dass prinzipiell keine Maschine ohne Energieverbrauch gebaut werden kann und somit jede Maschine ohne Energiezufuhr zum Stillstand kommen muss. Analog würde ein Physikalist behaupten, dass die Vorstellung eines Zombies nicht mit unseren Naturgesetzen vereinbar ist. Zur Zeit gibt es weder für diese Behauptung noch für die dualistische Gegenposition ein durchschlagendes Argument.

(ii) Das Problem des mentalen Inhalts: Viele mentale Phänomene, z.B. Peters Wunsch, ein Eis zu essen, haben einen Inhalt, nämlich, dass Peter Eis isst. Physische Zustände scheinen keinen Inhalt zu haben. Damit wird die Frage aufgeworfen, wie es möglich ist, dass Hirnzustände als rein physische Zustände einen Inhalt haben.

Die Tatsache, dass alle skizzierten Theorien grundlegende Probleme mit unseren Alltagsintuitionen bezüglich mentaler Phänomene haben oder wesentliche Fragen offen lassen, bringt zum Ausdruck, dass es sich bei dem Problem der mentalen Verursachung um eine offene Forschungsfrage handelt.

10. Ausgewählte Forschungsschwerpunkte der neueren Sprachphilosophie

In diesem Kapitel werden die Grundlagen für einige neuere sprachphilosophische Diskussionen vorgestellt. Ausgangspunkt ist die Gricesche Sprachphilosophie. Sie bietet einen Rahmen, in den sich einige der gegenwärtig zentralen sprachphilosophischen Diskussionen gut einpassen lassen.

10.1 Paul Grice: Philosophie der Sprache und der Kommunikation

10.1.1 Das Gricesche Programm

Gemäß Paul Grice[15] lassen sich fünf Stufen der theoretischen Behandlung von Sprachverhalten unterscheiden. Diese werden verständlich, wenn wir sie mit Blick auf eine Sprachgemeinschaft entwickeln, deren Sprache und Gewohnheiten wir nicht kennen. Wir versetzen uns somit in die Lage eines Feldforschers, der mit dem Problem der Erstübersetzung einer fremden Sprache befasst ist (vgl. S. 125 f.). Auf einer ersten Stufe wird das Verhalten der Mitglieder einer Sprachgemeinschaft in ihrer Umgebung beschrieben. Diese Verhaltensbeschreibungen sind der ausschlaggebende Prüfstein für jede Sprachtheorie auf einer abstrakteren Ebene. Auf einer zweiten Stufe wird eine psychologische Theorie über die Mitglieder einer Sprachgemeinschaft entwickelt. Dabei steht insbesondere die Zuschreibung von Wünschen und Überzeugungen im Vordergrund, denn im Rahmen der Alltagspsychologie werden Handlungen mit Hilfe von Wünschen und Überzeugungen erklärt. Diese Zuschreibungen erfolgen mit Hilfe von Sätzen der Form »S wünscht, dass p« bzw. »S glaubt, dass p«, wobei S der Sprecher einer Äußerung ist und »dass p« den Inhalt eines Wunsches bzw. einer Überzeugung angibt. Den Inhalt eines dass-Satzes bezeichnet man allgemein als *Proposition.* Alle psychischen Zustände, die mit einem psychologischen Verb (z.B. wünschen, glauben, hoffen, erwarten, befürchten etc.) und einem dass-Satz beschrieben werden können, nennt man *propositionale Einstellungen.* Auf der zweiten Stufe wird somit eine Theorie von den propositionalen Einstellungen der Mitglieder einer Sprachgemeinschaft entwickelt, um so das auf der ersten Stufe beschriebene Verhalten alltagspsychologisch zu erklären. Auf einer dritten Stufe soll eine Theorie der subjektiven Äußerungsbedeutung entwickelt werden. Dabei lassen sich die Sprecher- und die Hörerperspektive unterscheiden. Die subjektive Äußerungsbedeutung *für den Hörer* ist das, was er *versteht,* wenn er die Äußerung hört. Die subjektive Äußerungsbedeutung *für den Sprecher* ist das, was er *meint,* wenn er einen Satz äußert. Das Verstehen einer Äußerung zeigt sich auf dieser Stufe darin, zu welchen Überzeugungen der Hörer aufgrund der Äußerung gelangt. Das *Meinen* des Sprechers ist gemäß Grice dafür verantwortlich, dass eine Zeichenkette bedeutungsvoll ist und beim Hörer eine ganz bestimmte Überzeugung hervorzurufen vermag. Es lässt sich ihm zufolge als eine Kombination von Sprecherabsichten auffassen. Auf einer dritten Stufe werden somit subjektives Verstehen und Meinen der Mitglieder einer Sprachgemeinschaft analysiert. Da Meinen und Verstehen Spezialfälle von Einstellungen sind, ist die dritte Stufe der Beschreibung von Sprachverhalten ein Spezialfall der zweiten. Ziel einer vierten Stufe ist es, die intersubjektive Bedeutung von Äußerungen, die konventionale Äußerungsbedeutung, anzugeben. Dies wird dadurch erreicht, dass die Regelmäßigkeiten im Umgang mit Äußerungen aufgezeigt und in Sprachkonventionen festgehalten werden. Die einflussreichste Theorie über Sprachkonventionen ist die Sprechakttheorie. Ein wesentliches Verdienst der

Sprechakttheorie ist es, eine Theorie der illokutionären Rollen entwickelt zu haben. Die illokutionäre Rolle gibt an, welche Art von Handlung mit einer Äußerung vollzogen wird. Die Sprechakttheorie hat damit aus der Konzentration auf Behauptungen herausgeführt und genauso Bitten, Warnungen, Befehle etc. systematisch berücksichtigt. Viele Äußerungen lassen sich durch eine *illokutionäre Rolle* und einen *propositionalen Gehalt* charakterisieren, wobei die illokutionäre Rolle die Art der Sprachhandlung (Befehl, Bitte etc.) angibt, während der propositionale Gehalt der Inhalt der Äußerung ist, der in Form eines dass-Satzes angegeben wird.[16] Auf einer fünften Stufe soll eine rekursive Semantik für die Objektsprache aufgestellt werden. Eine rekursive Semantik einer Sprache gibt für jeden sprachlichen Ausdruck eine Bedeutung an. Auf dieser Basis lässt sich dann die Bedeutung eines Satzes als Funktion der Bedeutung der Satzteile ableiten. Eine rekursive Semantik braucht nur für endlich viele Ausdrücke Bedeutungen anzugeben. Mit Hilfe des Kompositionalitätsprinzips, welches besagt, dass die Bedeutung eines Satzes eine Funktion der Bedeutungen seiner Teile ist, lässt sich die Bedeutung für unendlich viele Sätze konstruieren.[17] Dies ist ein zentraler Aspekt einer rekursiven Semantik, denn damit kann das Vermögen eines kompetenten Sprechers erklärt werden, unendlich viele verschiedene Sätze auf der Basis eines endlichen Vokabulars zu konstruieren und zu verstehen. Fassen wir die fünf Stufen des Griceschen Programms tabellarisch zusammen:

5. Stufe	Rekursive Semantik der Objektsprache L
4. Stufe	Eine Theorie der konventionalen Äußerungsbedeutung
3. Stufe	Eine Theorie der subjektiven Äußerungsbedeutung
2. Stufe	Eine psychologische Theorie über die propositionalen Einstellungen der Mitglieder einer Gruppe
1. Stufe	Aussagen über das Verhalten der Mitglieder der Gruppe in ihrer Umgebung

Das Kernstück der Griceschen Theorie der Kommunikation ist seine Theorie des Meinens. Die Theorie des Meinens ist gemäß der soeben vorgestellten Klassifikation eine Theorie der subjektiven Äußerungsbedeutung, und zwar aus der Sicht des Sprechers. Damit ist Grices Theorie im Kern intentional. Im Folgenden stellen wir die Grundzüge der Griceschen Sprachphilosophie vor und erläutern, inwiefern es sich um eine intentionale Theorie der Bedeutung handelt.

10.1.2 Maximen der rationalen Verständigung

Grice hat eine ausgefeilte Theorie der rationalen Verständigung entwickelt, die von dem Prinzip ausgeht, dass der Sprecher einer Äußerung kommunikative Absichten hat, die der Hörer aufgrund der Äußerung erkennen kann. Der Sprecher kann beispielsweise mittels einer sprachlichen Äußerung den Hörer in die Lage versetzen, die Überzeugung, dass p, zu erfassen, die der Sprecher ihm mitteilen möchte. Um erfolgreich zu kommunizieren, d.h. in diesem Fall, um zu erreichen, dass der Hörer genau die Überzeugung erfasst, die der Sprecher ihm mitteilen möchte, muss der Sprecher sich an eine Reihe von Gesprächsprinzipien halten. Das Grundprinzip ist das Kooperationsprinzip: Es verlangt von kooperativen Gesprächspartnern, so zu reden, wie es angesichts des Gesprächsverlaufs und des Gesprächszweckes angemessen ist. Dieses allgemeine Prinzip wird durch eine Vielfalt von Konversationsmaximen erläutert. Grice hat die Maximen analog zu Kants Kategorien in vier Gruppen aufgeteilt, die er wie Kant mit den Begriffen Quantität, Qualität, Relation und Modalität bezeichnet.

Quantität:
Versuche deinen Beitrag informativ adäquat zu machen.
   a) Mache deinen Beitrag so informativ wie nötig.
   b) Mache deinen Beitrag nicht informativer als nötig.

Qualität:
Versuche deinen Beitrag so zu machen, dass er wahr ist.
   a) Sage nichts, was du für falsch hältst.
   b) Sage nichts, wofür dir angemessene Gründe fehlen.

Relation:
Sei relevant.

Modalität:
Sei klar.
   a) Vermeide Dunkelheit des Ausdrucks.
   b) Vermeide Mehrdeutigkeit.
   c) Vermeide unnötige Weitschweifigkeit.
   d) Halte die Reihenfolge (der Ereignisse beim Bericht) ein.

Die Maxime der *Quantität* verlangt erstens, dass man seinen Beitrag so informativ wie für den Gesprächszweck nötig machen soll, und zweitens, dass man ihn nicht informativer als nötig machen soll. Die Maxime der *Qualität* fordert, den Gesprächsbeitrag so zu wählen, dass er wahr ist, wobei man insbesondere nichts sagen soll, was man für falsch hält oder für das man keine angemessenen Gründe hat. Hier ist für nicht wahrheitswertfähige Äußerungen eine entsprechende Erweiterung erforderlich. Die Maxime der Qualität besagt in erweiterter Form, dass man einen Sprechakt nur dann vollziehen soll, wenn man glaubt, dass die Bedingungen für eine erfolgreiche Durchführung des Sprechakts erfüllt sind. Die Maxime der *Relation* besteht in der Aufforderung, relevant zu sein; d.h., man sollte seinen Gesprächsbeitrag so wählen, dass erkennbar ist, in welche Richtung das Gespräch sich weiterentwickelt und was genau der Beitrag zu dieser Gesprächsentwicklung ist. Schließlich verlangt die Maxime der *Modalität* Klarheit. Sie soll insbesondere dadurch erreicht werden, dass man Dunkelheit des Ausdrucks, Mehrdeutigkeiten, unnötige Weitschweifigkeit und ungewöhnliche Anordnungen bei der Wahl der Erzählreihenfolge vermeidet. Mit Blick auf alle Typen von Äußerungen soll die Forderung der Klarheit sicherstellen, dass der Sprechakt, den man vollziehen will, sowie der damit beabsichtigte Beitrag zum Gespräch eindeutig erkennbar ist. Welche Rolle diese Maximen spielen, wird bei der Theorie der Implikatur deutlich.

10.1.3 Die Theorie der Implikatur

Das folgende Beispiel dient als Einstieg für die Charakterisierung von Implikaturen:

> Am Eingang des Supermarktes XY befindet sich eine sehr auffällige Werbetafel für preiswerte Schokolade. Als sie den Supermarkt betreten und vor der Werbetafel stehen, sagt die kleine Anna zu ihrem Vater: »Hier gibt es preiswerte Schokolade.«

Mit dieser Äußerung bittet Anna ihren Vater, ihr eine Tafel Schokolade zu kaufen.[18] Unser Verständnis von Annas Äußerung können wir nur adäquat beschreiben, wenn wir zumindest dreierlei unterscheiden:

1. die Satzbedeutung (unabhängig vom Äußerungskontext),
2. den semantischen Gehalt des Satzes (= das wörtlich Gesagte) und
3. die Äußerungsbedeutung (= das Gemeinte).

Die Satzbedeutung kann im obigen Beispielfall durch den Satz »An dem Ort der Äußerung gibt es preiswerte Schokolade« charakterisiert werden. Dabei werden keine Kontextinformationen berücksichtigt. Der semantische Gehalt des Satzes ist das mit einer Äußerung wörtlich Gesagte. Er kann im obigen Fall durch einen dass-Satz angegeben werden, in dem die Kontextinformation in Bezug auf den kontextabhängigen Ausdruck »hier« berücksichtigt wird: »Im Supermarkt XY gibt es preiswerte Schokolade.« Schließlich unterscheiden wir noch die Äußerungsbedeutung. Dabei werden diejenigen Kontextinformationen sowie zusätzliches Hintergrundwissen berücksichtigt, die dazu nötig sind, dass der Hörer das vom Sprecher (mit der Äußerung) Gemeinte erfasst. Anna meint mit ihrer Äußerung, dass ihr Vater für sie eine Tafel Schokolade kaufen möge. Dieses Beispiel zeigt, dass Satzbedeutung und semantischer Gehalt einerseits sowie semantischer Gehalt und Äußerungsbedeutung andererseits auseinander fallen können.

Betrachten wir zunächst den Zusammenhang von Satzbedeutung und semantischem Gehalt: Allgemein können wir sagen, dass der semantische Gehalt sich ergibt, wenn neben der Satzbedeutung zusätzlich noch Kontextinformationen berücksichtigt werden. Der Zusammenhang zwischen Satzbedeutung und semantischem Gehalt kann somit durch eine Theorie der Kontextabhängigkeit einer Äußerung beschrieben werden. Dazu gehört unter anderem eine Theorie der Referenzfestlegung, die beschreibt, wie das, worüber man mit Hilfe eines kontextabhängigen Ausdrucks redet, festgelegt wird. Außerdem benötigt man eine Theorie der Disambiguierung, die für mehrdeutige Ausdrücke (wie z.B. »Bank«) *eine* Lesart (z.B. Geldinstitut) als die relevante auszeichnet.

Der zweite Zusammenhang ist der zwischen dem semantischen Gehalt und der Äußerungsbedeutung. Der semantische Gehalt eines Satzes und die Äußerungsbedeutung können auseinander fallen, nämlich dann, wenn der Sprecher offensichtlich mehr bzw. etwas anderes meint, als er aufgrund der wörtlichen Bedeutung der Äußerung sagt. In unserem Beispiel sagt Anna, dass es im Supermarkt XY preiswerte Schokolade gibt. Was sie darüber hinaus meint, ist die Bitte an ihren Vater, er möge ihr eine Tafel Schokolade kaufen. Der Unterschied zwischen dem wörtlich Gesagten und dem darüber hinaus Gemeinten lässt sich in diesem Fall besonders deutlich machen, wenn wir eine sprechakttheoretische Darstellung wählen, d.h., es wird jeweils die Art der Sprachhandlung, die so genannte illokutionäre Rolle, und deren Inhalt, der propositionale Gehalt, angegeben. Das wörtlich Gesagte lässt sich durch das Paar ‹Behauptung; dass es im Supermarkt XY preiswerte Schokolade gibt› darstellen. Das darüber hinaus Gemeinte dagegen durch das Paar ‹Bitte; dass der Vater Anna eine Tafel Schokolade kauft›. Diese Darstellung macht deutlich, dass nicht nur der Inhalt (der mit einem dass-Satz repräsentierte propositionale Gehalt) von wörtlich Gesagtem und eigentlich Gemeintem verschieden ist, sondern sogar die Art der Sprachhandlung (die illokutionäre Rolle). Die Theorie der Implikatur ist unter anderem eine Antwort auf die nahe liegende Frage, wie die Transformation von wörtlich Gesagtem zu darüber hinaus Gemeintem zu erklären ist. Allgemein ist eine Implikatur eine Transformation vom semantischen Gehalt eines Satzes zu seiner Äußerungsbedeutung. Grice unterscheidet viele Arten von Implikaturen, vorrangig aber zwei Hauptgruppen, nämlich konventionale und konversationale Implikaturen.

Eine *konventionale* Implikatur stützt sich allein auf Sprachkonventionen. So wird gemäß Grice z.B. der Kontrast, der per Konvention mit dem Ausdruck »aber« ausgedrückt wird, mit Hilfe einer konventionalen Implikatur erklärt. Wenn wir die folgenden beiden Sätze betrachten, so *sagen* sie gemäß Grice dasselbe, wenn auch der Sprecher mit den beiden Sätzen Unterschiedliches *meint*:

(1) »Van Gogh ist ein bedeutender Künstler, und er wurde von seinen Zeitgenossen wenig geschätzt.«

(2) »Van Gogh ist ein bedeutender Künstler, aber er wurde von seinen Zeitgenossen wenig geschätzt.«

Nach Grice haben die beiden Sätze denselben propositionalen Gehalt, da sie dieselben Wahrheitsbedingungen haben: Sie sind genau dann wahr, wenn van Gogh ein bedeutender Künstler ist und er zugleich von seinen Zeitgenossen wenig geschätzt wurde. Der Unterschied, der durch die Verwendung des Junktors »aber« anstelle von »und« zum Ausdruck kommt, ist ein Unterschied auf der Ebene der Äußerungsbedeutung. Er kann mit Hilfe einer konventionalen Implikatur erklärt werden. Es gehört per Sprachkonvention zu dem Ausdruck »aber«, dass ein Kontrast ausgedrückt wird. Im obigen Beispiel (2) ist es der Kontrast zwischen der Eigenschaft, ein bedeutender Künstler zu sein, und der Geringschätzung durch die Zeitgenossen. Dieser Kontrast spielt beim propositionalen Gehalt des Satzes keine Rolle. Bliebe der Unterschied jedoch völlig unberücksichtigt, so hätte der Sprecher die Maxime der Quantität verletzt, weil er seinen Beitrag informativer als nötig gemacht hätte. Das Verletzen der Maxime der Quantität (auf der Ebene des Gesagten) ist somit der Anlass für die Transformation vom propositionalen Gehalt zu der reicheren Äußerungsbedeutung, bei der der Kontrast erfasst wird. Die Äußerungsbedeutung von (2) kann vollständig erst mit Hilfe einer Implikatur erklärt werden. Die Implikatur ist in diesem Fall konventional, weil der in der Äußerung relevante Kontrast durch eine Sprachkonvention mit dem Ausdruck »aber« verbunden ist.

Annas Äußerung im Supermarkt ist ein Beispiel für eine Äußerung, bei deren Interpretation eine *nichtkonventionale* Implikatur hineinspielt, und zwar eine so genannte *konversationale* Implikatur. Sie unterscheidet sich von der konventionalen Implikatur dadurch, dass der Aspekt der Äußerungsbedeutung, der nicht Teil des semantischen Gehaltes ist, nicht durch Sprachkonventionen für Ausdrücke charakterisiert werden kann. Während es bei konventionalen Implikaturen nur der Sprachbeherrschung bedarf, um sie zu erfassen, sind dazu bei konversationalen Implikaturen Erwägungen jenseits der Sprachkompetenz nötig.

Wir verstehen Annas Äußerung »Hier gibt es preiswerte Schokolade« in den geschilderten Umständen als an den Vater gerichtete Bitte, ihr eine Tafel Schokolade zu kaufen. Das wörtlich Gesagte ist die Behauptung, dass es im Supermarkt XY preiswerte Schokolade gibt. Würde dies zugleich als die Äußerungsbedeutung, das Gemeinte, aufgefasst, so würde die Maxime der Quantität bzw. die der Relation verletzt. Die Maxime der Quantität verlangt, dass ein Beitrag nicht informativer als nötig zu machen ist, die der Relation verlangt vom Sprecher, nur Relevantes zu äußern. Da die preiswerte Schokolade mit einem sehr auffälligen Schild angepriesen wird, welches jeder Kunde des Supermarktes bemerkt, wäre Annas Äußerung für ihren Vater informativer als nötig bzw. irrelevant. Was Anna ihm *sagt*, weiß er schon. Wäre das wörtlich Gesagte zugleich die Äußerungsbedeutung, so wäre die Äußerung unvernünftig. Da wir davon ausgehen können, dass Anna eine vernünftige Sprecherin ist, weist das Verletzen der Gesprächsmaximen darauf hin, dass mit der Äußerung noch mehr gemeint ist, als gesagt wird. Die Äußerungsbedeutung ist die Bitte mit dem Inhalt, dass der Vater ihr eine Tafel Schokolade kaufen möge. Einige konversationale Implikaturen können somit genauso wie einige konventionale durch das Verletzen von Gesprächsmaximen auf der Ebene des wörtlich Gesagten charakterisiert werden.[19] Wesentlich ist für konversationale Implikaturen, dass die über das Gesagte hinausgehende Interpretation einer Äußerung nicht auf Sprachkonventionen, sondern auf dem Wissen über etablierte Verhaltensweisen oder andere Kontextfaktoren basiert. In diesem Fall ist es das Hintergrundwissen, dass Kinder gerne Schokolade essen und dass Eltern für ihre kleinen Kinder einkaufen, welches uns hilft, die Äußerungsbedeutung zu erfassen. Eine Implikatur lässt sich somit durch zwei Kriterien näher bestimmen: zum einen durch die Art des Wissens, welches beim Übergang von der wörtlichen Bedeutung zum Gemeinten berücksichtigt wird, Wissen von Sprachkonventionen versus Wissen von Kontextfaktoren, und zum anderen gegebenenfalls durch die Angabe der Gesprächsmaximen, die durch das wörtlich Gesagte verletzt werden. Gemäß Grice lässt sich die Äußerungsbedeutung als das auffassen, was der Sprecher meint, wenn er eine Sprachhandlung vollzieht. Der Zusammenhang zwischen dem Gemeinten, dem wörtlich Gesagten und den verschiedenen Arten von Implikaturen kann durch das folgende Schema verdeutlicht werden, in dem jeweils ein Oberbegriff in zwei Unterbegriffe analysiert wird (vgl. Neale, *Paul Grice and the Philosophy of Language*, S. 524):

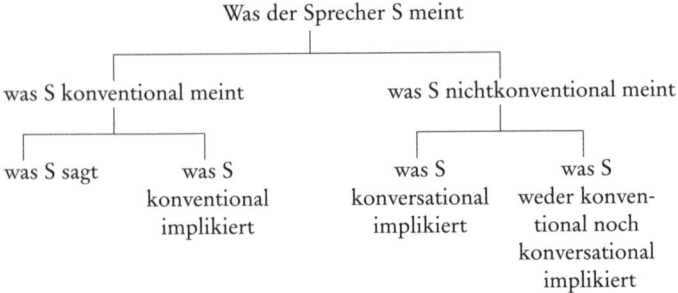

10.1.4 Die Gricesche Analyse des Meinens

Damit eine Handlung eine kommunikative Handlung ist, ist es gemäß Grice erforderlich, dass der Sprecher etwas mit seiner Äußerung meint. Wenn die Kommunikation funktioniert, ist das vom Sprecher Gemeinte auch zugleich das vom Hörer aufgrund der Äußerung Erfasste. Auch wenn der Sprecher nichts meint, d.h. keine kommunikativen Absichten hat, kann eine seiner Handlungen dazu führen, dass jemand einen Gedanken erfasst. Wenn jemand ein Feuer entfacht, welches viel Rauch produziert, dann kann ein anderer, der den Rauch sieht, den Gedanken fassen, dass es dort (in Richtung des Rauches) brennt. Für dieses Beispiel ist es wesentlich, dass das Feuer die *Ursache* des Rauches ist. Wenn jemand aufgrund der Wahrnehmung des Rauches den Gedanken fasst, dass es dort brennt, so kann er dies, weil er den relevanten Kausalzusammenhang kennt. Weil für das Erfassen des Gedankens nur die Kenntnis von Kausalzusammenhängen, nicht aber ein Meinen des Sprechers erforderlich ist, spricht man in diesem Fall von der *natürlichen Bedeutung* eines Zeichens. Die natürliche Bedeutung von roten Flecken auf dem Körper ist, dass jemand Masern hat.

Dagegen spricht Grice von der *nichtnatürlichen* Bedeutung eines Zeichens, wenn die Bedeutung des Zeichens darauf beruht, dass der Sprecher etwas meint, d.h., wenn der Sprecher kommunikative Absichten hat. Das Meinen eines Sprechers im Falle der nichtnatürlichen Bedeutung nennt Grice auch das nichtnatürliche Meinen, welches er mit Meinen$_{nn}$ abkürzt. In Grices Theorie der Bedeutung nimmt das *nichtnatürliche Meinen* eine zentrale Stellung ein. Denn letztlich ist es dieses Meinen, welches für die nichtnatürliche Bedeutung von Zeichen verantwortlich ist. Grice schlägt vor, das nichtnatürliche Meinen mit Hilfe von drei Sprecherabsichten zu charakterisieren, wobei das allgemeine Schema anhand eines Beispiels dargestellt wird, damit es leichter lesbar ist (Grice, *Meaning*):

Der Sprecher S meint$_{nn}$ mit dem Äußern eines Satzes A, dass es regnet, genau dann, wenn S den Satz A mit der Absicht äußert,

(1) dass der Hörer zu der Annahme gelangt, dass es regnet,

(2) dass der Hörer die Sprecherabsicht (1) erkennt und

(3) dass der Hörer (1) erfüllt, weil er (2) erfüllt (d.h., dass der Hörer deshalb zu der Annahme gelangt, dass es regnet, weil er erkennt, dass der Sprecher genau dies beabsichtigt)

Der Kern der Griceschen Theorie der Bedeutung ist die These, dass das nichtnatürliche Meinen, und damit die drei Sprecherintentionen (1) bis (3), für die nichtnatürliche Bedeutung eines Zeichens verantwortlich sind. Die Gricesche Bedeutungstheorie ist somit im Kern eine intentionale Theorie der Bedeutung. An seiner Analyse des nichtnatürlichen Meinens hat sich eine umfangreiche Debatte entzündet (vgl. Literaturhinweise unter http://www.uni-tuebingen.de/philosophie/newen/lehre.html), auf die hier nur durch einige Literaturhinweise aufmerksam gemacht werden kann. Insbesondere hat Grice selbst seine Theorie wesentlich weiterentwickelt.

10.2 Semantik: Bedeutung und Referenz

10.2.1 Die Abgrenzung von Semantik und Pragmatik

Die Hauptaufgabe einer Semantik besteht darin, jeder Äußerung eines Satzes (der zu einer Sprache gehört) eine Wahrheitsbedingung zuzuordnen, die zugleich das mit der Äußerung wörtlich Gesagte erfasst, z.B. soll eine Semantik so angelegt sein, dass sich für den Satz »Schnee ist weiß« ergibt, dass er genau dann wahr ist, wenn Schnee weiß ist. Da eine natürliche Sprache es erlaubt, unendlich viele Sätze zu bilden, kann die Aufgabe, für jeden dieser Sätze eine adäquate Wahrheitsbedingung anzugeben, nur dann erfüllt werden, wenn man auf das endliche Vokabular der Sprache zurückgreift, um die Wahrheitsbedingungen von Sätzen zu definieren. Dabei wird jedem einfachen Ausdruck einer Sprache ein semantischer Wert zugeordnet, so dass dann durch Zurückführen von komplexen sprachlichen Ausdrücken auf einfache sprachliche Ausdrücke der semantische Wert der komplexen sprachlichen Ausdrücke *berechnet* werden kann. Die Grundidee einer rekursiven Semantik für eine Sprache lässt sich mit Hilfe von zwei Prinzipien darstellen:

1. *Kompositionalitätsprinzip*: Der semantische Wert eines komplexen sprachlichen Ausdrucks ist eine Funktion der semantischen Werte der verwendeten einfachen sprachlichen Ausdrücke und der Art ihrer Verbindung.

2. *Prinzip der Wertzuweisung*: Jeder (beziehungsweise fast jeder) einfache sprachliche Ausdruck hat einen semantischen Wert.

Der semantische Wert eines einfachen sprachlichen Ausdrucks ist der Beitrag, den dieser Ausdruck zu den Wahrheitsbedingungen des Satzes liefert, in dem er vorkommt. Der semantische Wert ist aufgrund der beiden Prinzipien für alle komplexen sprachlichen Ausdrücke, die durch Kombinationen der einfachen sprachlichen Ausdrücke gebildet werden können, festgelegt. Der semantische Wert eines Satzes ist das, was wir bei Grice den semantischen Gehalt eines Satzes genannt haben. Der semantische Gehalt eines Satzes soll die wörtliche Bedeutung der Äußerung eines Satzes für einen bestimmten Kontext erfassen. Damit ist oft der eigentliche Punkt der Äußerung noch nicht erfasst, wie das folgende Beispiel zeigt: Fritz hat sich um eine Stelle beworben. Der Personalchef fordert ein Gutachten an. Der semantische Gehalt des Gutachterurteils »Er hat eine schöne Handschrift« über den Bewerber Fritz kann durch den folgenden dass-Satz angegeben werden: »dass Fritz eine schöne Handschrift hat«; denn das Gutachterurteil ist genau dann wahr, wenn Fritz eine schöne Handschrift hat. Damit ist jedoch noch nicht erfasst, was der Gutachter eigentlich über Fritz zum Ausdruck bringen möchte. Er möchte den Adressaten der Äußerung davor warnen bzw. ihm dringend abraten, Fritz einzustellen. Dies ist ein Beispiel für eine konversationale Implikatur, d.h., die über den semantischen Gehalt hinausgehende Äußerungsbedeutung kann erst zusammen mit dem relevanten Hintergrundwissen erfasst werden, dass, eine schöne Handschrift zu haben, für die Stelle keinerlei Qualifikation ist.

Semantik und Pragmatik werden grob so unterschieden, dass Semantik die Theorie des semantischen Gehalts eines Satzes ist, während die Pragmatik die Theorie der mittels Implikaturen weiter gehenden Äußerungsbedeutung ist. Da beide Begriffe jedoch keine klaren Definitionen haben, gibt es einen Streit um die Abgrenzung der sich ergänzenden Theorien von Semantik und Pragmatik. Meistens wird versucht, das Feld der Semantik genau zu bestimmen, um der Pragmatik die dann noch offenen Sprachphänomene zuzuweisen. Die meisten Sprachphilosophen akzeptieren als Rahmen für eine Semantik zwei Bedingungen: Zum einen soll sie rekursiv angelegt sein (d.h. das Kompositionalitätsprinzip soll gültig sein), zum anderen soll sie das wörtlich in einem Kontext Gesagte erfassen. Das Grundprinzip einer Semantik lautet somit:

Der semantische Gehalt eines Satzes ist zum einen das Resultat der Komposition der semantischen Werte der einfachen Ausdrücke, aus denen der Satz besteht, und zum anderen erfasst er das gemäß unserem intuitiven Verständnis wörtlich Gesagte.

Strittig sind die intuitiven Einschätzungen des wörtlich Gesagten, insbesondere bei Äußerungen von Sätzen, in denen kontextabhängige Ausdrücke verwendet werden. Im Folgenden möchte ich auf zentrale Anforderungen an eine Bedeutungstheorie hinweisen. (vgl. Newen, *Kontext, Referenz und Bedeutung*, S. 34 f.) Es ist ein Merkmal von Äußerungen, dass wir mit akustischen Lauten oder Schriftzeichen über die Welt reden. Dieser Sachverhaltsbezug spiegelt sich in der ersten Forderung wider:

Sachverhaltsadäquatheit: Die Bedeutung eines Satzes soll es für einen Äußerungskontext ermöglichen, den Sachverhalt zu erfassen, der den Satz wahr machen bzw. erfüllen würde, wenn er bestünde.

Der Begriff der Bedeutung sollte außerdem das gemeinsame Wissen der kompetenten Sprecher erfassen.

Wissensadäquatheit: Die Bedeutung eines Satzes soll es ermöglichen, das Wissen eines kompetenten Sprechers (qua kompetenter Sprecher, d.h. unabhängig von Kontextinformationen) zu charakterisieren.

Schließlich sollte eine Bedeutungstheorie dem Phänomen Rechnung tragen, dass mit Behauptungen (allgemeiner: mit assertiven Sprechakten) Überzeugungen ausgedrückt werden. Bei der Charakterisierung eines Überzeugungsinhaltes sollte dessen Rolle in Handlungserklärungen berücksichtigt werden.

Kognitive Adäquatheit: Die Bedeutung eines Satzes soll es für einen Äußerungskontext ermöglichen, die Überzeugung bzw. allgemeiner die Einstellung, die der Sprecher mit dem Satz zum Ausdruck bringt, adäquat zu repräsentieren.

Es ist umstritten, ob diese Anforderungen alle wesentlich sind, um unser intuitives Verständnis vom wörtlich Gesagten zu bestimmen; d.h., es ist strittig, ob es die Aufgabe einer Semantik ist, allen diesen Anforderungen zu genügen. Viele Semantiker bemühen sich darum, den semantischen Gehalt von Äußerungen so anzugeben, dass alle Adäquatheitsanforderungen erfüllt werden.[20] Dabei tritt eine Reihe von Standardproblemen auf, die am Beispiel von Sätzen, in denen Indikatoren vorkommen, erläutert werden sollen.

10.2.2 Einstellungen de se und informative Identitätsaussagen

Indikatoren sind kontextabhängige Ausdrücke, z.B. Demonstrativpronomina, Personalpronomina, kontextabhängige Orts- und Zeitausdrücke etc. Eine Sonderstellung nehmen die Ausdrücke »ich«, »hier« und »jetzt« ein. Sie sind unverzichtbare Ausdrücke, wenn eine Person die Erfahrungswelt aus ihrer subjektiven Sicht beschreiben möchte. Man kann sie daher auch die *zentralen Indikatoren* nennen, weil die anderen Indikatoren sich alle auf einen von ihnen zurückführen lassen. Für ein Vorkommnis des Ausdrucks »jetzt« wird das Referenzobjekt mit der Regel »der Zeitpunkt dieser Äußerung« festgelegt. Für ein Vorkommnis des Ausdrucks »heute« wird das Referenzobjekt mit einer Regel festgelegt, die sich auf die Regel für »jetzt« zurückführen lässt, nämlich »der Tag, zu dem der Zeitpunkt dieser Äußerung gehört«. Meistens wird das Phänomen, dass es sich bei den drei Indikatoren um nichteliminierbare Ausdrücke handelt, am Beispiel des Ausdrucks »ich« illustriert. Betrachten wir die folgenden Sätze, die jeweils einen singulären Term (eine Gegenstandsbezeichnung) enthalten:

(1) *Ernst Mach* hat einen Fleck auf dem Hemd.

(2) *Der Verfasser des Buches* »Die Analyse der Empfindungen« hat einen Fleck auf dem Hemd.

(3) *Ich* habe einen Fleck auf dem Hemd. (geäußert von Ernst Mach)

Die drei Sätze stehen für Äußerungen, wobei der Äußerungskontext in allen Fällen so gewählt ist, dass die drei singulären Terme (der *Eigenname*, die *Kennzeichnung* und der *Indikator*) dieselbe Person, nämlich Ernst Mach, bezeichnen. Gemäß dem Kriterium für Sachverhaltsadäquatheit müssen die drei Äußerungen durch dieselben Wahrheitsbedingungen charakterisiert werden, weil es derselbe Sachverhalt ist, der sie wahr macht: Die Äußerungen (1) bis (3) sind genau dann wahr, wenn Ernst Mach einen Fleck auf dem Hemd hat. Wenn wir nur die Sachverhaltsadäquatheit berücksichtigen, fallen jedoch die unterschiedlichen Überzeugungen unter den Tisch, die gemäß dem Kriterium für kognitive Adäquatheit charakterisiert werden sollen. Die Überzeugung, die mit Hilfe des Indikators »ich« zum Ausdruck gebracht wird, spielt deshalb eine besondere Rolle, weil nur mit ihrer Hilfe erklärt werden kann, dass Mach sein Hemd reinigt. Dabei wird vorausgesetzt, dass Mach den Wunsch hat, ein sauberes Hemd zu tragen. Mach würde sein Hemd nicht reinigen, wenn er nur die Überzeugung hätte, dass Ernst Mach einen Fleck auf dem Hemd hat, ohne zu glauben, dass er selbst Ernst Mach ist. Wenn er nämlich aufgrund von Amnesie seinen Namen vergessen hätte, dann könnte genau diese Situation eintreten: Er würde glauben, dass Ernst Mach einen Fleck auf dem Hemd hat (z.B. weil ihm jemand dies mit einer Äußerung von Satz (1) gesagt hat), ohne zu glauben, dass er selbst Ernst Mach ist. In diesem – zugegebenermaßen unüblichen – Fall hätte Mach keinen hinreichenden Grund, sein Hemd zu säubern. Analoges gilt für (2). Die Überzeugung (3), die Mach ausdrückt, indem er den Satz »*Ich* habe einen Fleck auf dem Hemd« äußert, ist die einzige, die ihm einen hinreichenden Grund liefert, eine *bestimmte* Handlung zu tun (nämlich, sein eigenes Hemd zu reinigen). Wegen dieser Sonderrolle haben Überzeugungen, die mit Hilfe des Indikators »ich« zum Ausdruck gebracht werden, in der Literatur die Bezeichnung »Einstellungen de se« (lat. »von sich«) bekommen. Entsprechend können die Einstellungen, die mit Hilfe des Indikators »jetzt« ausgedrückt werden, als »Einstellungen de nunc« (nichtreduzierbare Einstellungen über den gegenwärtigen Zeitpunkt) und diejenigen, die mit Hilfe des Indikators »hier« ausgedrückt werden, als »Einstellungen de hoc« (nichtreduzierbare Einstellung über den gegenwärtigen Ort) bezeichnet werden. In den neueren sprachphilosophischen Diskussionen nimmt die Frage, wie der Inhalt einer Einstellung de se (bzw. de nunc oder de hoc) adäquat angegeben werden kann, breiten Raum ein.[21] Eine Semantik, die das Kriterium der kognitiven Adäquatheit erfüllen möchte, steht vor der Aufgabe, die subjektive Perspektive einer Person, die ihre Überzeugung zum Ausdruck bringt, zu repräsentieren. Dabei muss die mit (3) ausgedrückte Überzeugung deutlich von den mit (1) und (2) ausgedrückten Überzeugungen unterschieden werden, obwohl die drei Äußerungen durch denselben Sachverhalt wahr gemacht werden. Das Beispiel von Einstellungen de se zeigt somit, dass die Anforderungen aus dem Kriterium für Sachverhaltsadäquatheit und aus dem Kriterium für kognitive Adäquatheit sehr verschieden sind. Es ist die Aufgabe einer Semantik, diese Anforderungen bei der Angabe des semantischen Gehalts eines Satzes zu vereinbaren.[22]

Eine ähnliche Spannung zwischen den Adäquatheitsforderungen entsteht im Falle von informativen Identitätsaussagen.

Betrachten wir dazu das folgende Beispiel:

> Carola schaut aus ihrem Zimmer, das zwei Fenster hat, auf einen nahe gelegenen Kai, an dem ein Hochseeschiff liegt. Das Schiff befindet sich so dicht an ihren Fenstern, dass sie aus beiden Fenstern auf verschiedene Teile desselben Schiffs schauen kann. In dieser Situation macht sie die folgende Äußerung: »Dies ‹begleitet von einer Zeigegeste auf das Schiff durch Fenster 1› ist dasselbe Schiff wie dies ‹begleitet von einer Zeigegeste auf das Schiff durch Fenster 2›.«

Gemäß dem Kriterium für Sachverhaltsadäquatheit soll eine Semantik dieser Äußerung den Sachverhalt angeben, der die Äußerung wahr macht. Dies ist offensichtlich der Sachverhalt, dass das Schiff mit sich selbst identisch ist. Dieser Sachverhalt ist trivial, weil für alles gilt, dass es mit sich selbst identisch ist. Der semantische Gehalt der Äußerung soll dagegen gemäß dem Kriterium für kognitive Adäquatheit so angegeben werden, dass die ausgedrückte Überzeugung deutlich wird. Die Überzeugung, die zum Ausdruck gebracht wird, ist jedoch nicht die Trivialität, dass dieses Schiff mit sich selbst identisch ist, sondern die interessante Information, dass es sich bei dem Schiff, welches durch das erste Fenster zu sehen ist, um dasselbe Schiff handelt, wie bei dem Schiff, welches durch das zweite Fenster zu sehen ist. Somit muss der semantische Gehalt der Äußerung einerseits so angegeben werden, dass der Sachverhalt, dass das Schiff mit sich selbst identisch ist, repräsentiert ist, und andererseits so, dass die interessante Erkenntnis, dass die zwei verschiedenen Wahrnehmungen in Wahrheit Wahrnehmungen desselben Schiffes aus unterschiedlicher Perspektive sind. Die Behandlung dieses einfachen Beispiels ist in der neueren Semantik umstritten.

Mit »Referenz« wird das Phänomen bezeichnet, dass wir mit Ausdrücken über etwas reden können. Referenz ist eine Relation zwischen dem Vorkommnis eines singulären Terms (einer Gegenstandsbezeichnung) und dem dadurch bezeichneten Objekt. Das Phänomen der Referenz ist grundlegend für die Semantik und es ist eines der zentralen Themen in der Sprachphilosophie. Im Folgenden werden Grundzüge der neueren Diskussionen am Beispiel von Eigennamen eingeführt.

Mit einem Eigennamen wie »Aristoteles« reden wir bekanntlich über eine Person. Die mit dem Eigennamen bezeichnete Person wird auch als das Referenzobjekt bezeichnet. Zu dem Phänomen der Referenz gehören zwei zentrale Fragen, die am Beispiel der Eigennamen eingeführt werden:

1. Wie wird das Referenzobjekt des Vorkommnisses eines Eigennamens festgelegt?

2. Was ist die Bedeutung eines Eigennamens?

Die erste Frage ist die Frage nach der Referenzfestlegung. Sie wurde lange nicht klar von der Frage nach der Bedeutung getrennt. Gemäß der einfachen Variante einer Beschreibungstheorie der Bedeutung, der so genannten *Kennzeichnungstheorie*, kann die Bedeutung des Eigennamens »Aristoteles« mit einer Kennzeichnung, z.B. »der Schüler Platons« gleichgesetzt werden. Dabei stößt man jedoch auf das Problem, dass jemand auch dann mit dem Namen »Aristoteles« über den bekannten Philosophen redet und die Bedeutung des Namens erfasst, wenn er vieles von dem antiken Philosophen weiß, aber nicht glaubt, dass er der Schüler Platons war. Aus diesem Grunde hat Searle die These aufgestellt, dass die Bedeutung eines Eigennamens nicht durch eine einzige, sondern erst durch ein Bündel von charakteristischen Kennzeichnungen angegeben werden kann.

Searles so genannte *Bündeltheorie* für Eigennamen ist eine Weiterentwicklung der Idee, dass die Bedeutung eines Eigennamens durch eine einzige Kennzeichnung angegeben werden kann. Jemand erfasst die Bedeutung des Eigennamens »Aristoteles« somit hinreichend, wenn er einige zentrale charakteristische Kennzeichnungen kennt. Searles einflussreiche *Beschreibungstheorie* der Bedeutung versteht sich zugleich auch als Theorie der Referenzfestlegung. Zur Bündeltheorie gehört damit auch die These, dass die charakteristischen Kennzeichnungen, die die Bedeutung eines Eigennamens angeben, auch das Referenzobjekt festlegen. Die Frage nach der Bedeutung und die nach der Referenzfestlegung bekommen dieselbe Antwort: Es ist ein Bündel von charakteristischen Kennzeichnungen, das die Bedeutung eines Eigennamens angibt und das Referenzobjekt eines Eigennamens festlegt.

Wie alle Beschreibungstheorien ist Searles Bündeltheorie durch Kripkes Untersuchungen in *Naming and Necessity* einer umfassenden Kritik unterzogen worden. In einem ersten Schritt zeigt Kripke, dass alle Varianten einer Beschreibungstheorie der Bedeutung unhaltbar sind. Sein modales Argument stützt sich auf eine allgemein akzeptierte *notwendige Bedingung für Bedeutungsgleichheit*:

(BG) Wenn zwei Ausdrücke a1 und a2 bedeutungsgleich sind, dann sind sie in Sätzen, die mit dem Modaloperator »Es ist notwendig, dass« eingeleitet werden, wechselseitig ersetzbar, ohne dass der Wahrheitswert des Satzes sich ändert.

Wir erläutern die Bedingung für die Begriffe »Junggeselle« und »unverheirateter Mann«, indem wir mit einem offensichtlich wahren Satz starten: »Es ist notwendig, dass ein Junggeselle ein Junggeselle ist.« Wenn wir ein Vorkommnis des Ausdrucks »Junggeselle« durch »unverheirateter Mann« ersetzen, bekommen wir den folgenden Satz: »Es ist notwendig, dass ein Junggeselle ein unverheirateter Mann ist.« Da beide Sätze, sowohl der Ausgangssatz als auch der durch Ersetzen der Ausdrücke entstehende Satz, wahr sind, ist die notwendige Bedingung für Bedeutungsgleichheit nicht verletzt.

Dieselbe Überlegung kann für den Eigennamen »Aristoteles« und eine beliebige Kennzeichnung K angewendet werden, wobei wir wiederum mit einer offensichtlichen Wahrheit starten: *Es ist notwendig, dass Aristoteles Aristoteles ist.*

Wenn man ein Vorkommnis des Namens durch eine Kennzeichnung K ersetzt, ergibt sich das folgende Satzschema: *Es ist notwendig, dass Aristoteles K ist.*

Wenn wir für K die Kennzeichnung »der Schüler Platons« einsetzen, dann sieht man leicht, dass der Satz durch das Ersetzen falsch wird; denn es ist nicht notwendig, dass Aristoteles der Schüler Platons ist. Das Leben des Aristoteles hätte auch anders verlaufen können, so dass er Platon nie getroffen hätte. Somit liegt keine Notwendigkeit vor. Da der wahre Ausgangssatz durch das Ersetzen des Namens falsch wird, kann der Name »Aristoteles« nicht dieselbe Bedeutung haben wie die Kennzeichnung »der Schüler Platons«. Diese Überlegung können wir für alle Kennzeichnungen K – auch für ein Bündel von Kennzeichnungen K – durchführen (solange K keine notwendige Eigenschaft ausdrückt). Erwähnenswert ist ein Sonderfall der Beschreibungstheorie der Bedeutung, die so genannte *metasprachliche Theorie.* Gemäß dieser Theorie kann die Bedeutung des Eigennamens »Aristoteles« mit der Kennzeichnung »der Träger des Namens ›Aristoteles‹« angegeben werden. Diese Kennzeichnung erfasst das kontextunabhängige Wissen eines Sprechers in Bezug auf den Eigennamen. Wenn das vorgestellte Kriterium für Bedeutungsgleichheit (BG) gültig ist, dann kann auch die metasprachliche Theorie nicht richtig sein. Es ist zwar notwendig, dass Aristoteles Aristoteles ist, aber es ist nicht notwendig, dass Aristoteles der Träger des Namens »Aristoteles« ist. Denn Aristoteles hätte bei seiner Geburt einen anderen Namen bekommen können, ohne dass er dadurch eine andere Person geworden wäre. Deshalb ist der metasprachliche Vorschlag unhaltbar.

Dieses modale Argument, welches Kripke in die Literatur eingeführt hat, lässt für Beschreibungstheorien der Bedeutung keinen Raum, wohl aber für Varianten einer Objekttheorie der Bedeutung: Vertreter dieser Theorie behaupten, dass die Bedeutung des Eigennamens das bezeichnete Objekt ist. Eine Variante dieser Theorie ist Russells *Theorie der Bedeutung von logischen Eigennamen*. Unter logischen Eigennamen versteht Russell vor allem Demonstrativpronomina wie »dies« oder »jenes«. Ihre Bedeutung ist jeweils das bezeichnete Objekt. Die Frage, wie das Referenzobjekt festgelegt wird, hat Russell im Rahmen seiner Erkenntnistheorie mit der Theorie der Bekanntschaft beantwortet (vgl. S. 56 f.). Da Russells Erkenntnistheorie sich jedoch als unhaltbar erwies, muss die Frage der Referenzfestlegung für eine Objekttheorie der Bedeutung eine andere Antwort bekommen. Ein möglicher Zug besteht darin, die Idee einer Beschreibungstheorie für eine Theorie der Referenzfestlegung zu bemühen, d.h., das Referenzobjekt wird mittels einer Kennzeichnung festgelegt. Der Referent einer Gegenstandsbezeichnung »E« ist der einzige Gegenstand, der die Kennzeichnung erfüllt, welche mit dem Ausdruck »E« assoziiert ist. Diese Idee hat zuerst Frege in seiner Theorie von *Sinn und Bedeutung* konkretisiert: Die Fregesche Bedeutung eines Eigennamens ist das Referenzobjekt. Die Frage, wie das Referenzobjekt festgelegt wird, beantwortet Frege mit seiner Theorie des Sinns. Der Sinn eines Eigennamens kann mittels einer Kennzeichnung ausgedrückt werden. Die Kennzeichnung charakterisiert die Referenzfestlegung. Frege verbindet somit eine Objekttheorie der Bedeutung mit einer Beschreibungstheorie der Referenzfestlegung.

Kripke hat auch die Beschreibungstheorie der Referenzfestlegung in einem zweiten Schritt schlagkräftig kritisiert. Nehmen wir zur Abwechslung als Beispiel den Eigennamen »Platon«. Dann behauptet eine Beschreibungstheorie der Referenzfestlegung, dass eine Kennzeichnung K, die mit dem Namen »Platon« assoziiert ist, dafür verantwortlich ist, dass mit einem Vorkommnis des Namens »Platon« über eine bestimmte Person geredet wird. Kripke wendet ein, dass so, wie wir Eigennamen gewöhnlich verwenden, eine Kennzeichnung nicht das Referenzobjekt festlegen kann; betrachten wir einen Kandidaten für eine solche Kennzeichnung, z.B. »der Verfasser des Dialogs ›Sophistes‹«. Wir würden mit dem Namen »Platon« auch dann über die Person reden, für die der Name eingeführt wurde, wenn die Kennzeichnung nicht auf sie zutreffen würde. Also, angenommen nicht Platon, sondern ein unbekannter Zeitgenosse hätte den Dialog »Sophistes« verfasst, und nach dessen Ableben hätte Platon das Werk als sein eigenes ausgegeben. Auch in dieser hypothetischen Situation würden wir mit dem Namen »Platon« nicht über den Verfasser des Dialogs reden. Der Name »Platon« bezeichnet (bei gewöhnlicher Verwendung) stets die Person Platon, unabhängig davon, welche Kennzeichnungen auf sie in anderen hypothetischen Situationen zutreffen mögen. Charakteristische Kennzeichnungen sind somit bei Eigennamen (in gewöhnlicher Verwendung) für die Referenzfestlegung nicht verantwortlich. *Kripkes* konstruktiver Vorschlag zur Beantwortung der Frage nach der Referenzfestlegung ist als *die kausale Theorie* bekannt geworden.

Die kausale Theorie der Referenzfestlegung besagt, dass das bezeichnete Objekt mittels einer Kausalkette der Kommunikation festgelegt wird. Diese Kausalkette der Kommunikation hat ihren Ursprung in einer Tauf- oder Einführungssituation, in der einer Person (oder einem Objekt) dieser Name verliehen wurde.

Die Kette der Namensverwendungen kann, ausgehend von der Taufsituation, fortgesetzt werden, wenn jemand, der den Namen hört, ihn mit der Absicht verwendet, damit genau dieselbe Person zu bezeichnen wie der Sprecher, von dem er den Namen übernommen hat. Die Kausalkette der Kommunikation ist somit zum einen durch aufeinander folgende Verwendungen des gleichen Namens geprägt und zum anderen durch eine Reihe von Sprecherintentionen, die sicherstellen, dass alle Sprecher, die den Namen weiterverwenden, damit die Person bezeichnen, der ursprünglich der Name verliehen wurde. Eine Verwendung des Namens »Albert Einstein« bezeichnet die Person, die am Anfang der Kausalkette der Kommunikation steht, an der der Sprecher teilhat, wobei der Anfang der Kausalkette die Tauf- oder Einführungssituation ist.[23]

Die Idee einer kausalen Theorie der Referenz ist von Kripke als Theorie der Referenzfestlegung eingeführt worden. Bei Kripke wird sie mit einer Objekttheorie der Bedeutung verknüpft. *Devitt* hat die Grundidee einer kausalen Theorie zugleich für eine Theorie der Bedeutung bemüht. Devitt vertritt die These, dass die Bedeutung eines Eigennamens das kausale Netz ist, welches durch die skizzierte Kausalkette der Kommunikation gebildet wird. Es ist nach wie vor umstritten, wie eine adäquate Theorie der Referenz formuliert sein muss. Allerdings hat sich in den letzten beiden Jahrzehnten zumindest eine Richtung ausgebildet, die Kripkes Theorie im Kern als neuen Standard einer Theorie der Bedeutung und der Referenzfestlegung bei Eigennamen anerkennt. Die Auswahl der dargestellten Theorien stellen wir in einem Schema einander gegenüber, wobei die Spalten die Theorien der Bedeutung und die Reihen die Theorien der Referenzfestlegung für Eigennamen markieren:

	Beschreibungs-theorie der Bedeutung	Objekt-theorie der Bedeutung	Kausale Theorie der Bedeutung
Beschreibungs-theorie der Referenz-festlegung	– Kennzeich-nungstheorien – Searles Bündeltheorie – metasprachli-che Theorien	– Freges Theorie von Sinn und Bedeutung	
Bekanntschafts-theorie der Referenzfest-legung		– Russells Theorie der Bedeutung von *logischen* Namen	
Kausale Theorie der Referenz-festlegung		– Kripkes Theorie	– Devitts Theorie

Als umfassendere Einführung empfehlen wir das Vorlesungsskriptum von Wolfgang Spohn (Spohn, *Namen*). Einige zentrale Aufsätze zur Bedeutung von Eigennamen sind in einem Sammelband übersetzt, der von Ursula Wolf herausgegeben ist (Wolf (Hg.), *Eigennamen. Dokumentation einer Kontroverse*).[24] Umfassende Theorien singulärer Terme sind u.a. von Albert Newen (Newen, *Kontext, Referenz und Bedeutung*, 1996) und von John Perry (Perry, *Reference and Reflexivity*, 2001) entwickelt worden. Beide Autoren gehen davon aus, dass die Annahme aufgegeben werden muss, dass eine Äußerung genau *einen* semantischen Gehalt hat. Abhängig von dem Äußerungskontext lassen sich verschiedene Formen angeben, wie der Äußerungsinhalt zu charakterisieren ist. Nur auf diese Weise kann man den drei Grundanforderungen einer Semantik (Sachverhaltsadäquatheit, Wissensadäquatheit und kognitive Adäquatheit, vgl. 10.2.1) Rechnung tragen.

Anhang

Anmerkungen

1   Das Kürzel »GLA, 27« steht für folgende, ausführliche Quellenangabe: Frege, *Die Grundlagen der Arithmetik*, S. 27.

2   Dies ist eine problematische Annahme, denn sie folgt nur zusammen mit den beiden nachfolgenden Annahmen: (1) Vorstellungen bedürfen eines Trägers und (2) Wenn etwas eines Trägers bedarf, dann kann es nicht zwei Menschen gemeinsam sein. Dabei hängt die Prämisse (2) völlig in der Luft. Frege übersieht hier den Unterschied zwischen Art und Vorkommnis (»type-token«). Manche Eigenschaften, wie z.B. schwarze Haare zu haben oder einen Roteindruck zu haben, brauchen einen Träger. Trotzdem können zwei Menschen dieselbe Art von schwarzen Haaren oder auch denselben Roteindruck haben, obwohl klar ist, dass jeder sein eigenes *Vorkommnis* hat, das er gerade nicht mit dem anderen teilt.

3   Die Tabelle ist nicht als erschöpfende Aufgliederung der Fregeschen Ontologie gedacht, sondern nur als eine kontrastierende Darstellung der drei genannten Arten von Entitäten.

4   Das Kürzel »PdP, 43« bezieht sich auf folgende Quellenangabe: Russell, *Probleme der Philosophie*, S. 43.

5   Die Interpretation, dass Elementarsätze Relationsbezeichnungen enthalten, ist umstritten. Insbesondere der Satz TLP 3.1432 ist so gedeutet worden, dass Elemetarsätze nur aus Dingbezeichnungen bestehen. Vgl. W. Sellars: Naming and Saying, in: ders., Science, *Perception and Reality*, London 1963, S. 235.

6   Fodor, Psychosemantics, Kap. 2; Haas-Spohn, Versteckte Indexikalität und subjektive Bedeutung, Kap. 1 und 3; Saporiti, Die Sprache des Geistes.

7   Es ist leicht einzusehen, dass es sich dabei bestenfalls um ein hinreichendes, nicht aber um ein notwendiges Prinzip für begründete Existenzannahmen handeln kann; denn auf der Basis der wohlbegründe-

ten Atomtheorie haben wir Grund zu der Annahme, dass z.B. ein Tisch aus Atomen besteht und dass diese Atome existieren. Gleichwohl verfügen wir nicht über eine einzige Einzeldingbezeichnung, die eines der Atome bezeichnen würde. Somit können Existenzannahmen begründet sein, ohne dass die erste Bedingung des obigen Prinzips erfüllt ist.

8   Wenn man bei Prädikaten davon spricht, dass sie etwas bezeichnen, dann bezeichnen sie Eigenschaften bzw. Relationen, aber nicht Objekte.

9   Thomas Kuhn zeigt in seiner historischen Analyse der faktischen Entwicklung der empirischen Wissenschaften, dass diese sowohl Phasen durchlief, in denen der Kerngehalt der begründeten Theorien unumstritten war, als auch Phasen, in denen es keinen Konsens über einen Kerngehalt der begründeten Theorien gab (Phasen des Paradigmenwechsels). Kuhn, *Die Struktur wissenschaftlicher Revolutionen*.

10 Dabei ist es eine Hintergrundannahme, dass eine systematische Überdetermination nicht vorliegt. Eine Überdetermination eines Hausbrandes liegt dann vor, wenn dieser zwei hinreichende Ursachen hat, z.B. die gleichzeitige Explosion des Öltanks im Keller und den Kurzschluss im Dachgeschoss. Jedes Ereignis wäre hinreichend gewesen, um den Brand auszulösen. Überdetermination kann also vorkommen, aber es ist sehr unplausibel anzunehmen, dass eine systematische Überdetermination immer genau dann vorliegt, wenn mentale Phänomene menschliches Verhalten verursachen.

11 Dualistische Positionen werden vertreten von Popper und Eccles, *The Self and Its Brain*; Chalmers, *The Conscious Mind*; Meixner, *The Two Sides of Being*.

12 Ob ein System die Voraussetzung der Rationalität erfüllt oder nicht, lässt sich nur relativ zu einem Aufgabenbereich feststellen. Der Schachcomputer ist ein rationales System nur relativ zu dem Aufgabenbereich des Schachspielens. Dennett spricht dabei davon, dass ein System für einen Aufgabenbereich optimal konstruiert ist.

13 Dazu zählen u.a. U.T. Place, J.J.C. Smart, D.M. Armstrong, D. Lewis, Siehe Literaturverzeichnis unter http://www.uni-tuebingen.de/philosophie/newen/lehre.html

14 Davidsons These ist eine ontologische These, die offen lässt, ob wir diese strikten Gesetze kennen oder nicht.

15 Die Griceschen Grundideen finden sich in Grice, *Meaning*. Die ausführlichste Darstellung des Stufenaufbaus liefert Bennett, *Linguistic Behaviour*. Meine Kurzdarstellung orientiert sich an der Darstellung des Stufenaufbaus im Vorlesungsskriptum von Spohn, *Namen*, S. 8-15, und Spohn, *Die fünf Stufen einer Theorie der Bedeutung*.

16 Wenn die Äußerung »Schließe die Tür!« an den Adressaten A gerichtet ist, so kann sie z.B. durch die illokutionäre Rolle der Aufforderung und den propositionalen Gehalt, dass A die Tür schließt, charakterisiert werden.

17 Eine rekursive Semantik für formale Sprachen ist erstmals von Tarski entwickelt worden. Tarski, *Der Wahrheitsbegriff in den formalisierten Sprachen*, in: Berka/Kreiser (Hg.): *Logik-Texte*, Berlin 1971; eine gute Einführung liefert Künne, Wahrheit, in: Martens/Schnädelbach (Hg.), *Philosophie. Ein Grundkurs*, Bd. 1, S. 147-158.

18 Dieselbe Äußerung könnte auch andere Interpretationen bekommen. Wir gehen hier davon aus, dass die Interpretation als Bitte im beschriebenen Kontext am nahe liegendsten ist.

19 Es gibt auch Implikaturen, die nicht darauf beruhen, dass Gesprächsmaximen verletzt werden. Wenn z.B. jemand den Satz äußert »Peter ist in Berlin oder Hamburg«, dann meint er über den wörtlichen Inhalt des Satzes hinaus, dass er nicht genau weiß, wo Peter sich aufhält.

20 Andere Wege beschreiten u.a. S. Schiffer, *Remnants of Meaning*, und K. Bach, *Thought and Reference*.

21 H.N. Castaneda, *Indicators and Quasi-Indicators*; D. Kaplan, *Demonstratives*; D. Lewis, *Attitudes De Dicto and De Se*; J. Perry, *The Problem of the Essential Indexical*; S. Schiffer, *Indexicals and the Theory of Reference*; Q. Smith, *The Multiple Uses of Indexicals*; R. C. Stalnaker, *Indexical Belief*; Palle Yourgrau (Hg.), *Demonstratives*.

22 Weiterführende deutschsprachige Arbeiten: U. Haas-Spohn, *Versteckte Indexikalität und subjektive Bedeutung*; A. Newen, *Kontext, Referenz und Bedeutung*.

23 Kripke, *Name und Notwendigkeit*, S. 112 f.; im Original: *Naming and Necessity*, S. 96 f.

24 Weitere wichtige Arbeiten: M. Devitt, *Designation*; G. Evans, *The Varieties of Reference*; S. A. Kripke, *Naming and Necessity*; B. Loar, *The Semantics of Singular Terms*; C. Peacocke, *Proper Names, Reference and Rigid Designation*; S. Schiffer, *The Basis of Reference*.

Glossar
von Joachim Horvath, Susanne Mantel und Albert Newen

(Mit einem Stern * sind solche Begriffe markiert, für die ihrerseits eine Erläuterung im Glossar zu finden ist.)

Behaviorismus
Ursprünglich eine *methodische* Richtung der Psychologie, welche ausschließlich die Auswertung objektiv beobachtbaren Verhaltens zulässt. Im *philosophischen* Behaviorismus (etwa von G. Ryle) wird behauptet, dass alle *mentalen Zustände *ontologisch auf verhaltensbezogene *Dispositionen zurückführbar sind.

Disposition
Die Neigung bzw. Tendenz von Objekten, sich unter bestimmten Umständen auf eine bestimmte Weise zu verhalten. Diese muss nicht jederzeit realisiert sein, wie z.B. die Wasserlöslichkeit von Zucker, die Zerbrechlichkeit eines Materials oder eine mentale *Eigenschaft wie die Jähzornigkeit einer Person.

Dualismus
*Ontologische Position in der Philosophie des Geistes, die psychische und physische Phänomene für grundsätzlich verschieden hält. Der *Eigenschafts*dualismus vertritt die These, dass psychische und physische *Eigenschaften nicht aufeinander reduzierbar sind. Diese These ist schwächer als diejenige des *Substanz*dualismus, der eine Verschiedenheit von Substanzen (und somit den Trägern der Eigenschaften) postuliert.

Eigenschaft – Relation
Eine Eigenschaft ist ein Merkmal, das einzelnen Gegenständen zukommt, z.B. Rot-Sein. Eine Relation ist das Verhältnis, in dem mehrere

Gegenstände zueinander stehen, z.B. Größer-sein-als. Beide werden in der Logik durch Prädikate symbolisiert.

Empirismus
*Erkenntnistheoretische Position, die alles Wissen auf sinnliche Erfahrung zurückführt. Komplexe und abstrakte Ideen werden als eine Zusammensetzung einzelner Sinneserfahrungen analysiert.

Entität
Ein *Ding*, das im Rahmen einer *Ontologie als seiend angenommen wird. Arten von Entitäten sind z.B. materielle Gegenstände, *Eigenschaften, *Tatsachen, Mengen, Zahlen, Vorstellungen etc.

Epiphänomenalismus
Eine Theorie in der Philosophie des Geistes, bei welcher *mentale Zustände als bloße Begleiterscheinungen (=»Epiphänomene«) neurophysiologischer Prozesse gelten, die zwar verursacht werden, selbst aber *keine kausalen Wirkungen* haben.

Epistemologie: s. *Erkenntnistheorie*

Ereignis: s. *Tatsache*

Erkenntnistheorie/Epistemologie
Philosophische Grunddisziplin, die sich mit menschlichem Wissen und Glauben beschäftigt, indem sie nach den Entstehungsweisen, Bedingungen und Grenzen von Erkenntnis fragt.

Funktionalismus
Der Funktionalismus in der Philosophie des Geistes stellt eine Fortentwicklung des *Behaviorismus dar. Ihm zufolge können *mentale Zustände vollständig durch ihre kausale Rolle in einem System beschrieben werden, d.h. durch die *Relationen zwischen Reizen (*inputs*) und Reaktionen (*outputs*) sowie durch kausale *Relationen zu anderen funktionalen Zuständen des Systems.

Idealismus
Eine philosophische Grundposition, der zufolge die Welt wesentlich aus geistigen Phänomenen und ihren Trägern, den Subjekten, besteht.

Identitätstheorien
Eine Theoriefamilie in der Philosophie des Geistes, der gemäß psychische mit physischen Zuständen identisch sind. Es werden *Typ- und *Token/Vorkommnis-Identität unterschieden.

Indikator
Eine Gegenstandsbezeichnung (auch indexikalischer Ausdruck genannt), die nur in Bezug auf eine Äußerungssituation ein Objekt bezeichnet; dazu zählen Personal-, Demonstrativpronomina und alle Worte, die sich auf die zentralen Indikatoren »ich«, »hier«, und »jetzt« zurückführen lassen, z.B. »heute« als der Tag der (*jetzigen/gegenwärtigen*) Äußerung.

Intentionalität
Im philosophischen Sinn fallen darunter nicht nur Absichten, wie in der Alltagssprache, sondern alle psychischen Zustände, die einen *Inhalt* haben, d.h., die auf etwas *gerichtet* sind.

Kennzeichnung
Gegenstandsbezeichnung der Form »der/die/das F«, wobei »F« eine beliebige *Eigenschaft ausdrückt, z.B. »der Präsident der USA«, »der Mann mit dem Sektglas«. Neben dieser *bestimmten* Kennzeichnung gibt es auch die Verwendung als *unbestimmte*: »ein F«.

Konklusion: s. *Prämisse*

Logischer Atomismus
Philosophische Position, welche die Welt als Menge von atomaren Sachverhalten betrachtet, die nicht weiter in andere Sachverhalte zergliedert werden können. Diese bestehen aus elementaren Gegenständen bzw. Atomen und bilden in bestimmten Kombinationen alle Phänomene der Welt.

Materialismus/Physikalismus
Die *ontologische These, dass alles, was es gibt, *materiell* bzw. *physikalisch* ist; u.a. wird behauptet, dass auch psychische Zustände letztlich komplexe physikalische Zustände sind. Der Begriff »Physikalismus« hat sich durchgesetzt, weil nicht alle physikalischen Phänomene materielle Phänomene im engeren Sinn sind.

Mentale Zustände
Psychische bzw. geistige Zustände.

Metaphysik/Ontologie
Philosophische Grunddisziplin, welche die Frage behandelt, was es gibt. Dies geschieht in einer Angabe der Arten von *Entitäten, die als »Grundbausteine der Welt« vorausgesetzt werden müssen, da sie nicht selbst aus anderen »Bausteinen« konstruierbar sind.

Monismus
*Metaphysische These, der zufolge es nur eine Art von Seiendem gibt, z.B. physikalische *Entitäten für den *Materialismus oder geistige Zustände für den *Idealismus.

Ontologie: s. *Metaphysik*

Phänomenalismus
*Erkenntnistheoretische Position, die alle Erkenntnis auf *Sinnesdaten zurückführt, um so eine unmittelbare, irrtumsimmune Wissensbasis zu erhalten. Gegenstände der Außenwelt werden als Konstrukte aus einzelnen Wahrnehmungen aufgefasst.

Phänomenologie
Philosophische Richtung, die sich auf die Analyse der Erscheinungen bzw. bewussten Erfahrungen konzentriert.

Physikalismus: s. *Materialismus*

Prämisse – Konklusion

Ein logisches Argument besteht aus Annahmen, den Prämissen, und der Schlussfolgerung, der Konklusion.

Propositionale Einstellung
Psychologischer Zustand einer Person, der sich so analysieren lässt, dass eine Person eine Einstellung (des Glaubens, Hoffens, Befürchtens, Vermutens etc.) mit einem *intentionalen Inhalt hat, der sich durch einen dass-Satz ausdrücken lässt, z.B.: Kopernikus glaubt, dass die Erde eine Kugel ist.

Realismus
*Metaphysische These, der zufolge es etwas *tatsächlich* gibt. Ein Realismus in Bezug auf Alltagsgegenstände besagt z.B., dass diese wirklich existieren und nicht etwa nur eine Ansammlung von Atomen und Molekülen sind. Ein Realismus in Bezug auf abstrakte Objekte behauptet, dass es abstrakte Objekte, wie Zahlen, wirklich gibt.

Referenz
Die Beziehung zwischen sprachlichen Ausdrücken und den von ihnen *bezeichneten* Objekten. Paradigmatisch ist die Bezeichnung eines Einzeldings durch einen Eigennamen.

Relation: s. *Eigenschaft*

Semantik
Teildisziplin der Sprachphilosophie, welche die Beziehungen zwischen den Ausdrücken einer Sprache und ihren *wörtlichen Bedeutungen* bzw. *Referenten untersucht.

Singulärer Term
Jeder Ausdruck, der sich auf ein einzelnes Objekt bezieht, z.B. ein *Eigenname* wie »Albert Einstein«, eine *Kennzeichnung* wie »der spanische König« oder ein *Indikator* wie »ich«.

Sinnesdaten
Erfahrungsinhalte, die dem Wahrnehmenden unmittelbar sinnlich gegeben sind; sie werden oft als eine Art von bewussten, inneren »Bildern« verstanden.

Skeptizismus
*Erkenntnistheoretische Position, die – häufig mit Gedankenexperimenten – unsere *Wissensansprüche* theoretisch in Frage stellt, und zwar entweder *lokal*, z.B. für unser Wissen über die Außenwelt, oder *global* für schlechthin alle Wissensansprüche.

Solipsismus
Philosophische These, der zufolge nur man selbst und die eigenen Bewusstseinszustände wirklich existieren; oft die extreme Konsequenz einer *Sinnesdatentheorie der Wahrnehmung.

Sprachspiel
Die mit einer bestimmten Familie sprachlicher Ausdrücke verbundenen Verwendungsweisen und sozialen Gepflogenheiten.

Tatsache – Ereignis
Eine Tatsache wird durch einen dass-Satz beschrieben, z.B. *dass* am 11. September ein Attentat stattfand. Ein Ereignis hingegen wird mit einem *singulären Term bezeichnet, z.B. der Untergang der Titanic.

Typ – Token
Unterscheidung zwischen Arten/Sorten und Vorkommnissen, z.B. unterscheiden wir bei Schriftzeichen zwischen der *Art* (bzw. dem *Typ*) des Zeichens, dem Buchstaben »A«, und seinen konkreten, raumzeitlich lokalisierten *Vorkommnissen* (bzw. *Tokens*). Hier finden Sie z.B. vier Vorkommnisse des Typs »A«: A, a, a, A.

Universalien
Universalien sind *Eigenschaften und *Relationen im Gegensatz zu Gegenständen. Universalien werden als abstrakte Objekte aufgefasst, so dass z.B. die abstrakte Eigenschaft der Röte so aufgefasst wird, dass sie in vielen Instanzen (Tomaten, Ampeln) realisiert ist.

Verifikationismus
*Semantische Theorie der logischen Positivisten, der zufolge die Bedeutung von Sätzen in der Methode ihrer empirischen Bestätigung besteht.

Wahrheitswert
In der klassischen Logik kann ein Satz nur die beiden *Wahrheitswerte* »wahr« oder »falsch« annehmen.

Literaturhinweis

Eine regelmäßig aktualisierte ausführliche Bibliographie zu diesem Buch steht unter http://www.uni-tuebingen.de/philosophie/newen/lehre.html zur Verfügung.

Albert Newen, geb. 1964, ist Professor für Philosophie an der Universität Tübingen und Leiter der wissenschaftlichen Nachwuchsgruppe »Selbstbewusstsein und Begriffsbildung beim Menschen« sowie Teilprojektleiter des Schlüsselthemenprojekts »Wissen und Können«. Seine Forschungsschwerpunkte liegen in der Sprachphilosophie sowie in der Philosophie des Geistes. Er ist gemeinsam mit Uwe Meixner Begründer und Herausgeber der Zeitschrift *Philosophiegeschichte und logische Analyse*.

Zu seinen wichtigen Veröffentlichungen gehören: Newen, *Kontext, Referenz und Bedeutung*, Paderborn 1996; Künne/Newen/Anduschus (Hg.), *Direct Reference, Indexicality, and Propositional Attitudes*, Stanford 1997; Newen/Vogeley (Hg.), *Selbst und Gehirn*, 2. Aufl. Paderborn 2001; Newen/Nortmann/Stuhlmann/Laeisz (Hg.), *Building on Frege: New Essays on Sense, Concept and Content*, Stanford 2001; Newen/Meixner (Hg.), *Seele, Denken, Bewusstsein*, Berlin 2003; sowie Newen/Vosgerau (Hg.), *Den eigenen Geist kennen*, Paderborn 2005.